기업 핵심 직무별 생성형 AI 활용법

신 철·이한희·윤형기·남상위·권영우·정기섭
김영희·최재원·정행로·박진순·김대원

공 저

(주)광문각출판미디어
www.kwangmoonkag.co.kr

| 머리말 |

- -

"AI, 더 이상 먼 미래가 아니다. 지금, 우리 일터에서 시작된다."

지난 몇 년간, AI는 세상을 뒤흔들 만큼 빠르게 진화해 왔습니다. 특히 생성형 AI의 등장은 단순한 기술 발전을 넘어, 일하는 방식 자체의 혁신을 요구하는 변곡점이 되었습니다. 이제 AI는 일부 대기업만의 전유물이 아닌, 모든 기업, 특히 중소기업에게 실질적인 경쟁력의 도구가 되었습니다.

하지만 현실은 어떠합니까? AI의 필요성은 절감하면서도, 실제 현장에서는 "어디서부터 시작해야 할지 모르겠다", "우리는 인프라도, 인재도 부족한데 가능할까?"라는 목소리가 대부분입니다. AI는 막연히 대단하고 유망한 기술이지만, 실무자의 입장에서는 여전히 '내 일이랑 무슨 상관이 있을까'라는 거리감이 존재합니다.

이 책《기업 핵심 직무별 생성형 AI 활용법》은 이러한 간극을 줄이고, 기술과 현장, 가능성과 실행 사이를 연결해 줄 실용 지침서로 기획되었습니다.

첫째, 이 책은 중소기업의 핵심 직무 중심으로 AI를 어떻게 활용할 수 있을지를 구체적으로 안내합니다. 많은 AI 책이 기술 개념에 집중하거나 성공적인 외국 사례를 소개하는 데 그치는 반면, 이 책은 실제 업무 중심의 시선으로 쓰였습니다. 경영기획, 마케팅/영업, 인사관리, 생산/품질관리, R&D, 정보화 등 모든 핵심 직무별로 AI 도입 가능성과 적용 포인트를 정리했습니다.

예를 들어, 마케팅 담당자는 생성형 AI를 활용해 광고 문구와 콘텐츠를 자동 생성하고, 영업 담당자는 고객 이력 분석을 통해 맞춤형 제안을 구성할 수 있습니다. 인사 부서에서는 채용 서류 평가나 조직 진단에 AI를 활용해 업무 부담을 줄이고 공정성을 높일 수 있습니다. 직무 중심의 접근은 곧 실천 가능성과 연결됩니다. 독자들은 이 책을 통해 "우리는 이 업무에 이렇게 적용해 볼 수 있겠구나"라는 구체적 아이디어를 얻을 수 있을 것입니다.

둘째, 이 책은 현장 중심의 생생한 사례들을 바탕으로 구성되었습니다.

중소기업이 실제로 AI를 도입하고 시도해 본 경험들, 처음엔 실패했지만 시행착오를 통해 개선된 사례들, 그리고 단순한 툴 활용에서 조직 변화로 확산된 과정까지 '현장의 목소리'를 담아내는 데 집중하였습니다.

현장에서 느끼는 AI는 복잡하거나 고급 기술이 아니라, 지금 당장 효율을 높이고 싶은 문제에 대한 실용적인 해답이어야 합니다. 이 책은 독자들이 그런 관점에서 AI를 바라보고, 조직의 현황에 맞춰 맞춤형으로 적용할 수 있도록 도와줍니다.

셋째, 이 책은 경영자, 관리자, 실무자 누구나 쉽게 읽고 바로 실천할 수 있는 실무형 매뉴얼입니다.

AI 도입을 위해 복잡한 이론이나 전문 지식이 필요한 것이 아닙니다. 중요한 것은 이해하기 쉬운 언어, 직관적인 설명, 바로 따라 할 수 있는 적용 방법입니다. 그래서 이 책은 전문 용어를 줄이고, 그림과 사례 중심으로 구성하였으며, 각 장마다 '실천 팁', '질문 체크리스트', '적용 예시' 등을 포함시켰습니다. 독자 여러분은 이 책을 읽는 동안 기술의 어려움보다는, 아이디어와 실행 계획이 머릿속에 차곡차곡 정리되는 경험을 하게 될 것입니다.

AI는 사람의 자리를 뺏는 존재가 아니라, 사람의 가능성을 확장해 주는 파트너입니다. 반복적이고 비효율적인 일에서 벗어나, 더 창의적이고 가치 있는 일에 집중하도록 돕는 도구입니다. "우리는 준비되지 않았다"는 두려움보다는, "지금이라도 작게 시작하자"는 실행이 필요한 시점입니다. 이 책이 바로 그 작고 강력한 첫걸음을 도와줄 수 있기를 바랍니다.

마지막으로, 이 책은 단순한 AI 기술 안내서가 아닙니다. 중소기업의 현실을 고려한, 실천 중심의 변화 안내서입니다.

AI 도입이 부담스럽거나 막막했던 조직이라면, 이 책이 가장 가까이에서 안내해 줄 실무 파트너가 되어 줄 것입니다. 이제 AI는 더 이상 선택의 문제가 아니라, '어떻게 도입하고 내재화할 것인가'의 문제입니다.

이 책이 독자 여러분의 AI 혁신 여정에 작은 불씨가 되기를 진심으로 바랍니다.

2025년 봄

저자 일동

저자 소개

신 철

경영학박사(전공: 디지털경영)

경영지도사, 기술거래사, 평생교육사

경영·기술 컨설턴트(’99년 8월~현재)

현) 아이티씨지㈜ 대표이사

전) 한국경영기술지도사회 부회장

전) 대한민국산업현장교수

전) 한양사이버대학교 경영정보학과 외래교수

전) 한신대학교 외래교수

수상) 산업통상자원부장관상, 중소벤처기업부장관상

윤 형 기

경영학 석사(전공: MIS경영정보시스템)

데이터 분석, AI/DX 개발, 컨설팅

현) 오픈위드 대표(http://openwith.net)

전) 임팩트라인 대표

전) 성균관대학교 성균융합원(일반대학원) 겸임교수

전) 서울디지털대학교 초빙교수

전) 백석대학교 겸임교수

전) 삼보컴퓨터, SunSoft 지사장, 쌍용정보통신 근무

권 영 우

경영학박사(전공: 디지털경영)

경영지도사, 빅데이터분석기사, AI산업컨설턴트,
CMC, 데이터거래사

경영·기술 컨설턴트(’94년 12월~현재)

현) 테라퓨처 대표

현) 한국인공지능협회 연수원장

현) 한국경영기술지도사회 인공지능사업단장

현) 대한민국산업현장교수

전) 경기대학교 산학협력단 교수 겸
　　AI빅데이터위원회 위원장

수상) 대통령표창, 산업자원부장관표창,
　　중소벤처기업부장관표창

이 한 희

경영학 석사(전공: 생산자동화)

공장·생산부문컨설팅(’99년 3월~현재, 중소중견기업 400
개지도)

현) 에이씨씨솔루션 대표(AI교육·컨설팅·VPM컨설팅)

현) AI-AIME 교육원 원장

전) 에이씨씨 대표(VPM 컨설팅 모델 개발)

수상) 대한민국컨설팅대전 대통령 표창

ACC VPM기업연수 원장

중소기업진흥공단 연수교수

한성대학교 컨설팅대학원 겸임교수

녹색경영아카데미 석좌교수

남 상 위

경영학박사(전공: 마케팅)

경영지도사, 기술거래사, 가업승계지도사

경영·기술 컨설턴트(’14년 4월~현재)

현) 아이티씨지㈜ 컨설팅사업본부 이사

현) 글로벌유앤아이 대표

현) 구조혁신컨설팅 전문위원

현) 창업벤처 녹색융합클러스터 기업닥터

현) 신용보증기금 컨설팅 그룹 컨설팅 위원

현) 희망리턴패키지 전담PM/소상공인역량강화사업
　　컨설턴트

전) 숭실대·건국대·한라대·SDU 겸임교수 및 초빙교수

수상) 중소벤처기업진흥공단 이사장 표창,
　　소상공인시장진흥공단 이사장 표창 2회

정 기 섭

경영학박사과정(전공: 벤처경영)
경영지도사, 빅데이터분석기사, DX1급컨설턴트
LG그룹 근무(30년)
현) LG디스플레이 Task리더
현) 한국창업학회 이사
현) Talent Bank전문위원, 네이버eXpert
전) 한국경영기술지도사회 전문위원
전) 한국기술거래사회 전문위원
저서) 메가트렌드 ESG, DX, AI 연구

김 영 희

경영학박사(전공: 벤처경영)
경영지도사
경영·기술 컨설턴트('16년 2월~현재)
현) 아이티씨지㈜ 컨설팅사업본부 수석컨설턴트
현) 열린사이버대학교 객원교수
현) 한국창업학회 부회장
현) 소상공인역량강화사업 컨설턴트
전) 동원에프앤비, 쌍용제지 근무
수상) 소상공인시장진흥공단 이사장 표창

최 재 원

컨설팅학박사(전공: 스마트융합컨설팅)
현) 아이티씨지㈜ 컨설팅사업본부 수석컨설턴트
　　경영·기술 컨설턴트('14년 2월~현재)
전) NCS 기업활용컨설팅 전문가
전) 씨와이그룹 인사·노무 총괄

정 행 로

경영학박사(전공: 벤처경영)
경영지도사, 빅데이터분석기사
경영·기술 컨설턴트('17년 2월~현재)
현) 아이티씨지㈜ 컨설팅사업본부 수석컨설턴트
현) 서일대학교 겸임교수
현) 인공지능협회 파트너 강사
현) 코레일 서울본부, 창업진흥원, K-Startup 등 평가위원
전) LG유플러스 근무

박 진 순

컨설팅학박사과정(전공: 스마트융합컨설팅)
경영지도사(중소기업 경영진단 및 지도)
기업기술가치평가사, 기술신용평가사, 원가분석사
현) 아이티씨지㈜ 컨설팅사업본부 이사
현) 브이앤에스컨설팅 대표
현) 구조혁신, 사업재편, 구조개선 전문가
현) 한국순환물류용기재활용공제조합 감사
전) NCS학습모듈(재무·회계 분야) 집필진
강의) 재무제표분석, 경제성분석 등 다수
수상) 중소벤처기업부장관상

김 대 원

부동산학박사
경영지도사, 빅데이터분석기사, 정보처리기사
창업보육전문매니저
경영·기술 컨설턴트('21년 2월~현재)
현) 비즈소어컨설팅㈜ 대표이사
현) 기술보증기금 기술가치평가 외부자문
현) 강남 취창업허브센터 멘토
전) 인천도시공사/우리은행 근무

| 목차 |

제1장

총론: AI 경영 혁신의 시대

1. 중소기업과 AI: 왜 지금인가?

1) 우리 기업에서 지금 필요한 것은?

지금 우리 기업에서 다음과 같은 일들이 필요하거나 벌어지고 있다면 경영자를 비롯한 임직원들은 즉시 이 책을 읽으세요.

CHECK!

- 매출을 어떻게 늘리지?
- 원가를 줄이는 방안은?
- 직원의 생산성 제고 및 우수한 직원 채용 비결은?
- 10만 명을 먹여 살릴 신제품 개발 전략은?
- 우리 제품과 서비스의 시장점유율을 높이는 비결은?
- 국가별, 제품별, 서비스별 수출 전략은?
- 경쟁력을 높이기 위한 R&D 전략 수립 방안은?
- 효율적인 자금 조달 및 운용 전략은?
- 내년도 매출 전망을 모기업의 발주 동향에 의존하고 있는 천수답 경영을 하고 있는가? 즉 모기업이 발주를 많이 해 주면 우리 기업의 매출이 늘어나고, 모기업의 발주가 줄면 우리 기업의 매출도 따라서 줄어드는가?
- 우리 기업 게시판 Q&A난에 베트남어, 태국어 등 외국어로 질문이 들어오면 고객센터 직원이 외국어를 복사하여 구글 번역기나 파파고 번역기에 붙여 넣어서 한글로 번역한 후, 한글 매뉴얼에서 답변을 찾아서 작성하고 이를 번역기에 넣어서 해당 외국어로 번역한 후 Q&A난에 답변 댓글을 달고 있는 것은 아닌가? 그리고 담당 팀에서 직원이 부족하니 충원해 달라고 하고 있는가?
- 모기업에서 우리 기업에 불량 검사를 출하할 때 1회만 하던 것을 초물, 중물, 종물 등 3회 시행하라고 변경 지침이 내려올 때 담당자가 수십 개에 달하는 매뉴얼, 절차서 등 표준 규격에 모기업의 변경 지침을 수십 번 복사하여 붙여넣기를 하고 매일 바쁘다고 하면서 야근을 밥 먹듯이 하고 있는가?

이러한 업무들은 생성형 AI(Generative Artificial Intelligence)를 이 책에서 설명해 주는 방법처럼 우리 기업에서 잘 활용하면 생산성을 수십 %에서 수백 % 높일 수 있다. 기업이 기존 인력으로 원가를 절감하고 매출을 늘려 이익을 높일 수 있는 인공지능 시대가 도래하였다.

2) 왜? 생성형 AI인가?

2024년 노벨 물리학상과 화학상이 인공지능(AI) 전문가들에게 수여되었다. 스웨덴 왕립과학원 노벨위원회는 존 홉필드 미국 프린스턴대 교수와 제프리 힌턴 캐나다 토론토대 교수를 노벨물리학상 수상자로 선정하고, "물리학에서 신소재 개발을 비롯하여 광범위한 분야에서 인공신경망을 활용했으며, 이들의 연구가 많은 이에게 좋은 기여를 했다"라고 선정 이유를 설명했다.

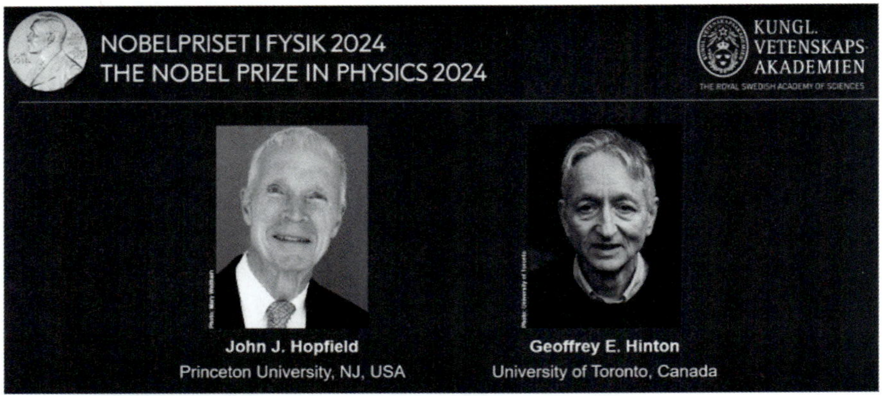

[그림 1] 노벨물리학상에 'AI 대부'... 존 홉필드·제프리 힌튼, 머신러닝 개발 공로 (출처: 조선일보, 2024.10.18)

이어서 노벨위원회는 데이비드 베이커 미국 워싱턴대학 교수, 데미스 허사비스 구글 딥마인드 CEO, 존 점퍼 딥마인드 수석연구원을 노벨화학상 수상자로 선정하고, "인공지능 모델을 활용하여 단백질 구조를 예측하고 설계하여 인류 발전에 큰 기여를 했다"라며 수상 배경을 밝혔다.

[그림 2] 노벨상 휩쓰는 AI. 화학상에 '구글 딥마인드' 주역들 (출처: 조선일보, 2024.10.09.)

이처럼 인공지능이 물리학과 화학 분야에서도 다양하게 활용되어 그 성과를 인정받아 AI 관계자들이 노벨상을 받았다는 것은 많은 분야에서 AI가 활용되어 적지 않은 성과를 거두고 있다는 것을 보여 준 일부 사례에 불과한 것이다.

생성형 AI 중 하나인 오픈AI의 챗GPT가 2022년 11월 말 세상에 나타나면서 많은 변화를 몰고 왔다. 생성형 AI가 기업의 비즈니스와 수익에 미치는 영향력이 점점 커짐에 따라 생성형 AI를 잘 활용하는 기업과 CEO가 그렇지 않은 기업과 CEO를 대체할 것이라고 많은 전문가가 전망하고 있다.

생성형 AI란 학습된 데이터를 바탕으로 새로운 콘텐츠나 아이디어 등을 생성하는 AI 기술이다. 자연어 처리, 이미지 생성, 코드 작성 등 다양한 형태로 활용될 수 있으며, 기존의 데이터를 분석하는 AI와는 달리 새로운 패턴이나 솔루션을 창출하는 것이 특징이다. 예를 들면, 생성형 AI는 기업의 과거 성공 사례나 패턴을 분석하고, 이를 기반으로 기업의 상황에 적합한 맞춤형 해결 방안을 모색할 수 있다. 기업 담당자가 생성형 AI를 활용하여 좀 더 창의적이고 혁신적인 아이디어를 창출하여 업무에 활용할 수 있다.

우리 기업 경영자들이 업무를 추진할 때 생성형 AI를 잘 활용하면 기대한 성과를 거둘 수 있다. 따라서 우리 기업 임직원들은 이 책을 통해 생성형 AI를 적극적으로 공부하고 활용해야 기업의 경쟁력을 높이고 매출 증대를 기대할 수 있다.

2. AI 도입의 장단점과 고려 사항

1) 생성형 AI 종류

기업 임직원들이 업무를 추진할 때 다양한 생성형 AI를 여러 가지 방식으로 활용할 수 있다. 기업 임직원들이 생성형 AI의 종류와 각각의 특징을 이해하고 업무 특성에 적합한 활용 전략을 수립하여 사용해야 한다. 주요 생성형 AI 종류와 그 특징을 경영 활용 관점에서 살펴보면 다음과 같다.

(1) 언어 생성 AI (Language Generation AI)

언어 생성 AI는 자연어 처리(NLP, Natural Language Processing) 기술을 기반으로 하여

텍스트 데이터를 학습하고, 이를 바탕으로 새로운 문장이나 글을 생성하는 AI이다. 이 기술은 보고서 작성, 이메일 작성, 마케팅 콘텐츠 제작, 고객 응대 자동화 등 다양한 비즈니스 영역에서 활용된다.

[표 1] 언어 생성 AI의 특징과 활용 절차 및 사례

구분	주요 내용
특징	① 자동 문서 생성: 보고서, 뉴스 기사, 이메일, 기업의 다양한 회의록 등의 텍스트를 자동으로 작성하는 데 유용 ② 자연어 이해: 질문이나 명령, 기업 홈페이지 게시판 Q&A 등의 내용을 이해하고 그에 맞는 응답 생성 가능 ③ 다양한 언어 처리: 한국어, 영어, 일본어, 스페인어 등 여러 언어로 텍스트를 생성하고 번역할 수 있는 능력 등
활용 절차	① 데이터 수집: 기업의 보고서, 제품 및 서비스 시장 분석, 경제 전망 및 산업 분석 자료 등 텍스트 데이터를 수집 ② AI 학습: 수집된 데이터를 AI 모델에 학습시켜 텍스트 생성 능력을 강화 ③ 자동화된 보고서 작성: 기업의 다양한 프로젝트 보고서나 시장조사 내용을 빠르게 작성하여 시간 절약 ④ 고객 응대 자동화: AI 기반 챗봇을 활용해 고객 문의에 신속하게 응대 등
활용 사례	고객 맞춤형 이메일 마케팅 캠페인을 자동으로 생성하여 고객에게 더 개인화된 커뮤니케이션 서비스를 제공하는 경우 등

(2) 이미지 생성 AI (Image Generation AI)

이미지 생성 AI는 시각적 데이터를 바탕으로 새로운 이미지를 생성하는 기술이다. 이 AI는 마케팅 디자인, 제품 이미지 생성, 브랜드 이미지 관리 등에서 유용하게 활용될 수 있는데, 특히 고객의 요구에 맞춰 다양한 이미지를 빠르게 생성할 수 있는 장점이 있다.

[표 2] 이미지 생성 AI의 특징과 활용 절차 및 사례

구분	주요 내용
특징	① 이미지 생성: 데이터에 기반해 로고, 배너, 광고 등 새로운 이미지 창출 ② 고해상도 이미지 생성: 기업의 제품이나 서비스에 적합한 정교하고 현실감 있는 이미지 생성 가능 ③ 스타일 변환: 주어진 이미지를 다른 스타일로 변환하거나 기존 스타일을 유지한 채 새로운 이미지 생성 등

활용 절차	① 디자인 자료 수집: 고객의 제품이나 서비스에 적합한 디자인 요구 사항과 브랜드 이미지를 바탕으로 데이터 수집
	② AI 학습: 기존 제품이나 서비스의 브랜드 이미지나 마케팅 자료를 AI에 학습시켜 원하는 스타일의 이미지 생성
	③ 마케팅 콘텐츠 제작: 생성형 AI를 활용해 마케팅용 배너, 소셜미디어 이미지, 카드뉴스 등을 빠르게 제작
	④ 이미지 테스트 및 수정: AI가 생성한 이미지 중 최적 디자인을 선정하고 수정 등
활용 사례	제품이나 서비스 홍보 이미지를 빠르게 생성하여 새로운 마케팅 캠페인에 활용함으로써 시간과 비용을 절감하는 경우 등

(3) 음악 및 음성 생성 AI (Music & Voice Generation AI)

음악 생성 AI는 음원 데이터를 학습해 새로운 음악을 작곡하고, 음성 데이터를 바탕으로 자연스러운 음성을 생성하는 기술이다. 이 AI는 마케팅, 홍보, 브랜드의 음성 브랜딩, 고객 서비스 자동화 등에 유용하게 사용될 수 있다.

[표 3] 음악 및 음성 생성 AI의 특징과 활용 절차 및 사례

구분	주요 내용
특징	① 음악 생성: 배경 음악, 광고용 음악 등 새로운 멜로디를 자동으로 생성
	② 음성 합성: 자연스럽고 사람 같은 음성을 만들어 다양한 고객에게 적합한 응대 또는 내비게이션 서비스 등에서 사용
	③ 개인화 음성 제작: 특정 브랜드 또는 개인에 맞춘 고유한 음성 브랜딩 가능 등
활용 절차	① 브랜드 음성 정의: 고객의 브랜드에 맞는 음성 스타일이나 음악 테마 설정
	② AI 학습: 다양한 음원과 음성 데이터를 AI에 학습시켜 음성 및 음악 생성 능력을 향상
	③ 자동화된 고객 응대: AI 음성을 통해 콜센터 자동화 또는 음성 비서 서비스 제공
	④ 음악 콘텐츠 제작: AI로 맞춤형 음악을 생성해 기업의 제품이나 서비스 특성을 반영한 광고나 마케팅 캠페인에 활용 등
활용 사례	기업 콜센터에서 AI 음성 비서를 사용해 다양한 고객 문의를 처리하고, 대기 시간 동안 각 국가별 맞춤형 배경 음악을 제공하여 고객 만족도 향상을 도모하는 경우 등

(4) 비디오 생성 AI (Video Generation AI)

비디오 생성 AI는 텍스트, 이미지 또는 기타 시각적 데이터를 기반으로 새로운 동영상을 생성하는 기술이다. 이 AI는 비디오 마케팅, 제품 시연, 교육 자료 제작 등 다양한 콘텐츠 제작에 활용된다. 기업은 비디오 생성 AI를 통해 짧은 시간 내에 고품질의 비디오를 제작하고, 콘텐츠 제작 비용을 많이 줄일 수 있다.

[표 4] 비디오 생성 AI의 특징과 활용 절차 및 사례

구분	주요 내용
특징	① 자동화된 비디오 편집: 텍스트나 이미지 데이터만으로도 동영상 제작 가능 ② 다양한 형식의 비디오 생성: 광고, 제품이나 서비스 설명 동영상, 소셜미디어용 영상 등 다양한 콘텐츠 제작 ③ 실시간 편집 및 수정: 기존 영상에 새로운 요소를 추가하거나 제품이나 서비스 특성을 반영하여 편집할 수 있는 기능 제공 등
활용 절차	① 콘텐츠 기획: 고객의 마케팅 또는 교육 목표에 맞는 비디오 콘텐츠 기획 ② AI 학습 및 데이터 입력: 기업의 제품이나 서비스별로 다양한 텍스트 설명, 이미지 등을 AI에 제공해 비디오 생성 ③ 자동화된 비디오 생성: AI를 활용해 신속하게 제품이나 서비스의 광고나 홍보 영상 등을 생성하여 다양한 플랫폼에 배포 ④ 수정 및 피드백 반영: 고객 피드백을 반영해 AI가 생성한 비디오를 수정하고 최적화 등
활용 사례	AI를 통해 빠르게 제품 시연 영상을 제작하고, 소셜미디어 플랫폼에 신속하게 배포하여 고객 참여를 높이는 경우 등

(5) 코드 생성 AI (Code Generation AI)

코드 생성 AI는 프로그래밍 언어를 학습하여 자동으로 코드를 작성하거나 기존 코드를 최적화하는 기술이다. 이 AI는 소프트웨어 개발, 앱 개발, 웹사이트 구축 등 IT 관련 프로젝트에서 개발 속도를 높이고 비용을 절감할 수 있게 해 준다.

[표 5] 코드 생성 AI의 특징과 활용 절차 및 사례

구분	주요 내용
특징	① 자동 코드 작성: 텍스트로 주어진 요구 사항을 분석해 자동으로 코드 생성 ② 코드 최적화: 기존 코드를 분석하고 효율적으로 개선된 코드로 변환 ③ 다양한 프로그래밍 언어 지원: 다양한 프로그래밍 언어로 코드 생성 가능 등

활용 절차	① 요구 사항 정의: 고객의 소프트웨어 개발 요구 사항을 분석해 구체적인 목표 설정 ② AI 학습: 프로젝트에 필요한 프로그래밍 언어와 코드 구조를 AI에 학습 ③ 자동 코드 생성: AI를 통해 자동으로 코드를 작성하여 개발 속도 향상 ④ 테스트 및 배포: AI가 생성한 코드를 테스트하고 배포해 프로젝트 완료 등
활용 사례	AI를 사용해 웹 애플리케이션 개발에 필요한 코드를 자동으로 작성하고, 이를 통해 개발 시간을 크게 단축하는 경우

(6) 기업 경영자의 생성형 AI 활용 방향

생성형 AI는 언어, 이미지, 음성, 비디오, 코드 생성 등 다양한 방식으로 기업 경영 및 비즈니스 전략 부문에 많은 혁신을 가져오고 있다.

기업 경영자들은 이러한 생성형 AI 기술을 활용하여 업무의 효율성을 높일 수 있으므로 다양한 AI 기술을 이해하여 적절하게 사용하고 보다 혁신적이고 차별화된 경영 전략을 수립하여 기업 경쟁력을 제고해 나가야 할 것이다.

2) 빅테크의 주요 생성형 AI 개요

그동안 많은 기업이 다양한 생성형 AI를 발표하였다. 그중에서 기업 임직원들이 업무를 추진할 때 활용하면 유용할 주요 생성형 AI의 개요와 특징을 살펴보면 다음과 같다. 참고로 각 모델의 개요와 특징은 필자가 원고를 작성하는 2025년 5월 현재 기준에서 살펴본 것으로서 추후 모델이 발전되면 달라질 수 있다.

(1) 오픈AI(OpenAI)의 챗GPT(ChatGPT)

구분	주요 내용
모델 개요	오픈AI가 개발한 대형 언어 모델로, 다양한 자연어 처리 작업에서 탁월한 성능을 보이며, 주로 텍스트 생성, 번역, 요약, 질문 응답 등에 사용되며, 이미지, 동영상 등 멀티모달로 발전
특징	방대한 데이터로 학습되어 높은 정확도의 답변을 제공하고, 정보의 정확도가 나날이 향상되고 있음.

(2) 구글(Google)의 제미나이(Gemini)

구분	주요 내용
모델 개요	Google의 AI 연구 부서에서 개발한 언어 모델로, 이전의 BERT와 T5를 기반으로 발전된 모델
특징	구글의 방대한 데이터를 기반으로 학습되어 최신 정보와 트렌드 반영이 빠르고, 정보의 정확도가 나날이 향상되고 있음.

(3) 앤트로픽(Anthropic)의 클로드(Claude)

구분	주요 내용
모델 개요	Anthropic에서 개발한 대화형 AI 모델로, 인간의 가치와 안전성을 우선시하여 설계됨.
특징	높은 윤리적 기준을 바탕으로 한 답변을 생성하고, AI 모델 기능이 나날이 고도화되고 있음.

(4) 메타(Meta)의 라마(LLaMA)

구분	주요 내용
모델 개요	Meta에서 개발한 대형 언어 모델로 연구자들과의 협업을 통해 개선 및 발전 중인 오픈소스 프로젝트임.
특징	오픈소스로 제공되어 자유로운 사용과 연구가 가능하고 AI 모델 성능이 나날이 향상되고 있음.

(5) xAI의 그록(Grok)

구분	주요 내용
모델 개요	테슬라 CEO 일론 머스크(Elon Musk)가 설립한 xAI에서 개발한 AI 모델로, 대화형 AI와 연구 목적의 AI 개발을 목표로 함.
특징	다양하고 복잡한 문제를 해결하는 능력이 있고, AI 모델 성능이 나날이 향상되고 있음.

(6) 마이크로소프트(Microsoft)의 코파일럿(Copilot)

구분	주요 내용
모델 개요	Microsoft에서 개발한 AI 도구로, 주로 프로그래머의 생산성을 높이기 위해 개발되었으나 그 활용 범위가 확장되고 있음.
특징	프로그래머의 작업 효율성을 극대화할 수 있고, 복잡한 코드 생성의 정확도가 나날이 향상되고 있음.

(7) 퍼플렉시티AI(Perplexity AI)의 퍼플렉시티(Perplexity)

구분	주요 내용
모델 개요	검색 엔진 기능을 갖춘 대형 언어 모델로, 실시간 정보 검색 및 질문 응답에 특화된 모델임.
특징	실시간 검색과 질문 응답에 매우 유용하고, 모델의 성능이 나날이 향상되고 있음.

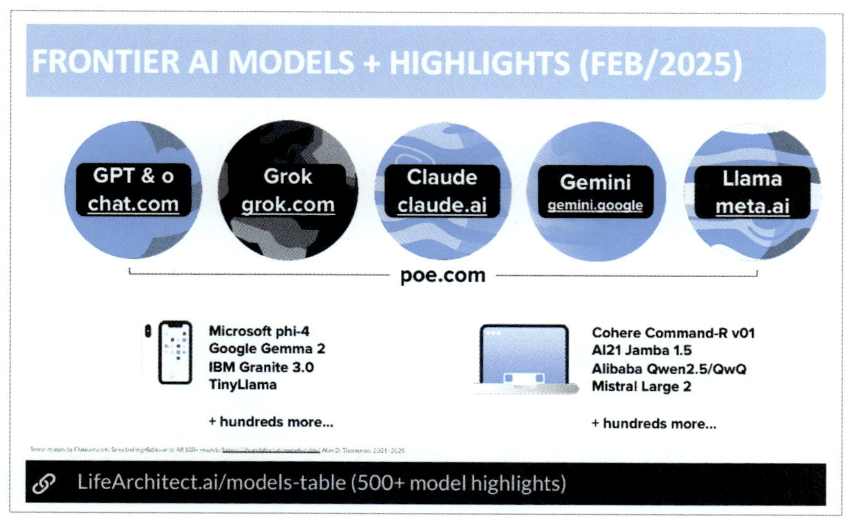

[그림 3] 주요 LLM 개발 동향

한국 기업의 AI 모델로는 네이버의 하이퍼클로바X, LG의 엑사원, SKT의 에이닷엑스, KT의 믿음, 엔씨소프트의 바르코, 삼성전자의 가우스 등이 있는데, 이들 AI 모델들의 성능이 나날이 제고되고 있다.

이와 같은 LLM 모델들은 각기 다른 목적과 특징을 가지고 있으므로 기업 경영자들이 업무를 추진할 때 필요로 하는 용도에 맞게 선택하여 LLM을 사용하는 것이 바람직하다.

LLM마다 무료 버전과 유료 버전이 있는 경우도 있으므로 먼저 무료 버전을 사용하다가 손에 익숙해진 후 유료 버전으로 전환하여 사용하는 것도 하나의 방법이다.

참고로 무료 버전과 유료 버전의 차이점을 비유를 들어 설명해 보면, 먼 거리를 승용차를 운전하여 이동할 때 무료 버전은 국도를 이용하는 것이고, 유료 버전은 고속도로를 이용하는 것과 유사하다고 할 수 있다.

3. 성공적인 AI 도입 절차

1) 생성형 AI 활용 기업 업무 추진 방법

기업 임직원이 앞으로 오픈AI 챗GPT나 구글 제미나이, 앤트로픽 클로드 등 생성형 AI를 활용하여 업무를 추진하면 생산성을 크게 제고할 수 있다.

기업 임직원이 기업의 당면한 경영 이슈들을 해결하기 위해 다음과 같은 절차를 따른다면 기업이 기대한 성과를 거둘 수 있으며, 필자는 이를 기업 CEO를 비롯한 임직원들에게 천기누설한다고 말하기도 한다.

[표 6] 생성형 AI 주요 활용 절차

순서	주요 내용
①	PC나 스마트폰을 켠다.
②	예를 들면, 오픈AI 챗GPT를 접속하여 프롬프트 창을 연다. 물론 구글 제미나이나 앤트로픽 클로드 또는 본인이 사용하고 있는 생성형 AI를 접속해도 된다.
③	기업 CEO 또는 임직원들이 해결하기를 희망하는 기업 이슈에 대한 해결책을 제시해 달라고 챗GPT 프롬프트 창에 입력한다. 기업 CEO가 챗GPT에 해당 기업에서 발생할 수 있는 주요 이슈 10개를 제시해 달라고 해도 된다. 처음 10개 중에 기업 주요 이슈가 없으면 챗GPT에 추가로 이슈 10개를 더 도출해 달라고 한다. 이러한 과정을 거치면 해당 기업 이슈를 선정할 수 있다.
④	기업 CEO가 선정한 경영 이슈에 대해 챗GPT에 해결 방안 10개를 제시해 달라고 한다. 챗GPT가 1단계로 제시해 준 해당 기업 이슈 해결 방안 중에서 기업 CEO가 마음에 드는 것이 없으면 챗GPT에 2단계, 3단계 계속 추가 질문을 해 나간다. 기업 CEO가 원하는 방안이 나오면 해당 방안에 대한 이슈 해결 세부 실행 계획을 챗GPT에 작성해 달라고 요청한다.

⑤	기업 CEO는 챗GPT가 제안해 준 내용을 기업 실정에 적합하게 커스터마이징을 한 후 실행해 나간다. 그리고 실행 결과를 목표 대비 실적과 함께 챗GPT에 주별, 월별, 분기별, 반기별 등 주기적으로 문의하여 대안을 제시해 달라고 한다. 예를 들면, 기업 임직원이 실행한 결과, 실적이 목표에 미달할 경우 또는 실적이 목표를 초과할 경우 챗GPT에 그 원인을 분석하고 대책을 제시해 달라고 요청한 후 다시 실행한다.
⑥	기업 임직원이 이러한 과정을 이슈의 특성에 따라 적합한 주기, 즉 일별, 주별, 월별, 분기별, 반기별로 반복해 나가면서 기업의 이슈를 하나씩 해결해 나간다면 기업의 생산성을 제고하고 주요 이슈인 매출액 및 순이익 증대, 고객 확대, 불량률 인하, 기술력 향상 등 기업 주요 목표를 달성할 수 있다.
⑦	위와 같은 과정을 통해 기업 CEO를 비롯한 임직원의 생성형 AI 활용 경험과 노하우가 기업 내에 축적되고 조직 문화로 정착된다면, 기업은 생성형 AI 활용 디지털 전환을 촉진하여 기업의 미션과 비전을 달성하는 데 한 걸음 더 나아갈 수 있을 것이다.

앞으로 기업 임직원들이 이러한 과정을 통해 업무를 추진해 나간다면 기존의 방법보다 생산성을 대폭 높일 수 있고, 업무 성과의 품질을 크게 제고할 수 있다. 생성형 AI의 성능이 나날이 발전하고 있어서 기업 임직원들이 지속적으로 보다 발전된 생성형 AI를 활용해 나간다면 업무의 질적 양적 수준이 한층 더 높아질 것이다.

2) 향후 기업 업무에 있어서 인공지능 활용 방향

필자는 챗GPT의 경우 처음 프롬프트 창에 질문하고 답변을 받는 방식을 1단계 업무용 챗봇, 그리고 GPTs를 만들어 사용하는 방식을 2단계 업무용 챗봇, 더 나아가 RAG(검색·증강·생성, Retrieval Augmented Generation)를 사용하는 방식을 3단계 업무용 챗봇이라고 분류한다.

그리고 AI 에이전트를 4단계 업무용 챗봇, 그리고 앞으로 나올 AGI(Artificial General Intelligence, 인공일반지능)를 5단계 업무용 챗봇이라고 구분하기도 한다.

우리 기업 임직원들이 기업 이슈별 난이도 수준에 따라 적합한 단계의 업무용 챗봇을 만들어 활용한다면 가성비가 좋은 소기의 성과를 거둘 수 있을 것으로 기대된다.

생성형 AI를 업무용 도구로 잘 활용하는 기업 임직원들은 나날이 계속 성장해 나갈 것이고, 그렇지 않은 기업 임직원들은 관련 업계에서 은퇴하거나 사라지는 상황이 올지도 모른다. 이제 기업 임직원이 업무를 추진할 생성형 AI를 잘 활용할지, 아니면 하지 않고 기존 방식을 고수할지는 각 개인의 의지에 달려 있다.

지금 챗GPT를 잘 활용하는 방법이 궁금한 기업 임직원들은 즉시 PC나 스마트폰을 켜고 챗GPT에 챗GPT를 활용하여 업무를 잘 추진하는 방법을 물어보면 된다. 그리고 전술한 것처럼 챗GPT가 알려준 것을 실행하고 그 결과를 또 챗GPT에 물어보고 실행하는 과정을 계속 반복한다면 여러분은 어느새 챗GPT 활용 고수가 되어 있을 것이다.

필자가 천기누설한 이 책을 읽는 기업 경영자를 비롯한 임직원들이 최강의 디지털 전환 생산성 도구인 챗GPT를 비롯한 생성형 AI를 잘 활용하여 기업의 이슈를 효율적이고 효과적으로 해결해 나가길 기대한다.

3) 정부 인공지능 지원 사업의 활용

기업 경영자들이 인공지능을 활용하여 경쟁력을 높이기 위해 우리 정부의 인공지능 지원 정책 동향을 잘 파악하고 적극 활용해 나가면 기대한 성과를 조기에 달성할 수 있다.

한국 정부에서는 2024년 9월 26일 「국가 AI 전략 정책 방향」을 발표했다. 이번 「국가 AI 전략 정책 방향」은 "AI G3 국가 도약을 통해 글로벌 AI 중추국가 실현"을 비전으로 하며, 범국가적으로 추진해 나갈 핵심 과제인 '4대 AI 플래그십 프로젝트'와 AI 생태계의 핵심인 4대 분야(① 스타트업·인재 확충, ② 기술·인프라 혁신, ③ 포용·공정기반 조성, ④ 글로벌 리더십 확보) 정책 추진 방향을 제시하였다.

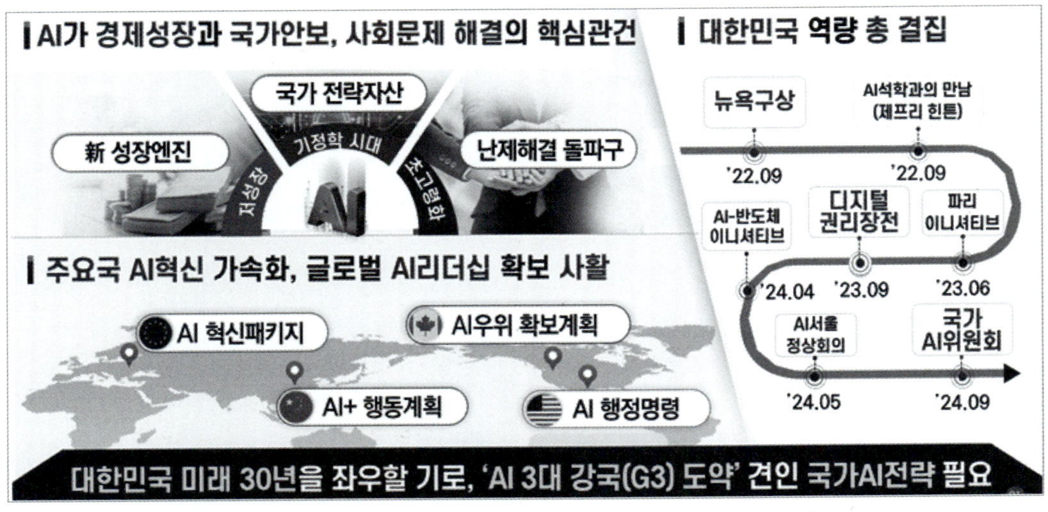

[그림 4] 국가 AI 전략 정책 방향 (출처: 대한민국 정부, 2024. 9.26)

이러한 정책 중에서 우리 기업들과 상대적으로 관련이 높은 부문을 예시해 보면, 국가 AX(AI+X) 전면화 사업을 들 수 있다. 특정 분야에 한정된 AI 활용을 넘어, 산업, 공공, 사회, 지역, 국방에 이르는 국가 전반의 AI 대전환도 추진한다.

먼저, 제조·금융·의료 바이오 등 AI 도입 효과가 높으나 AI 전환이 더딘 8대 산업별 AX(AI+X) 대책을 수립·추진하고, 범정부 AI 공통 기반 구현 등을 통한 AI 활용 역량 강화로 안전·재난·보건 등 공공 부문 18대 분야 국민 체감 AI 서비스(공공 AX)도 창출할 예정이다.

4. AI 리터러시: 경영진과 직원이 알아야 할 핵심 노하우

1) 인공지능 분류

인공지능을 McKinsey(What is AI?, 2024. 04.)에서는 다음과 같이 구분하기도 한다.

- **인공지능**(AI, Artificial Intelligence): 지능형 기계를 만드는 과학과 공학인 AI는 인간의 행동을 복제할 수 있는 기계를 개발하는 넓은 분야로, 여기에는 인지, 추론, 학습, 문제 해결과 관련된 작업이 포함된다.
- **기계학습**(Machine learning): AI 달성의 주요 돌파구인 기계학습 알고리즘은 대규모 데이터 세트에서 패턴을 감지하고, 명시적인 프로그래밍 명령 없이 데이터를 처리하여 예측을 학습한다.
- **딥러닝**(Deep learning): 기계학습의 진보된 분과인 딥러닝은 인간 뇌의 뉴런 상호작용에서 영감을 받은 신경망을 사용해 데이터를 수집하고, 이를 여러 번의 반복을 통해 처리하여 점점 더 복잡한 데이터를 학습하며 정교한 예측을 한다.
- **생성형 AI**(Generative AI): 딥러닝의 진보된 분과인 생성형 AI는 매우 큰 신경망을 사용하는 딥러닝의 한 분야로, 수천억 개의 뉴런으로 구성된 대규모 언어 모델을 이용해 추상적인 패턴을 학습한다. 이러한 언어 모델은 텍스트, 비디오, 이미지, 데이터 해석 및 생성에 적용된다.

즉 인공지능이 가장 넓은 개념이고 이어서 기계학습 > 딥러닝 > 생성형 AI 순으로 개념이 좁혀지는 것으로 이해하면 된다.

2) 생성형 AI 질문 잘하는 방법

생성형 AI에 질문을 잘하는 방법을 예시해 보면, 생성형 AI에 기업이 속해 있는 업종과 제품이나 서비스 전문가라고 역할을 부여한 후, 질문자가 속해 있는 부서의 직급을 알려 주는 등 생성형 AI와 질문자의 역할을 부여해 준다. 그리고 생성형 AI에 답변하는 형식이나 난이도 수준을 설명하고, 몇 가지 예시를 주어 생성형 AI가 참고할 수 있도록 하며, step by step 절차에 따라 답변하도록 한다.

생성형 AI 중 하나인 챗GPT가 제시한 좋은 프롬프트를 작성하는 10가지 방법을 예시해 보면 표 7과 같다.

[표 7] 프롬프트를 작성하는 10가지 방법

No	방법	이유 및 프롬프트 예시
1	명확한 질문 구성	명확하고 구체적인 질문을 통해 원하는 답변을 더 쉽게 얻을 수 있다. 경영기획 부문 예시: "내년도 사업 계획의 핵심 요소는 무엇입니까?" 마케팅 부문 예시: "최근 3년간 가장 효과적이었던 마케팅 채널은 무엇입니까?"
2	중요한 키워드 강조	키워드를 강조하면 AI 모델이 질문의 핵심을 파악하는 데 도움이 된다. 재무 부문 예시: "올해의 순이익과 총수익률을 분석해 주세요." R&D 부문 예시: "신제품 개발 과정에서 중요한 기술 키워드는 무엇입니까?"
3	단계별 질문	복잡한 내용을 단계별로 나눠 물어보면 이해하기 쉽고 명확한 답변을 얻을 수 있다. 인사 부문 예시: "채용 과정을 단계별로 설명해 주세요." 정보화 부문 예시: "CRM 시스템 도입 절차를 단계별로 요약해 주세요."
4	배경 정보 제공	필요한 배경 정보를 제공하면 AI 모델이 상황을 더 정확히 이해하고 적절한 답변을 한다. 생산 부문 예시: "자동화 라인 적용 이전과 이후의 생산 효율성을 비교해 설명해 주세요." 물류 부문 예시: "현재 물류 체계와 개선점을 설명해 주세요."
5	간결한 문장 사용	간결하고 명료한 문장을 사용하면 의사소통이 명확해진다. 마케팅 부문 예시: "최신 디지털 마케팅 트렌드는 무엇인가요?" 재무 부문 예시: "이번 분기의 자산 대비 부채 비율은 얼마인가요?"

6	질문 목적 명시	질문의 목적을 명시하면 AI 모델이 더 정확한 방향으로 답변한다.
		R&D 부문 예시: "신제품 개발을 위한 시장 조사 결과가 필요합니다."
		인사 부문 예시: "직원 만족도를 높이기 위한 전략이 궁금합니다."
7	예상 답변 형식 제시	답변받고 싶은 형식(예: 목록, 설명, 숫자 등)을 지정하면 AI 모델이 그에 맞는 답변을 제공할 수 있다.
		생산 부문 예시: "공장의 일일 생산량을 리스트로 제공해 주세요."
		정보화 부문 예시: "IT 인프라 업그레이드 계획을 순서대로 나열해 주세요."
8	개인화된 정보 피하기	너무 개인적인 정보는 생성형 AI가 판단하는데 있어서 정확도가 떨어지므로 피하고, 일반적인 데이터를 기반으로 질문하는 것이 좋다.
		경영기획 부문 예시: "회사 전체 매출성장률을 알려 주세요."
		물류 부문 예시: "최근 물류비용 절감 전략은 무엇인가요?"
9	감정적 표현 최소화	질문자의 사적인 의견이 반영된 감정적 표현을 최소화하면 객관적이고 일관된 응답을 유도할 수 있다.
		마케팅 부문 예시: "제품 홍보에 대한 고객 반응은 어떠했나요?"
		재무 부문 예시: "예산 초과 문제를 어떻게 해결할 수 있을까요?"
10	명령형 문장 사용	질문을 명령형으로 표현하면 요청의 명확성이 향상되어 모델이 더 적절히 반응한다.
		인사 부문 예시: "직원 교육 프로그램 개선안을 제시해 주세요."
		R&D 부문 예시: "새로운 기술 동향을 요약해 주세요."

5. 중소기업 핵심 직무 분류-NCS를 기반으로

1) 이 책의 구성 및 활용 방향

이 책은 기업 경영자를 비롯한 임직원 독자 여러분들이 기업을 경영할 때는 물론 실무를 추진할 때 생성형 AI를 경영 각 부문에 알기 쉽게 적용할 수 있도록 다양한 방법과 실무 사례를 제시하였다.

인공지능을 활용하여 중소기업의 주요 과제를 활용하는 데 있어서 중요한 것은 데이터를 잘 구축하여 활용하는 것이다. 이를 위해 데이터 활용 필요성 및 방법 등에 대해서도 중소기업 담당자들이 이해하기가 쉽게 설명하였다.

각 직무 분류는 국가직무능력표준 NCS(National Competency Standards) 내용을 기반으로 선정하고 관련 내용을 중소기업 컨설팅 경험이 풍부한 각 직무 전문가가 중소기업에 바로 활용할 수 있도록 집필하였다.

주요 내용은 먼저, 직무별 일반 현황 및 문제점 부문으로서 각 업무 개념 및 중소기업 현황, 업무 실무 애로 사항, AI를 활용한 업무 개선 기회 및 기대 효과 등으로 구성하였다. 그리고 이어서 각 직무에서 발생하고 있는 주요 개선 과제에 대해 개념 및 애로 사항, AI 활용 방법 및 사례, 그리고 기대 효과 등을 중소기업 독자들이 현업에 곧바로 쉽게 적용할 수 있도록 소개하였다.

특히 각 해결 과제에 대해 생성형 AI를 활용하면 달성할 수 있는 성과를 독자들이 알기 쉽게 이해할 수 있도록 현재 일하는 방식 AS-IS와 AI를 활용한 방식 TO-BE 내용을 비교 표로 작성하여 제시하였다.

AS-IS 현재 일하는 방식		TO-BE AI를 활용한 방식	
현재 일하는 방식을 설명하고, 가능하면 일 처리 소요 시간, 처리량 등 정량적 수치를 제시하고 필요시 그림으로 표시		AI를 활용해 일하는 방식을 설명하고, 가능하면 일 처리 소요 시간, 처리량 등 정량적 수치를 제시하고 필요시 그림으로 표시	
기대 효과	AI 활용을 통한 업무 수행 시 기대되는 정량적/정성적 효과를 가능할 경우 추정하여 제시		

독자들이 이 책을 잘 활용하는 방법은 먼저 해당 직무의 주요 해결 과제를 찾아서 이 책에서 설명하는 방식대로 업무에 적용하고, 기대한 성과를 거둘 수 있을 때까지 반복하는 것이다. 그리고 좀 더 깊이 있는 기업의 해결 과제 내용의 경우에는 추후 저자들이 개설하는 강의를 수강하거나, 정부 지원 사업을 활용하여 저자들을 기업에 초청하여 액션러닝(Action Learning) 방식으로 인공지능을 활용하여 문제점을 해결해 나가면 소기의 성과를 거둘 수 있다.

2) 주요 직무 내용

이 책에서 다루는 중소기업 주요 직무는 많은 경험과 사례가 있는 각 분야 전문가가 모여 여러 차례에 걸쳐 심사숙고하여 선정하였다.

주요 직무를 보면, 전략기획, 마케팅/영업(B2B, B2C), 인사관리, 재무·회계, 생산관리, 연구개발, 정보화 등 중소기업에서 꼭 필요한 핵심 직무로 구성하였다. 이 책자에서 다루는 주요 핵심 직무별 내용은 표에서 보는 바와 같다.

[표 8] 직무별 주요 내용

직무	주요 내용
경영기획	경영기획의 경우, 계획 수립과 통제까지 포함하여 전략을 수립하고 사업이 원래 계획대로 진행되는지 점검·모니터링하고 개선 조치, 피드백 및 성과 평가의 전 과정을 포함.
마케팅/영업	B2C(Business-to-Consumer) 마케팅은 기업이 아닌 일반 소비자에게 제품이나 서비스를 직접 판매하는 것을 목표로 함. B2B(Business-to-Business) 마케팅은 기업 간 거래로 정보가 제한적이어서 맞춤형 솔루션과 긴밀한 관계 구축에 중점을 둠.
인사관리	인사는 조직과 구성원의 성장을 위해 직무 분석과 직무 설계를 바탕으로 채용·배치·육성·평가·보상·승진·퇴직·전직 지원 등의 인사제도를 운용하고 개선하는 일임.
재무·회계	재무·회계는 건전한 기업 운영과 의사 결정을 지원하기 위해 재무 데이터를 관리, 기록, 분석하는 전문성을 키우는 데 중점을 둔 분야임.
생산관리	생산관리는 제품이 고객의 요구와 기대에 부합하며 일정한 품질을 지속해서 유지하고 고객 납기를 준수하는 모든 활동을 포함하는 개념임.
연구개발 (R&D)	연구개발은 기업이 새로운 제품, 기술, 서비스 또는 기존 것을 개선하기 위해 수행하는 체계적인 활동임.
정보화	정보화 직무는 주로 데이터 관리, 시스템 운영, 프로세스 자동화, 그리고 업무 효율성 증진을 위한 IT 기술 도입 등을 포함하는 업무임.

그리고 현장에서 수많은 컨설팅 경험과 노하우를 지닌 중소기업 디지털 전환 전략 전문가가 AI 시대 중소기업의 효과적인 데이터 활용과 성공적 AI 구축 및 활용 전략을 알기 쉽게 설명하였다.

제2장

각론:
핵심 직무별
AI 도입에서
활용까지

2-1. 경영기획

1. 일반 현황 및 문제점

1) 경영기획 업무 개념 및 중소기업 현황

망망대해를 항해하는 배에 선장과 항해사가 있듯이, 기업에는 경영자와 스텝이 있다. 경영자의 리더십하에서 최적의 항로를 찾아내고 온전히 목적지에 도착할 수 있도록 항해 여정의 모든 것을 관리하고 점검하는 역할이 바로 스텝, 경영기획의 업무이다.

필자는 경영기획을 영문으로 표기할 때 Business Planning and Control로 표기한다. 이는 계획을 수립하는 업무뿐만 아니라 통제까지 포함하여 전략을 수립하고 사업이 원래 계획대로 진행되는지 점검·모니터링하고 개선 조치, 피드백 및 성과 평가의 전(全) 과정을 포함하는 포괄적인 개념이다. 흔히 얘기하는 PDCA(Planning, 기획 – Do, 실행 – Check, 점검 – Action, 개선) Cycle의 업무를 커버한다. 이러한 업무는 중장기, 연간, 분기, 월별, 주 단위로 동시다발적으로 기업의 처한 상황에 따라 업무의 범위와 깊이를 달리하여 수행되고 있다.

기업 경영에서 최고의 상위 레벨 개념인 비전 수립부터 임직원 전 구성원의 성과 관리 업무까지 망라하는 경영기획 업무는 팔방미인이자 일인 다역의 역할을 수행하는 특징을 가지고 있다. 워낙 광범위한 업무 범위와 전체를 바라보는 내공이 필요하다 보니, 현장 실무 차원에서 모든 것을 완벽하게 처리하기 힘든 것이 현실이다. 특히 체계적인 조직을 갖추어진 대기업 대비 상대적인 인력 구조가 취약한 중소기업이면 경영기획의 기본 업무에 대응하기도 벅찬 것이 우리의 현주소이다. 당장 오늘의 생존을 위해서 오늘 주어진 이슈 해결이 경영기획의 최우선 업무이며 통상 이러한 일로 가득 채워져 있기에 짜임새 있는 접근과 깊이 있는 분석보다는 이슈에 대한 빠른 조치와 같은 임시방편적 단기 대응과 기본 업무에 충실할 수밖에 없는 환경이다.

물론 실무자 마음속에는 항상 좀 더 논리정연하고 체계적인 업무 프로세스로 접근하여 더욱 합리적·객관적 의사 결정을 지원하고 싶은 바람은 가득하다.

[표 9] PDCA Cycle 업무

구분	Plan / 기획	Do / 실행	Check / 점검	Action / 조치
중장기	비전 수립/기업 전략	전략 과제 수행	전략회의	조직 개편
연간	사업 전략/사업 계획	사업 운영/투자 관리	경영 분석/ 리스크 관리	성과 평가/인사 이동
분기	환경 분석	핵심 KPI 관리	분기 실적 관리/ 반기 Reflection	사업 계획 조정/ 자원 배분 조정
월간	월간 업무 계획	월간 목표 관리	경영회의/ 월간 실적 관리	사업 이슈 지원
주간	주간 업무 계획	주간 목표 관리	주간회의/ 주간 실적 관리	주간 이슈 지원

2) 실무상 주요 애로 사항

중소기업의 경영기획 업무에서 가장 큰 애로 사항을 한 가지를 뽑으라면 필자는 '시간 제약'이라고 말하고 싶다. 월라밸이 중요한 요즘일지라도 항상 촉박하게 정해진 납기를 맞추기 위해서는 어쩔 수 없이 야근해야 하는 상황이 빈발한다. 이를 위해 최대한 업무 프로세스를 개선하고 업무 효율성을 높이는 노력을 하고 있으나 현실은 여전히 녹록지 않다.

두 번째의 애로 사항으로 '업무 주제별 전문성과 선진 방법론의 부족'이라고 본다. 기본 업무에 치중하다 보니 한 단계 업그레이된 문제 해결 방법론에 대한 학습 기회나 깊이 있는 전문성을 축적하는 데 많은 제약이 있는 상황이다. 관행대로 해온 업무 처리 방식에서 크게 벗어나지 못하고 선진 방법론을 접목할 기회를 만나기 쉽지 않은 것이 현실이다.

아마도 위에서 언급한 이슈들은 모두 맨파워의 부족으로 귀결될 것이며, 이것은 우리 중소기업의 불가피한 구조적인 원인이라고 판단된다. 특히 일인 다역을 수행해야 하는 경영기획 업무에서 신속하게 납기를 맞춰야 하는 업무 특성상 인적 부족은 항상 고민되는 숙제라고 본다.

3) AI를 활용한 업무 개선 기회

경영기획 업무 영역에서 챗GPT 통해 도움을 받을 수 있는 대표적인 항목은 다음과 같다. 구체적인 사례는 이어지는 소목차에서 자세히 소개하고자 한다.

- 업무 관련 데이터 검색·데이터 확보에 AI 활용
- 업종의 특성 및 핵심 역량 이해에 AI 활용
- 정량적 목표 설정에 AI 활용

4) 기대 효과

- **문제 해결 방식:** 기존 관행과 실무자 개인 중심으로 접근(회사 기획부서 기본 양식 혹은 보고 납기 준수로 유사 포맷에 의존)
  - → 사업 환경 변화 반영 미흡, 전문성과 아이디어 부족
- **자료 조사 및 데이터 정리:** 다소 오래된, 한정된 자료 소스 중심
  - → 자료 최신성과 대표성 저하
- **인적 자원 의존도:** 실무자 역량에 전적으로 의존
  - → 개인에 따라 업무의 품질과 속도 차이 발생, 반복 업무 다수, 대부분 보고 전날 야근이 필수적인 상황임.

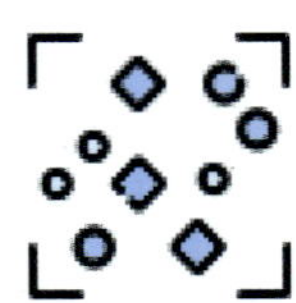

- **문제 해결 방식:** 전문 방법론(3C, 5F, SWOT, 9블럭, 역량/Gap 분석, 시나리오 플랜, 기획·평가 Framework 등)을 활용하여 체계적 접근
  - → 업무의 전문성과 창의적인 접근 가능

- **자료 조사 및 데이터 정리:** 다양한 소스의 최신 업데이트된 자료 활용(리서치 기관·정부·통계청·아티클·산업/컨설팅 보고서 등)
  → 자료의 적시성과 최신성 바탕의 적기 의사 결정 지원 가능
- **인적 자원 의존도:** 전문성 갖춘 AI 비서의 지원 활용
  → 업무 효율성 향상으로 보고서 작성 시간 단축 및 워라밸 가능

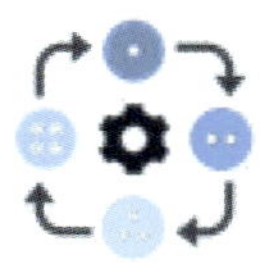

2. 경영 전략 및 사업 전략 수립

1) 개요

여러 부문에서 전략이라는 용어를 다양하게 사용하고 있듯이 기업 경영에서도 여러 가지의 전략 개념이 있다. 기업에서 전략의 Hierarchy(계층)를 고려해서 본다면, 크게 Corporate strategy(기업 전략, 경영 전략), Business strategy(사업 전략), 그리고 Functional strategy(기능 전략)로 구분해 볼 수 있다.

Corporate(경영) 전략은 Where to Play 개념으로 기업 전체의 방향과 목표를 설정하는 전략이다. 주로 기업의 장기적인 비전과 성장 계획을 수립하고, 이를 실현하기 위한 전반적인 로드맵을 제시하는 것이다. Vision&Mission, Portfolio 전략, 사업 다각화, M&A, 성장 전략 등이 이에 속한다고 볼 수 있다. Corporate 전략의 주관자는 바로 회사 대표, CEO의 몫이다. 하나의 사업에 집중해서 사업을 전개할 것인지 아니면, 2개 이상의 사업 영역에서 성장할 것인지를 먼저 결정해야 되며, 전 구성원이 지향하는 회사의 To-Be 모습을 그리는 작업이다. 방대하기도 하고 가슴 설레는 작업이기도 하다. 그만큼 고민의 깊이가 따른다.

Business(사업) 전략은 How to Win 혹은 How to Compete 개념으로 주어진 사업 영역에서 경쟁 우위를 확보하기 위해서 혹은 시장에서 이기는 시장 포지션을 확보하기 위해서 각 사업부나 제품 라인의 구체적인 실행 계획을 세우는 전략이다. 각 사업이 목표를 달성하기 위해 어떤 고객을 타깃으로 하고, 어떤 차별화 전략을 사용할지 구체적으로

설정하는 것이다. 경쟁 우위 전략, 차별화 전략, 원가 우위 전략, 집중화 전략 등이 선택할 수 있는 사업 전략의 기본 포지션이다. 흔히 말하는 사업 경쟁력 강화 등이 이에 해당하는 전략 레벨이라고 보면 된다.

Functional(기능) 전략은 How to Play 개념으로 효율성 극대화에 초점이 맞춰진 부문 전략이다. 연구개발 R&D 전략, 마케팅 Mix 전략, 생산 TQM 전략, SCM 전략, 구매 Vendor 전략, HR 육성 전략 등이 이에 해당되며, 각 부서에서 고민하는 실행 전략이기에 더욱더 구체적이고 현실적인 Action Plan이 되어야 한다.

이러한 전략 내의 Hierarchy(계층)와 레벨을 이해하면 회사 내에서 전략 수립을 논의할 때, 상호 간의 개념 이해와 전략 수립에서의 시행착오를 줄일 수 있으며, 전략 간의 alignment를 확보할 수 있으므로 필자는 매우 중요한 콘셉트라고 강조하고 싶다.

전략 수립은 기본적으로 환경 분석(산업·시장·기술 트렌드, SWOT, 3C 등) – 이슈, 시사점 도출 – 비전·목표 설정 – 목표 달성을 위한 전략 방향 및 추진 과제 도출 – 과제별 실행 계획 순으로 진행된다.

2) 애로 사항 및 AI 활용 방법/사례

경영·사업 전략 수립 관련 실무적 애로 사항과 이에 대한 구체적인 챗GPT 활용 가이드와 사례는 다음과 같다.

가이드

애로 사항	생성형 AI 활용 가이드
아이디어 브레인스토밍 부족	전략적인 아이디어를 브레인스토밍하고, AI의 피드백을 통해 구체화 가능
내외부 환경 분석에 대한 체계적 접근 미흡	정치(Political), 경제(Economic), 사회(Social), 기술(Technological), 환경(Environmental), 법적(Legal) 요인을 분석하고, 해당 요인들이 사업에 미치는 영향을 간략히 정리 가능
내외부 환경 분석을 통한 명확한 시사점 도출에 어려움	강점(Strength), 약점(Weakness), 기회(Opportunity), 위협(Threat)을 입력하면, 각 요소별로 핵심 시사점을 요약
SWOT 분석을 바탕으로 전략 과제 도출에 어려움	챗GPT에 SWOT 분석 결과를 업로드하고 전략적 과제 도출을 요청하면 과제 안을 제시해 줌.

 너는 health care 벤처사업 전략기획 임원이야. PESTEL 관점에서 외부 환경을 분석해 줘.

 Healthcare 벤처사업의 전략기획 관점에서 PESTEL 분석을 통해 외부 환경을 살펴보겠습니다. PESTEL 분석은 정치적(Political), 경제적(Economic), 사회적(Social), 기술적(Technological)…(중략)

1. 정치적 요인 (Political)

요인	핵심 요소	시사점
정치적 요인	정책 지원 및 규제, 건강 보험 정책, 의료 데이터 정책	정치적 변화를 모니터링하고 정책 변화에 유연하게 대응, 주요 분야에서 정부 지원 탐색, 데이터 보안 준수
경제적 요인	경제 성장과 건강 소비 지출, 원자재와 인건비 상승, 투자 환경	경제 동향을 모니터링하고 자본 조달 계획을 유연하게, 비용 절감 방안 모색, 혁신적인 비즈니스 모델 고려
사회적 요인	인구 고령화, 건강과 웰빙에 대한 관심 증가, 디지털 헬스케어 수용도 증가	고령층과 건강을 중시하는 소비자를 타겟으로 맞춤형 및 디지털 헬스케어 강화
기술적 요인	AI와 빅데이터 발전, 웨어러블 디바이스와 IoT, 원격 의료와 텔레메디신	최신 기술을 활용해 차별화, 맞춤형 건강 관리와 원격 진료 확장 기회 탐색, 기술 파트너십 투자
환경적 요인	헬스케어 제품에 대한 수요 증가, 환경 관련 규제 강화, 기후 변화의 건강 영향	친환경 제품 개발과 폐기물 관리 중점, 환경 규제 대비한 전략 수립, ESG 경쟁력 강화
법적 요인	의료 데이터 보호법 강화, 의료 기기 및 서비스 규제, 임상 시험 및 연구 윤리	데이터 보호와 법적 요구 사항 준수, 인증 및 임상 시험 요구 사항에 대비하여 출시 지연 최소화

 업로드한 유첨 자료는 주방용품 기업의 SWOT 분석 결과야. 이를 바탕으로 전략 과제를 도출해 줘.

 1. Strength (강점) 활용 전략 과제
 - 원스톱 생산 시스템 확장: 기존 원스톱 생산 시스템을…(중략)
 - 디자인 역량 강화: 우수한 디자인 경쟁력을 바탕…(중략)

SWOT 요소	전략 과제
Strength(강점)	주력 제품의 시장 점유율 강화, 원스톱 생산 시스템 최적화, 디자인 역량 강화, 중국 공장 및 R&D 센터 활용 극대화
Weskness(약점)	브랜딩 강화, 채널 관리 효율화, 마케팅 역량 강화, 고객 서비스(CS) 개선, 수출 전략 재검토
Opportunity(기회)	고령화 및 1인 가구 증가에 맞춘 제품 개발, 친환경 및 고급 제품 라인 확장, 중소기업 및 스타트업 협업 강화, 중국 시장 맞춤형 전략
Threat(위협)	경제 불황 대비 가격 경쟁력 강화, 품질 인증 관리 체계 구축, 배달 시장 진출 방안 검토, 국내 시장에서의 경쟁력 강화

3) 기대 효과

AS-IS 현재 일하는 방식	TO-BE AI를 활용한 방식
• 항상 제대로 된 논리로 전략 수립을 진행하고 싶으나 방법론(process)과 아이디어 측면에서 참고 사례와 가이드가 부족 • 시장 조사는 내부 한정된 과거 자료 위주로 접근 • 논의와 조율 절차 없이 실무자 주도로 초안 작성 다수 • 정해진 보고 납기를 위해서 야근은 기본적인 상황	• 챗GPT 질문 통해 당사 상황에 맞는 전략 수립 방법론과 프로세스에 대한 가이드를 받음. • 다양한 소소의 최신 시장 자료를 접근 및 트렌드 파악 가능 • 전략 수립 시 궁금 사항에 대해서 챗GPT의 객관적인 코멘트를 받을 수 있음. • 효율적인 프로세스로 보고서 작성 시간 단축 예상

3. AI 활용 사업계획서 작성

1) 개요

중소기업은 탄생적으로 가용할 자원이 부족한 상황이다. 제한된 리소스로 가능한 한 최대의 효율을 높이는 운영과 성과를 창출해야 하는 당면 과제를 안고 있다. 안정적인 성장을 위해서는 불가피하게 여러 정부·지자체의 정책적 지원 사업에 참여하여 융자 혹은 현물 투자 지원을 받거나, 금융기관으로부터 대출, 투자자로부터 투자금 유치 등의 다양한 형태로 자금을 수혈받고 있다.

여기서 넘어야 첫 관문이 바로 사업의 개념과 구체적인 실행 계획을 체계적으로 제시하는 사업계획서 작성이다. 사업계획서는 자금 지원을 해 주는 외부 이해관계자에게 당사의 경영 비전과 경영 목표가 충분히 달성할 수 있음을 합리적으로 설명, 설득하는 자료일 뿐만 아니라, 조직 내부적으로 전략을 수립하고 사업 방향을 명확히 하고, 일관된 실행력이 진행될 수 있도록 조직의 결속력을 높이는 차원에서도 중요한 역할을 한다.

외부적으로는 기업의 잠재력과 신뢰를 제공하고, 내부적으로는 사업 목표를 달성키 위한 구심점 역할의 유용한 실행 로드맵인 사업계획서는 어떤 원칙과 어떠한 구성 항목으로 작성해야 하는 것인가? 내외부적으로 커뮤케이션 도구로써 사용되고 있는 자료이므로 명확성, 진정성, 설득력을 바탕으로 작성되어야 한다. 구체적인 원칙으로 ① 목표(정량) 중심적으로 접근, ② 사실 바탕의 진실성, ③ 업종과 규모에 따라 차별적인 접근, ④ 구체적인 일정 바탕의 실행 계획, ⑤ 주요 Milestone별 목표 설정과 측정할 수 있는 성과 지표, ⑥ 위험 요인 예측, 분석, 평가 및 대응 방안 포함 등을 고려할 수 있다. 기업의 업종, 규모, 그리고, 활용하는 용도에 따라 사업계획서의 구성 항목과 내용의 깊이가 달라질 수 있겠으나, 이와 같은 작성 원칙에 입각한 사업계획서의 주요 구성 항목은 다음과 같다.

목차	내용
1. 사업 개요	사업 내용의 핵심 요약
2. 회사 소개, 조직, 경영진	회사 연혁, 경영진 배경 및 역량
3. 사업 환경 분석	외부 환경, 경쟁사, 내부 역량
4. 회사 비전 및 목표	회사 비전과 사업 목표의 관련성
5. 제품, 서비스/생산, 운영	제품과 서비스의 특성, 차별성, 개발/개선 계획
6. 사업 전략, 마케팅 전략	목표 달성을 위한 주요 전략과 실행 계획
7. 재무 계획	추정 B/S, I/S, C/F, 자금 수지 계획, 손익분기점 등
8. 위험 및 기회 분석, 대책	기회 활용과 위험 회피 계획

2) 애로 사항 및 AI 활용 방법/사례

난이도가 높은 사업계획서 작성 관련 실무적 애로 사항과 이에 대한 구체적인 챗GPT 활용 가이드와 사례는 다음과 같다.

가이드

애로 사항	생성형 AI 활용 가이드
체계적 구성 및 문서 작성 경험 부족	챗GPT는 사업계획서 템플릿을 제안하고, 항목별로 필요한 내용을 채우는 데 도움을 줌. 사업계획서의 일관성과 설득력 향상 가능
시장 조사 및 데이터 확보의 어려움	AI를 통해 시장 트렌드를 파악하고, 주요 경쟁사 정보를 조사하여 요약을 받을 수 있음. 기본적인 시장 분석 내용이나 산업 트렌드 초안을 생성 요청
사업 아이템 차별화 및 경쟁력 입증 어려움	제품이나 서비스의 차별화 요소를 설명할 수 있는 문구나 사례를 AI가 제공해 줌. 경쟁사와의 차별성을 강조하는 문구 생성 요청

현실적인 목표 설정의 어려움	AI는 다양한 목표 설정 시나리오를 제공하고 각 목표에 맞는 전략을 쉽게 비교할 수 있도록 함.
재무 계획 수립의 복잡성	AI는 기본적인 재무 계획 가이드라인을 제공하고, 다양한 비즈니스 시나리오에 따른 손익계산서나 현금 흐름표 초안 작성을 요청
위험 관리 계획의 부족	예상 리스크와 대응 방안을 AI가 나열할 수 있으며, 사업 특성에 맞는 리스크와 대응책을 체계적으로 작성 가능

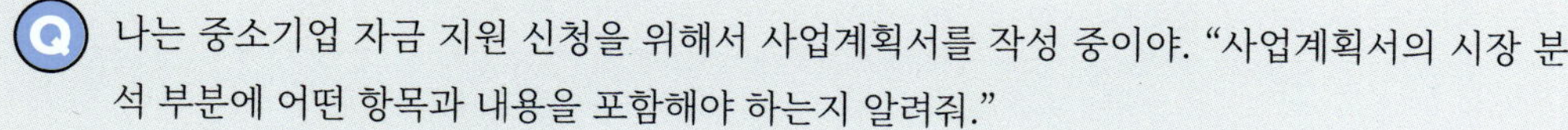

Q 나는 중소기업 자금 지원 신청을 위해서 사업계획서를 작성 중이야. "사업계획서의 시장 분석 부분에 어떤 항목과 내용을 포함해야 하는지 알려줘."

사업계획서의 시장 분석 부분에는 시장의 전반적인 환경을 이해하고 사업의 성장 가능성을 입증할 수 있는 내용이 포함…(중략)

1. 시장 개요

  - 시장 정의: 진출하려는 시장이 무엇인지, 어떤 산업…(중략)

  - 시장 규모: 전체 시장의 크기를 숫자로 제시하고…(중략)

2. 타깃 고객 및 세분화

  - 고객 세그먼트: 사업이 집중할 주요 고객군을 구체적으로 정의하고 인구 통계적, 지리적, 심리적, 행동적 요소에 따라 세분화…(중략)

항목	내용
시장 개요	시장 정의: 진출하려는 시장 및 산업 세그먼트 정의
	시장 규모: 전체 시장 크기 및 성장 가능성 제시
	시장 동향: 주요 트렌드, 기술 발전, 정책 변화 설명
타겟고객, 세분화	고객 세그먼트: 주요 고객군 정의 및 세분화
	고객 요구와 문제점: 고객의 문제점과 필요 사항 분석
경쟁 분석	주요 경쟁사: 경쟁사와 제품/서비스 비교
	경쟁사 강점과 약점: 각 경쟁사의 강점과 약점 분석
	시장 내 경쟁 강도: 경쟁 강도, 시장 진입 장벽 평가
산업 환경, 규제 요인	정책 및 규제: 법적, 규제적 요소 분석
	산업 구조: 공급망, 가치사슬, 주요 파트너십 설명
	기업 활용 방안: 산업 구조를 활용하는 전략 제안
시장기회, 위협 요인	기회 요인: 사업 성장 가능성을 높이는 요소 식별
	위협 요인: 시장 진입 방해 요소 분석
SWOT 분석	SWOT 분석: 강점, 약점, 기회, 위협 요인 평가
시장 전망, 성장 예측	미래 성장 가능성: 시장의 중장기 성장 전망 설명
	정량적 데이터: 성장률, 매출, 고객 수 등 데이터 활용

 너는 신재생 에너지 컨설팅 수석연구원이야. "한국 태양광 발전의 시장 전망에 대한 주요 리서치 기관별 전망치와 성장률에 대해 작성해 줘."

 한국 태양광 발전 시장 전망에 대한 주요 리서치 기관별 전망치와 성장률 요약

1. 국제에너지기구(IEA) 전망치: 한국의 재생에너지 보급 목표와 탄소중립 전략을 기반으로 태양광…(중략) 2030년까지 한국 내 태양광 설치 용량이 약 40GW에 도달…(중략)

2. 블룸버그 뉴에너지 파이낸스(BNEF) 전망치: 한국의 태양광 설치 용량이 2025년까지 30GW, 2030년에는 45GW를 넘어설 것…(중략)

리서치 기관	2030년 예상 설치 용량	연평균 성장률(%)	주요 성장 요인
국제에너지기구(IEA)	약 40 GW	약 12%	정책 지원, 에너지 자립
블룸버그 뉴에너지 파이낸스(BNEF)	약 45 GW	약 14%	경제적 요인, 중소형 태양광 확대
한국에너지공단(KEMCO)	약 60 GW	약 13%	도심 및 산업단지 태양광 설치 증가
맥킨지(Mckinsey)	약 70 GW	약 11%	상업용 태양광 수요 증가, 패널 효율 개선
우드맥켄지(Wood Mackenzie)	약 50 GW	약 13~15%	태양광 발전 비용 감소, 효율성 증가

3) 기대 효과

AS-IS 현재 일하는 방식	TO-BE AI를 활용한 방식
• 사업 환경 분석에 대한 체계적인 분석 대비 기존 관행과 내부 인식 수준에서 작성 경우가 많음. • 외부 이해관계자 설득 논리에 항상 고민 • 재무 계획 및 리스크 관리 항목 작성에서 전문성이 부족	• 업종과 해당 사업에 대한 macro 트렌드 및 micro 경쟁 상황에 대한 의견 반영 가능 • 사업계획서 작성 목적과 실행 계획 초안에 대한 AI의 객관적인 피드백 수취 가능 • 사업계획서의 기초 자료(사업 개요, 목표, 실행 전략 등) 바탕으로 재무계획(IS, CF) 및 사업 리스크 대응 방법에 대해 AI의 전문적 가이드 확인 가능

4. AI 활용 성과 관리 효율화

1) 개요

기업에서 성과 관리는 조직의 목표를 달성하기 위해 개개인의 역량과 업무 성과를 체계적으로 평가하고 관리하는 프로세스이다. 성과 관리의 목적은 크게 조직의 목표 달성, 개인과 조직의 성장 및 공정한 보상으로 나눌 수 있다.

일반적으로 조직의 비전과 전략을 효과적으로 실행하기 위해 기업은 전사 목표를 설정하고, 이러한 목표를 달성하기 위해 각 부서와 개인 목표를 설정하여 조직 전반이 같은 목표를 향해 나아갈 수 있도록 관리한다. 이것이 바로 전략과 목표의 alignment이다. 굉장히 중요한 포인트이나 현장에서 종종 이러한 점을 간과하는 경우가 많으니 꼭 기억해 주기 바란다. 또한, 성과 관리는 각 개인의 업무 능력과 직무 성과를 객관적으로 평가해 개선점을 찾아내고, 개인의 역량 개발을 지원하는 기반이 된다. 조직 전체의 역량을 끌어 올리면서 개인의 전문성과 자신감을 강화하는 데도 기여한다. 그리고 객관적이고 체계적인 성과 관리를 통해 성과에 따른 공정한 보상을 시행하여 구성원들에게 성취감과 동기 부여를 제공한다. 특히 보상은 구성원들의 만족도와 직결되는 사안으로 기준과 원칙이 무엇보다 중요하다.

성과 관리 업무는 목표 설정, 성과 평가, 피드백 제공 및 개선 계획 수립의 cycle로 진행된다. 성과 관리의 첫 단계인 부서와 개인의 목표 설정에 있어 고려해야 할 요소가 바로 SMART(Specific 구체적, Measurable 측정 가능한, Achievable 달성 가능한, Realistic 현실적인, Time-bound 기한 명시)이다. 성과 평가 방식은 최근에 평가의 공정성과 객관성을 높이는 일환으로 자기 평가, 상사 평가뿐만 아니라 리더십 평가 차원에서 주변 동료, 후배들 평가까지 포함한 360도 평가 등의 방법도 포함하고 있다. 점점 업무의 범위와 깊이가 넓어지고 깊어지고 있다. 이러한 평가 단계의 평가 결과를 토대로 피드백을 제공하고, 이는 구성원들의 개선 계획 수립과 조직에서의 지원 프로그램으로 연계된다.

성과 관리 업무 중에서 가장 고민되는 부분이 아마도 목표 설정을 무엇으로 설정하고 이를 어떻게 평가할 것인가가 아닌가 본다. 사업 목표와 align 되는 핵심 성과 지표(KPI: Key Performance Index) 설정이다. KPI는 위에서 언급한 SMART의 특성을 반영해야 할

뿐만 아니라, 정량적 지표와 정성적 지표를 모두 고려하는 것이 중요하다. 매출액, 시장 점유율, 신규 고객 수 등 숫자로 표현되는 계량적 지표와 고객 만족도, 구성원 조직 기여도(팀워크) 등 눈에 보이지 않는, 숫자로 측정하기 어려운 부분의 지표를 균형 있게 설정하는 것이 회사의 지속 가능한 성장을 보장해 주기 때문이다.

2) 애로 사항 및 AI 활용 방법/사례

성과 관리 관련 실무적 애로 사항과 이에 대한 구체적인 챗GPT 활용 가이드와 사례는 다음과 같다.

가이드

애로 사항	생성형 AI 활용 가이드
성과 관리 운영 체계 미흡	성과 평가 양식, 보고서 초안 자동 작성, 360도 피드백 문항 작성과 평가 기준 설명 제공 및 성과 관리 제도 필요성과 목표 설명 자료 제공 가능
명확한 KPI 설정	SMART 목표 기반 KPI 아이디어 추천: 부서별 KPI 예시를 챗GPT로부터 받아 명확한 목표 설정 가능
성과 관리 시스템 부재	성과 관리 프로세스 자동화 툴 및 소프트웨어 정보 제공: 무료 및 저비용 성과 관리 소프트웨어 리스트
성과 관리 동기 부여 부족	맞춤형 피드백과 긍정적인 피드백 문구 자동 생성으로 동기 부여 향상
성과 평가 피드백 부족	챗GPT 통한 강점과 개선점에 맞춘 맞춤형 피드백 자동 생성
성과 평가와 교육 연계 부족	챗GPT 통한 성과 평가 이후, 결과 기반 맞춤형 교육 프로그램 추천받기

사례: 성과 관리 보고서 초안 양식

 너는 중소기업 인사관리 팀장이야. "성과 관리 보고서 초안을 자동으로 작성할 수 있도록 템플릿을 만들어 줘. 주요 내용으로는 목표 달성도, 부서별 성과, 개선 방안 등을 포함하고 싶어."

 이 템플릿에는 주요 성과 항목인 목표 달성도, 부서별 성과 요약, 개선 방안이 포함되어 있으며…(중략)

1. 기본 정보	
작성자:	[이름]
부서명:	[부서명]
작성일:	[날짜]
평가 기간:	[예: 2024년 1분기]

2. 목표 달성도		
목표 항목	목표 내용	달성도 (%)
[목표 항목 1]	[예: 매출 성장률 10% 달성]	[예: 95%]
[목표 항목 2]	[예: 신규 고객 확보 50명]	[예: 85%]
[목표 항목 1]	[예: 고객 만족도 90% 이상]	[예: 92%]

3. 부서별 성과 요약	
부서 이름:	[부서명]
주요 성과:	
-	[예: 분기 매출 목표 10% 초과 달성]
-	[예: 신규 고객 확보 목표의 85% 달성]

사례: 팀별 KPI(안) 산출

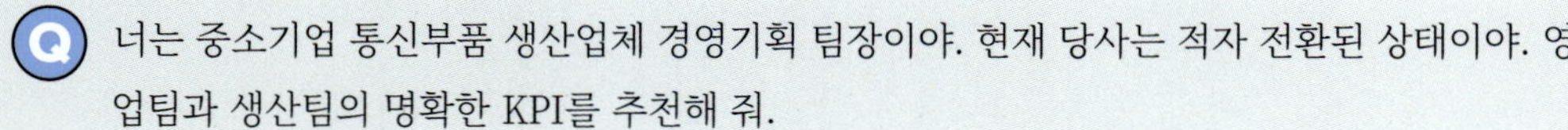 너는 중소기업 통신부품 생산업체 경영기획 팀장이야. 현재 당사는 적자 전환된 상태이야. 영업팀과 생산팀의 명확한 KPI를 추천해 줘.

 적자 전환된 상황에서 영업팀과 생산팀의 명확한 KPI를 설정하여 매출 증대와 생산효율성 향상에 집중…(중략)

KPI 예시

팀	KPI 항목	설명
영업팀	매출 성장률	월간, 분기별 매출 성장 목표를 설정해 성장률 평가
	신규 고객 확보수	고객층을 넓히고 매출 기반을 강화하기 위해 신규 고객 확보 목표 설정
	기존 고객 유지율	기존 고객을 유지하며 추가 매출을 창출하기 위해 고객 유지율 모니터링
	고수익 제품 비중	회사 핵심 제품에 대한 매출 비중을 관리하고 고수익 제품의 판매 확대 목표
	판매 리드 타임	고객 문의에서 계약까지 걸리는 시간 단축
생산팀	생산 가동률	생산 설비가 실제 가동되고 있는 비율을 높여 생산성 극대화
	불량률 감소	제품 불량률을 줄여 비용 절감 및 품질 향상
	재고 회전율	생산된 제품의 재고가 빠르게 회전하도록 관리하여 자산 효율성 강화
	생산 단가 절감률	생산 과정에서 비용 절감을 통해 수익성 향상
	납기 준수율	제품 납기를 준수하여 고객 만족도와 신뢰도 향상
	생산성	단위 시간당 생산량을 높여 인건비 대비 생산 효율 극대화

3) 기대 효과

AS-IS 현재 일하는 방식	TO-BE AI를 활용한 방식
• 성과 평가 체계에 대한 전반적 이해도와 보상 연계의 방법에 대해 경험이 많이 부족 • 사업에 대한 내부 이해도가 떨어져 현업 부서별 KPI 설정의 적절성에 대해 우려가 큼. • 평가 방법, 평가 결과 피드백, 개인별 부족한 역량에 대한 교육 기회 제공 등 구체적인 실무 방법에 대해 고민이 큼.	• 챗GPT 통해 여러 가지 유형의 성과 평가 방법, 사례, 보상 연계 개념 자료 등을 확인 가능 • 당사의 사업 상황에 대한 기본 정보 입력 통해 부서별 KPI(안)를 추천받을 수 있음. • 평가 절차와 피드백 체계에 대한 다양한 의견을 접할 수 있으며, 온라인 교육 프로그램 소개도 확인할 수 있음.

5. 리스크 관리와 시나리오 플래닝

1) 개요

필자의 현장 경험으로 볼 때, 구분하지 못하고 있는 단어들의 하나가 리스크(Risk)와 불확실성(Uncertainty) 개념이다. Risk는 확률적으로 예측 가능한 불확실성으로, 발생할 가능성과 그에 따른 결과가 어느 정도 측정 가능한 상황이기 때문에 다양한 관리 기법을 통해 사전에 대응할 수 있다. 예를 들어, 특정 투자에서 발생할 수 있는 손실이나 기술 개발 프로젝트에서 실패할 가능성은 측정할 수 있으며, 이를 바탕으로 리스크 대응 전략을 수립할 수 있다. 반면, Uncertainty는 예측하기 어려운 불확실성으로, 이에 대한 과거 데이터나 경험이 없거나, 발생 빈도와 영향을 정확히 알 수 없으므로 기존의 리스크관리 기법을 적용하기 어렵다. 예를 들어, 신기술이나 신시장에 대한 대응, 예측하기 어려운 정치적 변화, 팬데믹 같은 사건이 이에 해당하며, 유연성과 적응력을 높이는 전략이 필요하다.

리스크 관리는 기업이 직면할 수 있는 잠재적 위험을 식별하고, 평가하며, 이를 최소화하기 위한 전략을 수립하는 과정으로 (1) 리스크 식별 (2) 리스크 평가 (3) 리스크 대응 전략 수립 (4) 리스크 모니터링 및 검토의 순환 사이클 업무를 수행한다. 재무, 운영(영업, 구매, 생산 등), 규제 등의 여러 측면에서 예상되는 리스크를 식별하고 이러한 리스크의 발생 가능성과 영향도를 분석하여 우선순위를 매긴다. 리스크를 줄이는 전략으로 리스크를 회피, 감소, 전가(보험, 계약 등), 또는 과감히 수용하는 방식 등의 여러 대응 옵션을 고려해 볼 수 있다. 이러한 사업 리스크는 환경 변화에 따라 변동되므로 리스크 관리 프로세스는 지속적으로 모니터링되어야 하며, 변화하는 환경에 맞추어 주기적으로 업데이트되어야 한다. 사업을 잘해 나간다는 것은 사업 리스크를 잘 관리해 나간다는 것과 같은 개념이라 볼 수 있다.

시나리오 플래닝은 미래에 발생할 다양한 가능성에 대비해, 기업의 전략을 수립하는 과정으로, 리스크 관리의 확장된 형태로, 불확실성 속에서도 다양한 시나리오를 통해 기업이 효과적으로 대응할 수 있는 준비를 하는 것이다. 흔히 예상치 못한 돌발 상황에 대비해서 플랜 B를 수립하고 대응하는 것이 바로 시나리오 플래닝의 모습이다. 예측하기 어려운 상황이지만, 우리는 관련된 여러 사전 활동들을 통해 나름의 짜임새 있는 준비를 할 수 있기에 기업의 지속 가능성을 유지하는 관점에서 시나리오 플래닝은 매우 중요한 업무라고 볼 수 있다. 주요 절차로는 (1) 중요 변수와 트렌드 식별: 경제 성장, 규제 변화, 기술 발전 등의 동향 파악 (2) 미래 시나리오 구성: 경제·수요 위축 시나리오, 시장 성장 혹은 경쟁 심화 시나리오, 사업 목표 달성의 도전적·보수적 계획 등의 시나리오 설정 (3) 시나리오별 전략 검토: 시나리오별 영향 분석과 대응 준비 수립 (4) 전략 실행 및 모니터링: 특정 시나리오 현실화할 가능성이 커지면 미리 수립한 전략을 신속하게 실행하고 지속해서 모니터링하는 것이다.

2) 애로 사항 및 AI 활용 방법/사례

리스크 관리 및 시나리오 플래닝 관련 실무적 애로 사항과 이에 대한 구체적인 챗GPT 활용 가이드와 사례는 다음과 같다.

가이드

애로 사항	생성형 AI 활용 가이드
리스크 식별 어려움	리스크 브레인스토밍 및 예시 제공, 리스크 카테고리별 탐색: "소비재 제조업에서 발생할 수 있는 주요 리스크를 열거해 줘" 요청하여 다양한 리스크 예시 제공

리스크 평가의 주관성 이슈	평가 기준 및 점수 매트릭스 생성, 평가 점수 시뮬레이션: "리스크 평가에 사용할 수 있는 점수 매트릭스를 만들어 줘" 요청하여 일관된 평가 기준 제공
데이터 부족 및 신뢰성 문제	유사 리스크 데이터 수집, 가상의 데이터 시뮬레이션: "과거 금융위기 시 은행들이 직면했던 리스크와 그에 대한 대응 방안을 알려줘"
시나리오 구성 복잡성	시나리오 프레임워크 제공, 시나리오 템플릿 및 가이드 제공: "신흥 시장 진출 시 사용할 수 있는 시나리오 템플릿을 만들어 줘"
시나리오 실행 계획 어려움	시나리오별 행동 계획 수립, 시나리오 전환 시뮬레이션: "시장 성장 시나리오와 축소 시나리오에 따른 대응 전략을 제안해 줘"

사례: 주요 사업 리스크 항목 도출

 너는 IT 스타트업 사업 총괄 담당자야. "IT 플랫폼 사업에서 발생할 수 있는 주요 리스크를 열거해 줘."

 리스크는 주로 기술적, 시장적, 법적, 운영적 측면에서 IT 플랫폼…(중략)

1. 기술적 리스크…(중략)

2. 시장 및 경쟁 리스크…(중략)

3. 법적 및 규제 리스크…(중략)

유형	주요 리스크	설명
기술	보안 리스크	데이터 유출, 해킹, 랜섬웨어 등 사이버 공격에 노출될 가능성
	확장성 문제	이용자가 급격히 증가할 때 시스템의 확장성 한계로 인해 성능 저하 발생
시장/경쟁	고객 유치 어려움	유사 플랫폼과의 경쟁에서 사용자 확보 및 유지가 어려워질 가능성
	가격 경쟁	경쟁 업체들이 가격 인하 또는 무료 서비스를 제공할 경우 수익성에 타격
법적/규제	개인정보 보호 준수	개인정보 보호법, GDPR 등의 규제에 따른 데이터 관리 부담 증가
	규제 변경	플랫폼 운영에 영향을 미치는 법적 규제가 강화되어 추가적인 비용과 부담 발생
운영/관리	파트너사 의존도	클라우드 서비스, 결제 솔루션 등 외부 파트너사의 서비스 불안정성에 의한 영향
	비용 관리 리스크	서비스 확대에 따라 비용이 예상보다 크게 증가하여 운영 부담 발생
재무	현금 흐름 문제	초기 플랫폼 구축 및 마케팅 비용으로 인해 현금 흐름이 부족해질 위험
	환율 변동 리스크	해외 시장 진출 시 환율 변동으로 인한 수익성 변동

전략 제시

Q 너는 소비재 제조업체의 경영기획 팀장이야. "소비재 시장 성장 시나리오와 축소 시나리오에 따른 대응 전략을 제안해 줘."

1. 성장 시나리오 대응 전략: 경기 회복과 소비자 수요 증가…(중략) 제품 혁신 및 포트폴리오 확대, 디지털 마케팅 강화…(중략)

시나리오	대응 전략	설명
시장 성장	제품 혁신 및 포트폴리오 확대	소비자들의 다양한 요구를 충족시키기 위해 신제품 개발과 기존 제품의 개선을 추진. 웰니스와 지속가능성 트렌드를 반영한 제품 출시
	디지털 마케팅 강화	온라인 플랫폼과 소셜미디어를 활용하여 브랜드 인지도를 높이고, 소비자와의 직접적인 소통을 강화하여 새로운 고객층 확보
	유통 채널 다각화	전통적인 오프라인 매장뿐만 아니라 온라인 판매 채널을 확대하여 다양한 소비자 접점을 확보. 옴니 채널 전략으로 일관된 구매 경험 제공
	해외 시장 진출	국내 시장의 성장 한계를 극복하기 위해 해외 시장을 분석하고 현지화 전략으로 새로운 시장을 개척. 아시아·태평양 지역에 주목
시장 축소	비용 절감 및 운영 효율화	생산 공정의 효율성을 높이고, 불필요한 비용을 절감하여 수익성을 유지. 프로세스 혁신과 원가 절감 방안 모색
	핵심 제품 및 시장 집중	수익성이 높은 핵심 제품과 주요 시장에 자원을 집중하여 안정적인 매출을 확보. 비핵심 사업부나 제품은 축소 또는 철수
	고객 충성도 강화	기존 고객과의 관계를 강화하여 반복 구매를 유도하고, 충성도 프로그램을 통해 고객 이탈을 방지. 맞춤형 서비스 제공
	위기 대응 시나리오 플래닝	다양한 위기 상황을 가정한 시나리오를 수립하고 대응 전략을 준비하여 불확실한 환경에서도 신속하고 유연하게 대응

3) 기대 효과

AS-IS 현재 일하는 방식	TO-BE AI를 활용한 방식
· 리스크 관리와 시나리오 플래닝 업무 개념과 업무 방법론에 대해 이해도가 낮음. · 당사 사업에 대한 리스크 항목 식별 및 이에 대한 정의가 힘듦. · 시나리오 플래닝 작성 방법과 기존 사례가 적어 실무적으로 시나리오별 계획 수립이 어려움.	· 챗GPT는 리스크 관리 업무에 대한 개념과 실제 대응 방법론에 대해 설명해 주기 때문에 실무자 입장에서 업무 전문성과 수용성을 높일 수 있음. · 최근 업종 동향, 사업 환경 변화, 당사의 사업 실적 바탕으로 관리해야 될 리스크 항목을 확인 가능

2-2. 마케팅/영업(B2B)

1. 일반 현황 및 문제점

1) B2B 마케팅 업무 개념 및 중소기업 현황

B2B 마케팅은 기업 간 거래에 중점을 두며, 정보가 제한적이고 맞춤형 솔루션과 긴밀한 관계 구축이 필수적이다. 구매 결정은 여러 이해관계자의 협의를 통해 이루어지며, 맞춤형 계약과 유연한 가격 정책이 특징이다. 그러나 중소기업은 기존 고객 의존도가 높아 신규 고객 개척이 부족하고, 전문 인력과 기술 인프라 부족으로 디지털 마케팅 활용이 미흡하다. 또한, 관계 중심의 영업으로 인해 데이터 기반 마케팅이나 맞춤형 전략 수립이 어렵다. 이러한 문제를 해결하기 위해 최근 생성형 AI를 활용한 마케팅 자동화가 주목받고 있다.

2) 마케팅 실무 애로 사항

중소기업의 영업·마케팅 관련 주요 문제점은 다음과 같다. 첫째, 체계적인 마케팅 전략이 부족하여 단기 목표에 의존하고, 고객의 변화하는 요구나 시장 흐름에 적절히 대응하기 어렵다. 둘째, 전문 인력 부족과 예산 제약으로 인해 마케팅 및 영업 전문 인력을 확보하기 어렵다. 셋째, 디지털 마케팅 채널 활용이 부족하여 잠재 고객 확보에 어려움을 겪고 있다. 넷째, 데이터 기반 의사 결정이 미흡하여 영업과 마케팅 결정이 주로 직관이나 경험에 의존하는 경향이 있다.

3) AI를 활용한 마케팅 업무 개선 기회

중소기업이 별도의 영업·마케팅 전담 부서나 인력을 운영하고 있지 못하는 것이 현실이나, 최근 AI 및 생성형 AI의 성능이 고도화되면서 기업의 다양한 업무에 활용이 가능해지고 있다.

(1) 마케팅·영업 목표 수립에 AI 활용

마케팅·영업 업무에서 빈번하게 대두되는 산업, 시장, 경쟁사, 기술 등과 관련한 현황 조사 및 분석 업무에 AI를 활용함으로써 업무의 효율성과 생산성을 향상시킬 수 있다.

(2) 신사업 아이템 발굴에 AI 활용

글로벌 경기 침체와 저성장기 도래에 따라 중소기업들의 사업 환경에도 커다란 영향을 미치고 있다. 특히 기존의 사업 영역과 제품이 성숙화되거나 시장 포화 상태가 되고 있다. 새로운 사업 아이템이나 제품을 찾아 사업 전환이나 업종 전환을 추진해야 하는 당면 과제가 있다.

(3) STP 전략 수립에 AI 활용

중소기업들은 신제품 개발 및 출시를 위한 사전 준비가 미흡한 상태에서 신제품을 개발한 후에 마케팅 및 영업을 추진하는 경우가 많다. 그 이유는 보유 자원의 제약, 전문성의 부족, 비용 부담 및 단기적인 성과에 치중하고 데이터에 대한 활용이 부족하기 때문이다.

(4) 4P 믹스 전략 수립에 AI 활용

중소기업은 4P 믹스 전략 수립 시 시장 및 고객 데이터 확보의 어려움, 경쟁사와의 차별화 부족, 최적 가격 설정의 한계, 유통 채널 확보의 자금 및 네트워크 제약 등 여러 문제에 직면해 있다. 이러한 문제를 해결하는 데 생성형 AI가 효과적인 도구가 될 수 있다.

2. 마케팅/영업 목표 수립

1) 개요

(1) 마케팅·영업 목표의 중요성

매출 목표는 기업의 전략적 방향을 설정하고, 조직의 일관된 노력을 유도하는 핵심 요소다. 또한, 성과 평가 기준을 제공하여 전략 조정 및 자원의 효율적 배분을 가능하게 한다.

(2) 목표 수립의 개념

마케팅·영업의 단기 목표(1년 이내)와 장기 목표(3~5년 이상)로 구분된다. 단기 목표는 매출 증대, 신규 고객 확보 등을 중심으로 설정하며, 장기 목표는 시장점유율 확대, 브랜드 인지도 강화, 신규 시장 진출 등을 포함한다. 목표 수립 전 시장 환경(경쟁사, 소비자 트렌드, 경제 상황 등)을 분석하여 현실적이면서도 도전적인 목표를 설정해야 한다.

(3) 주요 목표 유형

매출 목표는 매출 증대를 위한 가장 기본적인 영업·마케팅 목표로, 특정 기간 동안의 목표 매출액이나 성장률을 설정한다. 고객 확보 목표는 신규 고객 수, 고객 유지율, 고객 만족도 등과 관련된 목표로, 고객 기반을 넓히고 유지하는 데 집중한다.

(4) 목표 달성을 위한 전략 및 실행 계획

목표 달성을 위해 데이터 기반 전략을 수립하고, 마케팅 믹스(4P: 제품, 가격, 유통, 촉진)를 최적화해야 한다. 중소기업은 디지털 마케팅(SNS, SEO, 이메일 등)을 적극 활용하여 비용 효율성을 높이고, 고객 세분화를 통해 맞춤형 마케팅 전략을 적용해야 한다.

(5) 성과 측정과 피드백

KPI(매출, 신규 고객 수, 전환율 등)를 설정하여 목표 달성 여부를 평가하고, 정기적인 성과 분석을 통해 전략을 조정해야 한다. 시장 변화에 따라 유연한 피드백 시스템을 구축하여 최적의 성과를 창출할 수 있도록 지속적인 개선이 필요하다.

2) 애로 사항

(1) 제한된 자원

중소기업은 대기업에 비해 마케팅 및 영업 활동에 투자할 수 있는 예산이 제한적이다. 이로 인해 효과적인 캠페인 실행이나 다양한 채널 활용에 제약이 따른다.

(2) 시장 정보 부족

비용 및 전문성 부족으로 심도 있는 시장 조사를 수행하기 어려우며, 이는 목표 수립 시 필요한 경쟁사 분석, 소비자 트렌드 파악 등에 장애가 된다. 또한, 데이터를 수집하더라도 이를 효과적으로 분석하고 해석하는 능력이 부족해, 목표 설정에 필요한 인사이트를 얻기가 힘들다.

(3) 전략적 기획의 어려움

SMART 목표 설정 등 체계적인 접근법을 잘 활용하지 못해 목표가 모호하거나 비현실적으로 설정되는 경우가 많다. 중소기업은 생존에 집중하므로 단기 매출에 치중하게 되고, 장기적인 브랜드 구축이나 시장점유율 확대와 같은 전략적 목표는 우선순위에서 밀려날 수 있다.

(4) 빠르게 변화하는 시장 환경

기술 발전과 시장 트렌드가 빠르게 변화하면서, 이를 따라잡아 목표를 적시에 조정하는 것이 어렵다. 특히 디지털 마케팅의 경우 최신 기술과 트렌드를 반영하는 데 어려움을 겪고 있다.

(5) 효율적 실행 및 모니터링의 문제

제한된 자원과 경험 부족으로 인해 수립된 목표를 효과적으로 실행하기 어렵고 이는 실질적인 영업·마케팅 성과로 이어지지 않는 경우가 많다. 목표 달성 여부를 실시간으로 측정하고 피드백을 받을 수 있는 도구나 시스템이 부족하여, 전략의 성과를 평가하고 개선하기 힘들다.

(6) 외부 요인

외부 경제 상황이 좋지 않거나 정부 정책의 변화가 있을 때, 중소기업은 이에 빠르게 적응하고 목표를 조정하는 데 어려움을 겪는다. 원자재 가격 변동이나 공급망 문제로 인해 계획된 마케팅 전략의 실행이 지연되거나 비용이 증가할 수 있다.

이러한 중소기업의 이슈 및 애로 사항을 효과적으로 대처하기 위하여 생성형 AI와 같은 툴을 활용할 필요성이 증대되고 있다.

3) AI 활용 방법 및 사례

(1) 매출 목표 수립을 위한 통계적 매출 추정

중소기업들이 사업 계획 수립 시 과거의 매출 실적에 기반하여 매출 목표를 수립하는 것이 일반적이다. 그러나 저성장 침체기의 매출 추정은 예전보다 더 어려워지고 있으며, 변동 폭도 더 넓어지고 있어 통계적 분석 기법의 활용과 같은 전문성과 데이터에 기반한 수요 예측 등이 중요해지고 있다. 중소기업들이 AI를 업무에 활용하면 전문적이고 객관적인 매출 목표 수립이 가능하다.

> **가이드**
>
> ○ 전문적인 통계 분석 지식이나 목표 수립에 대한 실무적 경험이 부족하더라도 생성형 AI를 활용하여 통계적 수요 예측 기법에 기반한 객관적인 매출 목표 수립이 가능함.

Q 다음의 A밸브회사 3개년 매출 자료를 보고 2025년도 매출을 추정해 줘. 단, 추정 모델은 naive trend, naive roc, Naive seaonal, Naive trend&seaonal, Naive roc&seaonal을 적용해 줘.

<최근 5개년 매출/손익 현황>   (단위: 백만원)

구분	2020	2021	2022	2023	2024	비고
매출액	5,000	7,000	6,800	7,300	6,500	
매출원가	3,850	5,040	5,168	5,402	5,070	
판관비	400	560	544	584	520	
영업이익	750	1,400	1,088	1,314	910	
영업이익률(%)	15%	20%	16%	18%	14%	

A밸브회사 2025년 매출 예측 (반올림)

	모델	2025년 매출 예측 (백만원)
1	Naive trend	5787.67
2	Naive roc	6382.81
3	Naive seasonal	5787.67
4	Naive trend & seasonal	5153.41
5	Naive roc & seasonal	5683.32

TIPS

실무에서 매출 추정 시에는 거시 환경(경제 성장률 등), 경쟁사 동향, 수요 추세, 마케팅/영업 계획 등 고려해야 할 다수의 변수들이 있음.

(2) 기존 비용 구조 기반의 매출 원가 추정

추정된 매출을 기반으로 기존의 비용 구조를 반영한 매출 원가의 추정이 가능하며, 이를 통해서 사업 계획 수립 시 적절한 손익 구조에 대한 예측이 가능하다. 구체적인 원가는 상세한 예산 수립을 통하여 산정되어야 하지만, 추정 매출에 기반한 원가 추정을 통하여 각사에 적합한 비용 구조를 가늠해 볼 수 있다.

○ 과거의 비용 구조를 기반으로 AI를 활용하면 전문적인 통계 분석 지식이나 원가 분석에 대한 실무적 역량이 부족하더라고 통계적 분석 기법에 기반한 객관적인 원가 구조 추정이 가능함.

[사례]: 기존의 비용 구조에 기반한 통계적 분석 기법을 적용한 매출 원가 추정

Q 2025년도 추정된 매출을 기반으로 매출 원가를 추정해 줘. 추정 모델은 naive trend, naive roc, Naive seaonal, Naive trend&seaonal, Naive roc&seaonal을 적용해 줘.

<최근 5개년 비용 구조>

구분	2020	2021	2022	2023	2024	비고
고정비	1,275	1,339	1,406	1,476	1,550	
변동비	2,975	4,261	4,306	4,510	4,040	
합계	4,250	5,600	5,712	5,986	5,590	

2025년 매출 및 매출원가 예측

	모델	2025년 매출 예측 (백만	2025년 매출원가 예측
1	Naive trend	5787.67	4758.4
2	Naive roc	6382.81	5028.98
3	Naive seasonal	5787.67	4758.4
4	Naive trend & seasonal	5153.41	4465.96
5	Naive roc & seasonal	5683.32	4719.91

실무에서 매출 원가 추정을 위해서는 재료비, 인건비, 경비(Utility 비용 등)의 증감을 고려하여 산정하는 것이 바람직하다.

(3) 기존 비용 구조 기반의 손익분기점(BEP) 분석

추정된 매출과 비용 구조를 기반으로 사전에 손익분기점 분석을 통하여 매출 규모와 총비용에 대한 목표를 설정하고 적정 수준의 이익 목표 계획 수립이 가능하다.

○ 추정 매출과 원가에 기반한 최적의 수익 구조를 갖추기 위한 손익분기점 분석을 AI
를 활용하여 수행함.

[사례] 추정 매출과 원가 구조에 기반한 손익분기점 분석

Q 2025년도 추정된 매출과 원가 구조에 기반한 손익분기점 분석을 해 줘.

2025년 손익분기점 분석 결과

	모델	2025년 매출 예측 (백만	2025년 매출원가 예측	2025년 손익
1	Naive trend	5787.67	4758.4	8307.17
2	Naive roc	6382.81	5028.98	6965.08
3	Naive seasonal	5787.67	4758.4	8307.17
4	Naive trend & seasonal	5153.41	4465.96	11074.7
5	Naive roc & seasonal	5683.32	4719.91	8715.04

실무에서는 경비 및 판관비에 대하여 회계 계정별 각각의 증감을 반영한 예산을 수립하
고, 이를 기반으로 손익분기점을 산정하는 것이 바람직하다.

4) 기대 효과

AS-IS 현재 일하는 방식	TO-BE AI를 활용한 방식
• 과거의 매출 실적 데이터를 기반으로 간단한 추세를 직관적으로 분석하고 있음. • 주요 의사 결정이 경험과 직감을 기반으로 이루어짐. • 통계적 기법이나 예측 모델 없이 단순 성장률 등으로 목표를 설정함.	• AI가 과거 매출 실적, 시장 트렌드, 외부 환경 변화 데이터를 통합적으로 분석하여 매출 목표를 수립함. • AI로 계절성, 트렌드 변화, 경쟁사 동향 등을 반영한 예측 모델을 생성함. • AI를 활용하여 다수의 시나리오(낙관적, 보수적, 중립적)를 기반으로 목표 설정이 가능함.

3. 신사업 아이템 발굴

1) 개념 정립

신사업 아이템 발굴은 기존 사업의 한계를 뛰어넘어 새로운 수익 창출 기회를 창출하고, 기업의 지속 성장을 도모하기 위해 유망한 제품이나 서비스를 개발하는 과정을 의미한다. 이는 시장의 변화, 기술 혁신, 소비자 요구의 다양화에 대응하며, 기존 시장과 차별화된 새로운 가치 제안을 통해 경쟁력을 강화하는 전략적 활동이다.

신사업 아이템 발굴을 위해서는 고객의 니즈 분석, 기술적 가능성 검토, 시장성 및 수익성 평가 등이 체계적으로 이루어져야 하며, 최종적으로는 자원의 효율적 배분과 리스크 관리 방안을 마련하여 신제품이나 서비스를 성공적으로 시장에 진입시키고자 하는 것이다.

2) 애로 사항

업력이 오래된 기업일수록 기존의 제품과 시장에 고착되어 신사업 진출을 위한 새로운 사업 아이템 발굴과 진입에 어려움이 있다. 특히 중소기업이 신규 사업 아이템을 탐색하거나 발굴할 때 다양한 애로 사항을 겪게 된다.

첫째, 제한된 자원을 보유하고 있다. 중소기업은 대기업에 비해 인적, 물적 자원이 부족한 경우가 많다. 신규 사업 발굴에는 충분한 인력과 자본이 필요하지만, 자금과 인력이 부족하여 필요한 연구개발(R&D)과 시장 조사에 한계가 생긴다.

둘째, 정보와 전문성의 부족을 들 수 있다. 새로운 사업 영역에 대한 전문적인 지식이나 경험이 부족해 성공 가능성을 평가하기 어렵다. 또한, 중소기업은 최신 산업 트렌드나 기술 정보를 얻기 위한 네트워크가 제한적이기 때문에 시장의 변화나 기술 혁신을 빠르게 파악하지 못하는 경우가 많다.

셋째, 시장 및 기술 변화에 대한 대응이 어렵다. 현대 시장과 기술은 빠르게 변화하고 있으며, 중소기업은 이에 신속하게 대응하기 어렵다.

넷째, 위험 부담이 크다. 신규 사업 아이템 발굴은 실패 가능성을 수반하기 때문에 중소기업 입장에서는 큰 리스크가 될 수 있다.

이러한 애로 사항으로 인해 중소기업들은 신규 사업 발굴에 있어 신중한 접근이 필요하며, 외부 지원 프로그램 활용, 파트너십 체결, 철저한 사전 시장 조사와 타당성 분석 등을 통해 리스크를 최소화하고 성공 가능성을 높여야 한다.

3) AI 활용 방법 및 사례

(1) 신사업 아이템 발굴

새로운 제품의 개발이나 신사업 진입을 위해 신규 아이템을 탐색하고 발굴하고자 할 때, 예전에는 다양한 채널이나 인맥, 자료 및 정보 조사를 통해 많은 인력이 장시간 투입되어 검토해 왔다. 그러나 이제는 AI를 활용하여 적은 인원으로 단시간 내에 기업이 필요로 하는 신제품 개발 아이디어나 신규 사업 아이템의 발굴 및 탐색이 가능해졌다.

가이드

○ 회사 소개서, 제품 소개서, 지적재산권(특허 등) 등의 문서를 AI에 입력(등록)

○ 신사업 아이템 발굴 관련 배경 및 취지를 간결하고 명확하게 작성

[사례] 신사업 아이템을 추천을 요구하는 질문 생성

Q 너는 밸브 산업 및 제품의 전문가야. 우리 회사는 30년 동안 대형 밸브를 중심으로 생산하여 산업용 및 상하수도관용 등으로 공급해 오고 있어. 그런데, 원자재 조달 가격 및 인건비 등의 상승과 값싼 중국산 제품의 국내 진입으로 가격 경쟁이 심화되어 수익성이 급격히 저하되고 있어. 그래서 우리 회사에서는 고부가가치 밸브 제품을 발굴하여 개발 및 사업화를 추진하고자 해. 네가 밸브 산업 및 제품의 전문가로서 신사업 아이템 5개를 추천해 주고, 표로 작성해 줘.

밸브 산업 신사업 아이템

	신사업 아이템	설명	적용분야	차별점	시장성
1	스마트 IoT 밸브	실시간 데이터 수집 및 원격 제어 기능이 포함된 지능형 밸브	상하수도, 플랜트, 스마트 빌딩, 스마트 팩토리	원격 모니터링 및 제어, 이상 감지 알림 기능 포함	스마트 시티, 스마트 팩토리 확대 정책과 연계
2	수소·탄소중립 친환경 밸브	수소 연료 및 탄소 포집용 특수 밸브	수소 충전소, 탄소 포집 설비, 신재생 에너지 인프라	초저온·고압 조건에서도 신뢰성을 확보한	탄소중립 정책으로 친환경 에너지 인프라 확대
3	3D 프린팅 맞춤형 밸브	금속 3D 프린팅을 활용한 맞춤형·경량화 밸브	항공, 방산, 자동차, 반도체 제조라인	고객 맞춤 설계 가능, 빠른 제작, 경량화로 효율성 증가	항공 및 방산 산업에서 복잡한 구조와 경량화 수요
4	고온·고압 특수 밸브	극한 환경에서도 견딜 수 있도록 설계된	석유화학 플랜트, 발전소, 제철소, 고온 공정 설비	내열 합금 및 세라믹 코팅 적용, 긴 수명과 높은 내구성	산업 플랜트의 유지보수 비용 절감 니즈 증가
5	위생·의료용 정밀 제어 밸브	정밀한 유량 및 압력 제어가 가능한 고청정도 밸브	바이오·제약 공정, 식음료 산업, 반도체 제조	오염 방지 및 미세한 유량 조절 기능, 내식성 강화	바이오 및 반도체 산업 성장으로 초정밀 제어 밸브

실무에서는 좀 더 구체적인 판매처, 생산 제품, 보유 생산 설비·장비 및 상세한 보유 기술 등을 제시하고, 이를 기반으로 신사업 아이템의 발굴 추진이 필요하다.

(2) 신사업 아이템 타당성 분석

AI로부터 신사업 아이템을 추천받은 후 각각의 추천 아이템에 대한 사업 추진 타당성에 대한 사전 분석이 선행되어야 한다. 이전에 기획부서나 연구개발부서에서 수행하던 가망 아이템에 대한 타당성 검토와 분석도 AI를 활용하여 추진하면 단시간 내에 효율적으로 추진이 가능하다.

가이드

○ AI를 통해 추천받은 각각의 신사업 아이템에 대한 사전 타당성 검토를 위해 각 사별로 적합한 조사 항목을 선정하여 AI에 입력(등록)

○ 사전 타당성 검토에 필요한 항목을 표의 형태로 작성하여 요구하는 것이 바람직함.

[사례] 신사업 아이템별 사전 타당성 검토를 위한 질문 생성

Q 네가 추천해 준 5개 각각의 신사업 아이템에 대하여 다음의 표와 같이 구체적인 수치를 반영한 시장 현황 분석표를 작성해 줘.

아이템명	시장현황	경쟁현황	잠재 구매자	진입시 고려사항

신사업 아이템별 시장현황 분석표

아이템명	시장현황	경쟁현황	잠재 구매자	진입 시 고려사항
스마트 IoT 밸브	2023년 전 세계 스마트 시티 시장 규모는 약 7,560억 달러로 평가되었으며, 2032년까지 약 3조 1,080억 달러로 성장할 것으로 예상됩니다. 이에 따라 스마트 IoT 밸브의 수요도 증가할 것으로 보입니다.	기존 전통 밸브 업체 외에도 IoT 및 센서 기술을 보유한 기업들의 진입이 증가하고 있습니다.	건설사, 공공기관, 대형 제조업체	IoT 플랫폼과의 호환성 확보, 보안 문제 해결이 필요합니다.
수소 충전용 밸브	글로벌 수소 에너지 시장은 2024년 약 1,500억 달러 규모로 평가되었으며, 2030년까지 약 2,500억 달러로 성장할 것으로 예상됩니다. 이에 따라 수소 충전 인프라의 확대가 기대됩니다.	해외 선진 기업이 시장을 선점하고 있으며, 국내에서도 일부 기업이 기술 개발 중입니다.	수소 충전소 운영업체, 자동차 제조사	고압 안전성 및 내구성 인증이 필요하며, 해외 기술과의 경쟁력 확보가 중요합니다.

3D 프린팅 응용 밸브	글로벌 3D 프린팅 시장은 2023년 약 150억 달러에서 2030년까지 약 450억 달러로 성장할 것으로 예상됩니다. 이에 따라 3D 프린팅을 활용한 맞춤형 밸브 수요도 증가할 것으로 보입니다.	전통적인 금속 가공 방식과의 비용 경쟁력이 부족하지만, 맞춤형 제조 및 소량 생산 시장에서 활용이 증가하고 있습니다.	특수 장비 제조업체, 연구소	3D 프린팅 재료의 내구성 및 신뢰성 확보가 필요합니다.
고온·고압 특수 밸브	발전소, 석유화학, 제철소 등에서 필수적으로 사용되며, 이러한 산업의 글로벌 시장 규모는 2024년 약 1조 달러 이상으로 평가됩니다.	글로벌 대기업이 시장을 장악하고 있으며, 일부 국내 강소기업도 존재합니다.	대형 플랜트 운영사, 엔지니어링 기업	고부가가치 기술 확보가 필요하며, 인증 절차가 복잡합니다.
위생 의료용 자동 밸브	글로벌 의료기기 시장은 2023년 약 4,560억 달러 규모로 평가되었으며, 2030년까지 약 6,500억 달러로 성장할 것으로 예상됩니다. 이에 따라 위생 의료용 자동 밸브의 수요도 증가할 것으로 보입니다.	해외 기업이 기술을 선도하고 있으며, 국내 업체는 개발 초기 단계에 있습니다. ↓	병원, 제약회사, 연구소	위생 규격 및 인증이 필수이며, 정밀 제어 기술이 필요합니다.

시장 현황에 국내외 시장 규모, 성장 추세를 추가해 주고, 경쟁 현황에는 국내외 경쟁사를 1~2개사 제시해 줘.

신사업 아이템별 시장현황 분석표

아이템명	시장현황	경쟁현황	잠재 구매자	진입 시 고려사항
스마트 IoT 밸브	**국내 시장 규모:** 정확한 수치는 부족하나, 국내 스마트 홈 및 산업 자동화 시장의 성장에 따라 IoT 밸브 수요 증가 예상 **해외 시장 규모:** 글로벌 스마트 시티 시장은 2023년 약 7,560억 달러에서 2032년까지 약 3조 1,080억 달러로 성장 전망 **성장 추세:** IoT 기술 발전과 함께 연평균 20% 이상의 성장률 예상	**국내 경쟁사:** 삼성SDS, LG CNS 등 IoT 솔루션 제공 기업 **해외 경쟁사:** Honeywell, Siemens 등 글로벌 자동화 기업	건설사, 공공기관, 대형 제조업체	IoT 플랫폼과의 호환성 확보, 보안 문제 해결 필요
수소 충전용 밸브	**국내 시장 규모:** 정부의 수소 경제 활성화 로드맵에 따라 2030년까지 수소차 85만 대 보급 목표 **해외 시장 규모:** 글로벌 수소 에너지 시장은 2024년 약 1,500억 달러에서 2030년까지 약 2,500억 달러로 성장 전망 **성장 추세:** 친환경 에너지 수요 증가로 연평균 10% 이상의 성장률 예상	**국내 경쟁사:** 효성중공업, 두산퓨얼셀 등 수소 관련 기업 **해외 경쟁사:** Linde, Air Liquide 등 글로벌 가스 기업	수소 충전소 운영업체, 자동차 제조사	고압 안전성 및 내구성 인증 필요, 해외 기술과의 경쟁력 확보
3D 프린팅 응용 밸브	**국내 시장 규모:** 정확한 수치는 부족하나, 제조업 분야에서 3D 프린팅 기술 도입 증가 **해외 시장 규모:** 글로벌 3D 프린팅 시장은 2023년 약 150억 달러에서 2030년까지 약 450억 달러로 성장 전망 **성장 추세:** 맞춤형 제조 수요 증가로 연평균 15% 이상의 성장률 예상	**국내 경쟁사:** 신도리코, 캐리마 등 3D 프린터 제조사 **해외 경쟁사:** Stratasys, 3D Systems 등 글로벌 3D 프린팅 기업 ↓	특수 장비 제조업체, 연구소	3D 프린팅 재료의 내구성 및 신뢰성 확보

···(생략)···

실무에서는 아이템별로 구체적인 사전 분석을 위해 필요한 조사 대상 항목(국가별 현황, 경쟁사 제품, 시장 추세 등)을 추가하여 조사하면, 얻고자 하는 더 유용한 답변을 얻을 수 있다.

(3) 신사업 아이템 추진 우선순위 정하기

신사업 아이템별 사전 타당성 검토를 통해 분석한 자료를 기반으로 각 기업의 현황 정보를 추가로 제공해 주고 각사에 부합하는 신사업 아이템 추진 우선순위를 정할 수 있다.

가이드

○ 회사 현황 정보(매출 규모, 종원원 수, 취급 제품, 표적 시장 등)를 추가로 AI에 입력(등록)

○ 각 기업에 부합하는 우선순위 설정 기준(시급도, 중요도, 난이도 등)을 간결하고 명확하게 작성

[사례] 신사업 아이템 우선순위 설정을 요구하는 질문 생성

Q 다음의 회사 현황 기본 정보와 신사업 아이템 우선순위 평가 기준을 기반으로 추천 신사업 아이템에 대한 실행 우선 순위를 평가해 줘.

<회사 현황 기본 정보>

구분	세부 내용
회사 현황	- 매출액 150억 원 - 종업원 수 50명 - 주요 제품: 주철밸브, 주강밸브, 스텐밸브 등 - 용도: 산업용 밸브, 상하수도용 대형 밸브 등 - 보유 기술: 밸브 제조 기술 관련 9건의 특허 보유 - 유통경로: 밸브 도매상

<신사업 아이템 우선순위 평가 기준>

아이템명	시급성	중요도	난이도	우선순위

□ 평가 기준

- 시급성: 시급하지 않음 1점, 보통임 3점, 매우 시급함 5점

- 중요도: 중요하지 않음 1점, 보통임 3점, 매우 중요함 5점

- 난이도: 매우 어려움 1점, 보통임 3점, 매우 쉬움 5점

 회사 현황을 반영한 평가 및 우선순위

회사의 현재 제품 포트폴리오, 보유 기술, 시장 상황을 고려하여 5개의 신규 아이템을 평가하였습니다.

- 스마트 IoT 밸브는 기존 제품과 차별화된 고부가가치 제품으로, 원격 모니터링 및 자동화 제어 기술이 핵심 요소입니다.
- 수소용 밸브는 친환경 에너지 시장 확대와 맞물려 향후 높은 성장이 기대됩니다.
- 3D 프린팅 맞춤형 밸브는 다양한 산업 분야에서 주문형 생산 니즈 증가에 대응할 수 있습니다.
- 위생용 밸브는 의료 및 식품산업에서의 위생기준 강화에 따라 수요가 늘어날 전망입니다.
- 고압·고온 특수 밸브는 기존 산업용 밸브 시장에서 고부가가치 제품으로 자리 잡을 가능성이 큽니다.

신규 아이템 우선순위 평가표

아이템명	시급성	중요도	난이도	우선순위 점수
스마트 IoT 밸브	5	5	2	12
수소용 밸브	4	5	3	12
3D 프린팅 맞춤형 밸브	3	4	4	11
위생용 밸브	4	4	3	11
고압·고온 특수 밸브	4	5	2	11

우선순위 평가 결과

1. 스마트 IoT 밸브와 수소용 밸브가 총점 12점으로 가장 높은 평가를 받았습니다.
- 스마트 IoT 밸브는 자동화 및 스마트 팩토리 도입 증가와 맞물려 시장성이 높으며, 회사의 기술력과도 연계가 용이합니다.
- 수소용 밸브는 정부의 친환경 정책 및 글로벌 탄소중립 기조에 따라 지속적인 성장이 기대됩니다.
2. 3D 프린팅 맞춤형 밸브와 위생용 밸브는 11점으로 3, 4순위에 위치했습니다.
- 3D 프린팅 맞춤형 밸브는 고객 맞춤형 생산이 가능한 점이 강점이지만, 시장 규모가 상대적으로 작습니다.
- 위생용 밸브는 식품·제약 산업의 성장과 위생 규제 강화에 따라 안정적인 수요가 예상됩니다.
3. 고압·고온 특수 밸브는 기존 제품군과의 연계성이 높고 산업 전반에서 지속적인 수요가 있지만, 개발 난이도가 높아 5순위로 평가되었습니다.

TIPS

실무에서는 상기 표에서 제시한 항목 이외에도 다양한 평가 항목(사업 매력도, 자사 적합도 등)을 이용하여 기업의 니즈에 부합하도록 신규 아이템의 우선순위 도출이 가능하다.

AS-IS 현재 일하는 방식	TO-BE AI를 활용한 방식
• 온/오프라인 매체를 통한 자료 조사, 분석에 많은 시간과 비용이 수반됨. • 정보와 전문성 부족으로 신사업 아이템 탐색 및 발굴 업무 수행이 어려움. • 외부 컨설팅 용역에 의한 추진 • 시장 및 기술의 변화에 대한 대응이 어려움.	• AI를 활용하여 단시간 내에 현실에 부합하는 신사업 아이템 도출이 가능함. • 전문가 없이도 AI 활용 역량만 갖추면 다양한 정보의 확보와 시장 조사·분석이 가능함. • 객관적인 평가 지표에 기반한 우선순위 선정 및 실행이 가능함. • 신사업 추진에 대한 리스크를 감소시킬 수 있음.

4. STP 전략 수립

1) 개요

B2B 마케팅 실무에서 신제품에 대한 STP(시장 세분화, 표적 시장 선정, 포지셔닝) 전략은 제품의 성공적인 시장 진입과 성장을 위해 매우 중요한 요소이다. B2B 환경에서는 구매 의사 결정 과정이 복잡하고 여러 이해관계자가 참여하므로 세부적인 고객군 정의와 명확한 시장 타깃팅, 차별화된 포지셔닝이 필수적이다.

첫 번째 단계인 시장 세분화는 고객의 요구와 특성에 따라 시장을 나누는 과정이다. B2B에서는 산업별, 기업 규모, 지리적 위치, 구매 행동 등의 기준으로 세분화할 수 있다.

두 번째 단계인 표적 시장 선정에서는 세분화된 시장 중에서 가장 매력적이고 적합한 시장을 선택한다. 이 과정에서는 시장 규모와 성장 가능성, 경쟁 분석, 고객의 요구와 문제를 고려해야 한다. 각 세분화된 시장의 규모와 성장 가능성을 분석하고, 해당 시장에서의 경쟁 강도를 평가하여 자사의 경쟁 우위를 활용할 수 있는지를 검토한다.

세 번째 단계인 포지셔닝에서는 선정된 표적 시장 내에서 자사의 제품이나 서비스를 어떻게 차별화할 것인지를 결정한다. 효과적인 포지셔닝을 위해 차별화된 가치 제안, 브랜드 이미지 구축, 커뮤니케이션 전략을 수립해야 한다.

최근에는 중소기업들이 제한된 자원과 전문성 부족으로 인해 체계적인 STP 전략 수립에 어려움을 직면한 기업이 많다. 이러한 문제를 해결하기 위해 AI를 활용하는 사례가 증가하고 있다.

2) 애로 사항

중소기업의 B2B 마케팅 실무자가 STP(시장 세분화, 표적 시장 선정, 포지셔닝) 전략을 수립하는 과정에서 직면하는 현실적인 어려움은 여러 가지가 있다. 이러한 어려움은 중소기업의 자원, 예산의 제약과 시장 환경의 급격한 변화와 복잡성으로 인해 더욱 심화되고 있다.

(1) 시장 데이터 수집 및 확보의 한계

대부분의 중소기업은 시장 조사에 필요한 예산과 인프라가 부족하여 외부 리서치 업체를 활용하기 어려운 환경이다. 이로 인해 실무자는 제한된 고객 데이터나 기존 거래처 정보를 바탕으로 분석을 진행하게 된다.

(2) 경쟁사 및 고객 세분화 분석 역량 부족

중소기업은 경쟁사의 시장점유율, 제품 특성, 가격 정책 등을 체계적으로 조사할 수 있는 자원이 부족하다. 이로 인해 경쟁사 분석이 비효율적이거나 불완전하게 이루어지는 경우가 많다.

(3) 전략 수립 과정의 주관성

STP 전략 수립 과정에서 실무자는 종종 개인의 경험과 직관에 의존하게 된다. 이러한 주관적인 접근은 데이터 기반의 객관적인 분석을 결여하게 만들며, 결과적으로 전략의 신뢰성을 떨어뜨린다.

(4) 시간 및 자원의 부족

중소기업은 한정된 인력으로 다양한 업무를 병행해야 하는 환경에 놓여 있다. 이로 인해 STP 전략에 집중할 시간이 부족하고, 다른 중요한 업무(예: 영업, 고객 관리 등)에 우선순위가 밀리는 경우가 많다.

(5) 실시간 시장 변화 대응 어려움

B2B 시장은 기술 트렌드, 고객 니즈, 경쟁 구도가 빠르게 변화하는 특성을 가지고 있다. 그러나 중소기업은 이러한 변화를 체계적으로 반영할 수 있는 툴이나 시스템이 부족하거나, 대응 속도가 느려 경쟁사에 뒤처지는 경우가 빈번하다.

3) AI 활용 방법 및 사례

(1) STP 전략 수립하기

기업이 신규 제품을 개발하여 출시하고자 할 때 제품의 개발 이전에 체계적인 마케팅·영업 전략 수립이 중요하며, 그중에서도 STP 전략 수립이 핵심적인 업무이다. 하지만 중소기업의 현실은 전문 인력이 없고, 투입 예산도 부족하여 체계적인 STP 전략 수립이 어렵고, 경험과 감에 의한 의사 결정이 되는 경우가 많다. 그러나 최근 생성형 AI의 본격적인 확산과 활용이 확대됨에 따라서 중소기업들도 전문 인력과 예산이 부족하더라도 AI를 활용하여 전문가적인 STP 전략 수립이 가능해졌다.

가이드

○ STP 전략 수립 대상이 되는 신제품에 대한 소개 자료를 AI에 입력(등록)

○ STP 전략 수립에 대한 기본 방향을 간결하고 명확하게 작성

[사례] 동물용 지혈제 신제품에 대한 STP 전략 수립

Q 당사는 의료용 지혈제를 제조하여 병원에 공급하고 있는 기업인데 최근 시장의 침체와 수요 감소에 따라 보유 중인 기술을 기반으로 시장이 급격히 증가하고 있는 반려동물용 지혈제 제품을 개발하여 공급하려고 하는데, STP 전략을 수립해 줘.

 반려동물용 지혈제 제품의 STP 전략(세분화, 타깃팅, 포지셔닝)은 시장 분석과 목표 설정을 통해 효과적인 마케팅 전략을 수립하는 데 중요합니다. 다음은 구체적인 STP 전략입니다.

1. Segmentation (시장 세분화)

　반려동물용 지혈제 시장을 세분화하는 기준은 다음과 같습니다.

(1) 고객 특성 기반 세분화

　- 반려동물 유형

　　・개, 고양이 등 주요 반려동물

　　・특수 동물(조류, 토끼 등) 가능성 탐색

　- 소유자 특성

　　・도시 거주 vs 농촌 거주

　　・소득 수준: 고소득층(프리미엄 제품 선호) vs 일반소득층(가성비 제품 선호)…(중략)

3. Positioning (포지셔닝)

　(1) 핵심 가치 정의

- 제품 가치
  - 기존 의료용 지혈제 기술 기반의 높은 효과성
  - 반려동물에게 적합한 안전성과 저자극
- 브랜드 가치
  - 신뢰할 수 있는 의료용 제품을 제조해 온 기업의 전문성
…(생략)…

 **Q** 당사의 의료용 지혈제에 대한 Concept Statement를 작성해 줘.

 Concept Statement

"우리의 반려동물용 지혈제는 병원급 의료 기술을 기반으로 제작된 안전하고 효과적인 상처 관리 솔루션입니다. 이 제품은 응급 상황에서 반려동물의 출혈을 신속히 멈추고, 손톱깎기나 경미한 부상 시에도 간편하게 사용할 수 있도록 설계되었습니다. 반려동물 소유자에게 전문적인 케어를 집에서도 제공할 수 있는 믿을 수 있는 선택입니다."

1. 구성 요소

   (1) 문제 정의(Pain Point)
   - 반려동물이 부상을 입거나 출혈이 발생했을 때 적절한 처치 도구의 부재
   - 응급 상황에서 신속하고 안전한 처치의 필요성
   (2) 해결책(Solution)
   - 기존 의료용 지혈제 기술을 기반으로 제작된 반려동물 전용 제품
   - 빠른 지혈 효과와 안전한 성분
…(생략)…

4) 기대 효과

AS-IS 현재 일하는 방식	TO-BE AI를 활용한 방식
• 수작업에 의한 데이터 수집(시장 보고서, 설문조사, 전문가 인터뷰 등)	• AI 기반 데이터 수집 자동화, 소셜미디어, 고객 리뷰 및 행동 데이터 실시간 수집
• 시장 세분화: 정형화된 인구통계학적 기준에 의거한 수작업	• AI가 머신러닝을 통해 비정형 데이터를 분석하여 시장 세분화
• 타깃 선정: 고객 데이터와 경험에 기반한 정성적 평가를 통한 목표시장 선정	• AI가 여러 시장 세그먼트의 매력도, 성장 가능성, 경쟁 강도 분석하여 최적의 타깃 시장 추천
• 포지셔닝: 설문조사나 그룹 인터뷰를 통해 고객 니즈를 파악하여 마케팅 메시지 설정	• 자연어 처리로 고객 리뷰, 소셜미디어 언급 등을 분석해 실시간으로 고객 니즈 및 감정 반영

5. 4P 믹스 전략 수립

1) 개념 정립

4P 믹스 전략은 마케팅의 핵심 요소인 제품(Product), 가격(Price), 유통(Place), 촉진(Promotion)을 통합하여 마케팅 목표를 효과적으로 달성하기 위한 체계적인 접근 방식이다. 특히 B2B 마케팅에서는 고객이 제품을 구매하기까지의 과정이 복잡하고 길며, 다양한 이해관계자(구매부서, 기술부서 등)가 관여하기 때문에 각 요소를 정교하게 설계하는 것이 필수적이다.

첫째, 제품(Product) 측면에서 B2B 환경의 제품은 고객의 니즈와 산업의 요구를 반영하여 설계된다. 이는 단순히 제품의 기능이나 성능을 넘어, 고객이 필요로 하는 기술적 사양, 유지 보수의 용이성, 그리고 커스터마이징 가능성 등을 포함한다.

둘째, 가격(Price) 측면에서는 B2B 거래에서 가격이 원가, 시장의 수요, 그리고 경쟁사의 가격 전략을 종합적으로 고려하여 책정된다. B2B 시장에서는 가격 협상이 빈번하게 이루어지며, 장기 계약 조건이 포함되는 경우가 많다. 따라서 적절한 가격 전략을 수립하는 것이 매우 중요하다.

셋째, 유통(Place) 측면에서는 고객이 원하는 시간과 장소에 제품을 제공하는 것을 목표로 하며, 이 과정에서 유통 채널과 물류 시스템의 효율성이 중요한 역할을 한다. B2B 마케팅에서는 고객의 요구에 맞춰 적시에 제품을 공급하는 것이 필수적이다.

마지막으로, 촉진(Promotion) 측면에서는 타깃 고객에게 제품의 가치를 효과적으로 전달하기 위한 다양한 활동이 포함된다. B2B 마케팅에서는 전시회, 세미나, 온라인 마케팅 등 다양한 촉진 방법이 활용된다.

2) 애로 사항

중소기업들이 보유 자원의 한계로 B2B 환경에서 4P 믹스 전략을 수립할 때는 현실적인 제약과 어려움에 직면하는 경우가 많다.

첫째, 제품 개발 및 차별화의 어려움이다. 중소기업은 제한된 자원으로 인해 시장 요구를 충족시키는 신제품 개발이나 기존 제품 개선에 어려움을 겪는다.

둘째, 경쟁력 있는 가격 책정의 한계이다. B2B 거래에서는 경쟁사와의 가격 비교가 빈번히 이루어지며, 고객은 더 낮은 가격을 요구한다. 그러나 중소기업은 원자재 가격, 생산 비용 상승 등의 요인으로 인해 충분히 낮은 가격을 제시하기 어렵다.

셋째, 유통 채널 확보의 어려움이다. 중소기업은 대기업과 달리 유통 네트워크가 제한적이고, 기존 유통 파트너와의 협상력에서도 약점이 있다. 특정 산업에서는 강력한 유통 네트워크가 필수적이지만, 이를 효과적으로 구축하지 못해 고객과의 접점을 확보하지 못하거나, 물류비용 증가로 인해 경쟁력을 잃는 경우가 많다.

넷째, 촉진 활동의 부족이다. 중소기업은 대기업에 비해 홍보와 광고에 투자할 수 있는 예산이 제한적이며, 전문 인력을 보유하지 못한 경우가 많다.

다섯째, 시장 변화에 대한 대응력 부족이다. 산업 트렌드나 고객의 요구 사항은 빠르게 변화하지만, 중소기업은 이를 전략적으로 반영할 데이터 기반 시스템이나 분석 역량이 부족하다.

3) AI 활용 방법 및 사례

중소기업들이 새로운 제품에 대한 4P 믹스 전략을 수립하는 것은 외부 전문가의 도움 없이는 어려운 것이 현실이다. 그러나 생성형 AI의 보급 확대와 기능의 향상에 따라서 기초적인 역량만 보유하고 AI 활용 방법만 숙지한다면 전문가 수준의 4P 믹스 전략 수립이 가능한 세상이 되었다.

가이드

○ 4P 전략 수립 대상이 되는 신제품에 대한 소개 자료 및 개발 관련 정보를 AI에 입력(등록)
○ 4P 전략 수립에 대한 기본 방향을 간결하고 명확하게 작성

[사례] 반려동물용 물티슈에 대한 4P 전략 수립

Q 당사는 식당 및 업소용 물티슈 제조 전문회사인데, 사업 전환의 일환으로 기존의 보유 기술과 장비를 활용하여 시장이 급부상하고 있는 반려동물용 물티슈를 개발하여 판매하고자 하는데 4P 믹스 전략을 수립해 줘.

 반려동물용 물티슈 개발 및 판매를 위한 4P 믹스 전략

1. Product (제품)

- 제품 유형: 피부에 안전하고, 알레르기를 유발하지 않는 천연 성분의 물티슈

- 차별화 요소

 • 반려동물의 눈, 귀, 발바닥 등 민감한 부위를 안전하게 닦아줄 수 있는 전용 제품

 • 기능성 라인업

…(중략)…

4. Promotion (프로모션)

- 초기 홍보 전략

 • 제품 샘플 무료 배포(동물병원, 애견 미용실 등에서)

 • SNS 및 유튜브 마케팅

 • 인기 펫 인플루언서와의 협업

 • 반려동물 관련 커뮤니티에서 후기 이벤트 진행

 • "첫 구매 50% 할인" 쿠폰 발행

- 지속적 프로모션

 • "추천하면 추가 할인" 제도 도입(친구 초대 시 혜택)

 • 반려동물 보호 캠페인 지원으로 브랜드 이미지 강화

…(중략)…

4) 기대 효과

AS-IS 현재 일하는 방식	TO-BE AI를 활용한 방식
• 시장 조사 및 소비자 요구 분석에 많은 시간이 소요됨. • 경쟁사 가격 조사 및 분석에 많은 비용과 시간이 소요됨. • 유통 채널 파악과 판매 경로 설정에 과거 경험과 제한된 시장 데이터를 활용함. • 마케팅 캠페인과 광고 전략 수립에 장시간 소요되고 성과 예측이 제한적임.	• AI를 활용한 실시간 시장 동향과 트렌드 데이터를 분석하여 소비자 요구를 빠르게 파악함. • AI가 경쟁사 가격, 시장 데이터, 소비자 구매 패턴을 분석하여 적절하게 책정이 가능함. • AI가 유통 채널 성과 데이터를 분석하고, 가장 효율적인 유통 경로를 추천함.

2-3. 마케팅/영업(B2C)

1. 일반 현황 및 문제점

1) B2C 마케팅 업무 개념 및 중소기업 현황

B2C 마케팅은 일반 소비자를 대상으로 제품·서비스를 판매하는 전략으로, 소비자의 행동과 구매 특성을 분석하여 효과적인 광고·프로모션을 수행하는 것이 핵심이다. B2C는 B2B보다 개별 거래 금액이 낮지만 판매량이 많고, 의사 결정이 빠른 특징이 있다. 오늘날 중소기업은 온라인 쇼핑몰, SNS 등의 디지털 채널을 주로 활용하지만 관련 마케팅 인력이 부족한 경우가 많다. 최근 생성형 AI의 발전은 중소기업에 마케팅 효율성을 높이는 기회를 제공하고 있다.

2) 마케팅 실무 애로 사항

B2C 사업을 영위하는 중소기업은 다음과 같은 어려움이 있다.

첫째, 대기업과 달리 중소기업은 마케팅 예산이 매우 제한되어 있어 광고나 마케팅 도구에 투자할 수 있는 여력이 크지 않다.

둘째, 마케팅 전문 인력의 부족으로 디지털 마케팅, 콘텐츠 제작, 데이터 분석을 수행하기 쉽지 않다.

셋째, 빠른 디지털 환경 변화에 대응하기가 쉽지 않다.

넷째, 대기업과 경쟁에서 자본과 브랜드 인지도 면에서 열세이다.

3) AI를 활용한 업무 개선 기회

중소기업 마케팅에 생성형 AI가 필요한 이유는 무엇보다도 중소기업의 가장 애로 사항인 인력과 비용적인 부분을 생성형 AI가 획기적으로 줄여 줄 수 있다는 것이다. 즉 생성형

AI를 통해 시장 분석, 광고 제작, 프로모션 기획, 판매 예측 등의 과정을 자동화하고 효율화할 수 있다.

(1) 소비자 조사에서의 생성형 AI 활용

소비자 설문조사 및 연구 프로세스를 자동화하고 신속하게 처리하며 소비자 선호도, 감정, 행동 패턴에 대한 통찰력 있는 분석을 제공한다.

더 빠르고 효율적인 소비자 조사로 시간과 자원을 절약할 수 있다. 소비자 요구에 대한 이해와 통찰력 향상으로 더 나은 제품 개발 및 마케팅 전략이 가능하고 맞춤형 마케팅 메시지 및 제품 제공이 가능해진다.

(2) 광고에 AI 활용

생성형 AI를 사용하여 개인화된 광고를 만들 수 있다. 크리에이티브 콘텐츠 생성 및 광고 카피, 이미지, 동영상도 제작 가능하다.

목표 소비자에게 적절한 메시지를 전달하여 광고 효과를 극대화하고 효율적인 광고 지출 및 자원 할당으로 비용을 절감할 수 있다. 데이터 기반의 최적화된 광고 콘텐츠로 광고 조회 증가와 구매 전환율이 향상될 수 있다.

(3) 온라인 채널(쇼핑몰) 프로모션 기획에 AI 활용

고객 쇼핑 행동을 분석하여 개인화된 프로모션을 만들 수 있고 예측 모델을 사용하여 효과를 극대화할 수 있는 프로모션 시기와 빈도를 계획할 수 있다.

관련성 높고 매력적인 프로모션을 통해 고객 참여가 향상되고 개인화된 쇼핑 경험을 통해 판매 전환율이 높아진다.

(4) 판매 예측, 생산관리에 AI 활용

데이터 기반 AI 모델을 활용해 정확한 매출 예측이 가능하고 예측 수요를 기반으로 생산 계획을 최적화한다.

정확한 예측을 통해 의사 결정 및 운영 효율성이 향상된다.

2. 소비자 조사

1) 개요

(1) 소비자 조사가 필요한 이유

(가) 소비자 니즈 이해와 제품 개발 능력 강화

마케팅 담당자는 소비자 조사를 통해 소비자가 제품이나 서비스에서 무엇을 원하고, 필요로 하고, 가치를 두는지 파악할 수 있다. 특히 제품을 개발할 때 출시 전 소비자의 Pain Point를 해결하여 제품 실패 위험을 최소화할 수 있다.

(나) 목표 시장 식별

소비자 조사는 인구 통계, 행동, 구매 습관 등 이상적인 고객 프로필을 정의하는 데 유용하다. 이를 통해 더욱 정확한 마케팅 및 메시지 전달이 가능해지며 목표 시장에 효과적으로 전달할 수 있다.

(다) 마케팅 전략 최적화

소비자 조사는 고객과 소통하기 위한 커뮤니케이션 채널을 무엇으로 할지, 공감하기 위한 메시지는 어떻게 할지 등 마케팅 전략을 최적화하는 데 유용한 자료를 제공한다.

(라) 시장 동향 및 경쟁 평가

소비자 조사는 현재 시장 동향과 경쟁 업체의 위치에 대한 통찰력을 제공한다.

(마) 고객 만족도 및 충성도 향상

무엇이 고객 만족도와 충성도에 영향을 미치는지 이해함으로써 긍정적인 브랜드 경험을 구축하기 위한 전략을 수립할 수 있다.

(바) 데이터 기반 의사 결정

무엇보다도 소비자 조사는 데이터 기반의 전략적 의사 결정을 할 수 있도록 도와준다.

(사) 소비자 조사 종류 및 방법

소비자 조사는 크게 정량적(Quantitive) 연구 방법과 정성적(Qualitive) 연구 방법 있는데 이 두 가지를 혼용하여 활용하기도 한다.

[표 10] <소비자 조사 종류 및 방법>

유형	방법	설명
정량적 연구	설문조사 (온라인, 전화, 직접)	패턴과 추세를 이해하기 위해 정량적 데이터를 수집. 고객 만족도, 선호도 또는 시장 규모를 측정하는 데 유용함.
정성적 연구	포커스 그룹 인터뷰	소규모 그룹의 사람들이 제품이나 서비스를 토론하고 심층적인 피드백을 제공함.
	심층 인터뷰	일대일 인터뷰를 통해 개별 소비자의 인식과 동기를 탐구함.
	관찰 연구	소비자가 자연스러운 환경에서 제품이나 서비스와 어떻게 상호작용하는지 관찰함.

2) 애로 사항

중소기업의 마케팅 담당자에 있어 무엇보다도 어려운 점은 소비자 조사를 하려면 적지 않은 비용이 든다는 점이다. 둘째, 데이터(data)를 취합하고 분석하는 일련의 과정이 옛날보다 많이 좋아지긴 했지만 상당히 많은 시간과 노력이 필요한 지난한 작업이다. 따라서 직접 수행하기는 부담스럽고 조사 전문 회사에 맡기자니 비용이 너무 발생하고 하여서 실행이 잘 안 된다. 즉 비용 발생과 업무량 증대라는 현실적인 문제가 발생한다.

3) 애로 사항 해결: AI 활용 방법 및 사례
(1) 설문조사 및 분석에 AI 활용 예시

가이드

○ 소비자 대상 식품 제품 사용 및 구매 실태 조사(Usage & Attitude 조사) 및 분석

○ 제품 사용 및 구매 실태 조사(Usage & Attitude) 설문지 제작

○ 설문 자료 분석 및 시사점 도출

<설문조사 및 분석에 AI 활용하기 가이드>

구 분	생성형 AI	내용
설문지 작성	과거 설문지 활용	- 기존 설문지 업로드 - 기존 설문지에 개선 질문 추가
	새로운 설문지 작성	- 설문조사의 목적과 필요에 따라 새로운 설문지 작성

설문조사 결과 분석	응답 데이터 정리 및 요약	- 텍스트 분석: 키워드, 주제 추출, 요약
		- 응답 에디터 범주화 및 주제별 분류
		- 통계적 요약: 평균 점수, 응답률 등
분석 결과 활용	보고서 생성	- 분석 결과를 바탕으로 보고서 생성
		- 도표, 그래프 등 시각화 자료 생성
		- 의사 결정을 위한 시사점, 개선점 도출

사례: 구매 및 취식 행동과 태도에 대한 조사(Usage & Attitude survey)를 위한 설문지 제작

 당신은 식품 마케팅 및 소비자 조사 전문가야. 만두에 대한 소비자의 구매 및 취식 행동과 태도에 대한 조사(Usage & Attitude survey)를 하려고 하는데 설문을 15문제로 만들어줘.

 다음은 챗GPT가 생성한 설문 내용입니다.

○ 만두 구매 행동

1. 귀하는 얼마나 자주 만두를 구매하시나요?

① 거의 구매하지 않음

② 한 달에 1회 이하

③ 한 달에 2~3회

④ 주 1회 정도

⑤ 주 2회 이상

2. 만두를 주로 어디에서 구매하시나요? (복수 선택 가능)

① 대형 마트(이마트, 홈플러스, 롯데마트 등)

② 편의점

③ 전통시장

④ 온라인 쇼핑몰(쿠팡, 마켓컬리, 네이버쇼핑 등)

⑤ 전문 만두 가게

⑥ 기타

3. 주로 어떤 유형의 만두를 구매하시나요? (복수 선택 가능)

① 냉동 만두

② 생(생지) 만두

③ 즉석 조리 만두 (HMR)

④ 직접 만든 만두

⑤ 외식으로

…(중략)…

 결과 데이터를 분석하여 그래프로 정리하고 시사점을 알려 주세요.

 다음은 챗GPT가 생성한 설문 내용입니다.

데이터 분석 결과 예시

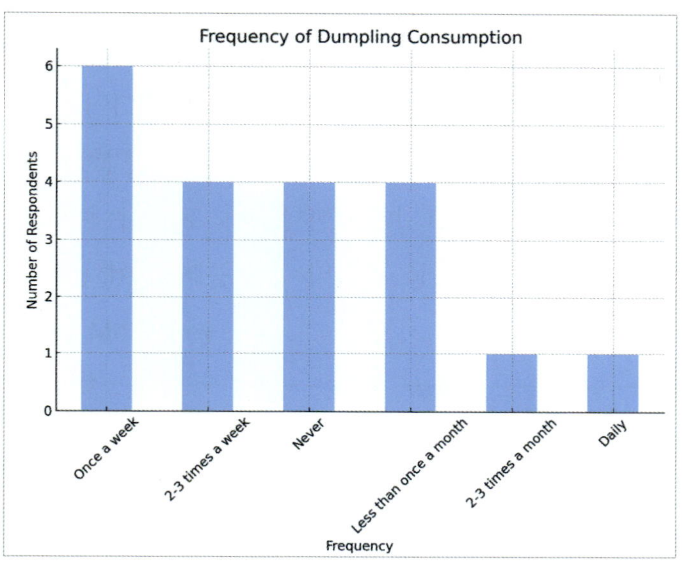

데이터 분석 결과에 대한 시사점

○ 주요 조사 결과 및 권장 사항

- 소비 패턴: 많은 응답자가 일주일에 한 번 이상 만두를 소비하며 정기적인 수요가 있음을 나타냅니다. 판촉 제안이나 일상적인 소비를 위한 식사 아이디어를 통해 이러한 습관을 강화하는 데 마케팅을 집중하세요.
- 만두 종류: 찐 만두, 튀김 만두, 삶은 만두 같은 전통적인 형태가 인기가 있지만, 구운 만두도 성장할 여지가 있습니다. 건강상의 이점이나 구운 만두의 독특한 맛을 강조하여 틈새시장의 관심을 끌 수 있습니다. …(생략)

4) 기대 효과

AS-IS 현재 일하는 방식	TO-BE AI를 활용한 방식
• 온라인에서 검색하고 유사한 설문지 참고하여 설문지를 제작함.	• 생성형 AI를 활용하여 설문지 제작 및 응답 데이터에 대해 분석하게 함.

<table>
<tr><td rowspan="2">기대 효
과</td><td>• 엑셀 등을 활용하여 데이터 정리 및 분석 보고서를 작성함.</td><td>• 분석 결과에 대한 시사점을 도출하게 함.</td></tr>
<tr><td colspan="2">소비자 조사를 위한 설문지 제작부터 설문 결과 분석 그리고 시사점 도출까지 생성형 AI로 실행할 수 있어 그만큼 시간과 비용이 절약됨은 물론 분석 결과에 대해 좀 더 의미 있게 통찰할 수 있다.</td></tr>
</table>

3. 광고

1) 개요

(1) 광고의 중요성

너무나도 잘 알고 있는 얘기이지만 현대 사회는 수요보다 공급이 넘쳐나는 사회다. 특히 B2C 제품은 가짓수를 헤아릴 수 없을 정도로 유사한 제품도 많고 품질 면에서도 큰 차이가 나지 않는다. 이처럼 치열한 경쟁 시장에서 자사 제품이 선택받고 생존하려면 어떤 식으로로든 광고는 필수적이다.

(가) 브랜드 인지도 구축

광고는 자사 제품이 혼잡한 시장에서 브랜드 인지도를 구축해 주고 잠재 고객이 브랜드에 익숙해지도록 하여 구매 결정을 내릴 때 자사 브랜드를 고려할 가능성을 높여 준다.

(나) 차별화 및 포지셔닝 구축

광고를 통해 제품 품질, 서비스, 혁신 등 자사만의 고유한 가치 제안을 제시함으로써 기업은 경쟁 업체와 차별화할 수 있다. 이는 소비자의 요구와 선호도에 직접적으로 호소하는 방식으로 브랜드를 포지셔닝하는 데 도움이 된다.

(다) 매출 및 수익 성장

소비자 대상 광고는 구매 가능성이 높은 사람들에게 제품과 서비스를 홍보하여 직접 구매를 유도할 수 있다. SNS, 온라인 광고, 마케팅 캠페인, 프로모션 등 타깃화된 노력을 통해 소비자의 구매 여정을 안내할 수 있다. 결과적으로 이는 매출 및 수익 증가로 이어진다.

(라) 소비자 신뢰도 제고

일관되고 잘 전략화된 광고는 소비자의 신뢰를 제고하고 신뢰할 수 있는 브랜드는 최초 구매자를 장기 고객으로 전환하여 충성 고객으로 만드는 데 기여한다.

(2) 광고 커뮤니케이션 원리

구분	내용
명확성과 단순성	메시지는 명확하고 간결하며 이해하기 쉬워야 함. 지나치게 복잡하거나 모호한 광고는 커뮤니케이션 효과를 감소시킬 수 있음.
관련성	광고는 타깃 고객의 요구, 관심, 가치에 부합해야 함. 관련성이 높은 콘텐츠를 맞춤화하면 참여도와 전환 가능성이 높아짐.
감정적 호소	감정적인 면에서 소비자와 연결되면 더욱 강한 유대감을 형성할 수 있음. 기쁨, 신뢰, 열망과 같은 감정을 불러일으키는 광고는 더 기억에 남고 효과적인 경향이 있음.
일관성	다양한 채널에서 일관된 메시지를 통해 브랜드 인지도를 구축하고 브랜드 정체성을 강화하여 소비자가 브랜드를 더 쉽게 기억하고 신뢰할 수 있게 함.
독특한 가치 제안	제품이나 서비스를 독특하게 만드는 요소 광고를 통해 자사 브랜드를 경쟁사와 차별화함.
CTA(Call to Action)	효과적인 광고는 소비자를 구매, 가입, 웹사이트 방문 등의 특정 행동으로 안내함.
신뢰성	메시지는 진실하여야 하며 신뢰를 구축해야 함. 오해의 소지가 있거나 과장된 주장은 브랜드의 평판을 손상하고 소비자의 신뢰를 잃게 만들 수 있음.
시각적이고 창의적 소구	시선을 사로잡는 시각적 요소와 창의적인 요소는 관심을 끌고 메시지의 영향력을 강화함. 고품질 디자인, 이미지, 혁신적인 형식 등

2) 애로 사항

중소기업에서 광고하기 어려운 첫 번째 이유는 아무래도 재정적인 문제일 것이다. 광고를 제작할 때나 집행할 때도 굉장히 큰 비용이 수반된다. 둘째는 광고는 꽤 전문적인 영역이기에 마케팅 담당자가 광고를 기획하고 콘텐츠를 생성하고 운영하는 것은 현실적으로 쉽지 않다. 따라서 광고는 광고기획사 등 전문 업체에 외주를 주는 것이 합리적이었다. 그런데 디지털 기술의 발달로 광고 콘텐츠 생성, 소비, 유통 환경이 크게 바뀌고 있다.

더욱이 최근 생성형 AI를 활용한 콘텐츠 제작 편집이 쉬워지면서 광고 관련 문턱이 낮아져 비전문가도 광고를 직접 기획 실행할 수 있는 부분이 늘어나게 되었다.

3) 애로 사항 해결: AI 활용 방법 및 사례
(1) 광고 콘텐츠 생성에 AI 활용 예시

가이드

○ 광고 콘텐츠 생성에 AI 활용하기
- 광고 전략 수립하기
- 광고 전략에 따른 광고 콘텐츠 제작하기: 포스터, 블로그용 글, 인스타그램 글, 카드뉴스 등

사례: 만두 광고 전략 수립하기

Q 너는 식품 마케팅 광고 전문가야. 찹쌀을 이용하여 만두피를 만들어 더욱 쫄깃하게 구워 먹는 만두 신제품을 만들었어. 주요 대상은 초등, 중고생 자녀들 둔 주부야. 이 제품에 대한 광고 전략을 표로 작성해 줘.

 다음은 챗GPT가 생성한 광고 전략을 요약한 것입니다.

광고 요소	전략
대상	자녀를 둔 주부(초,중,고)
제품 포지셔닝	찹쌀피를 사용해 쫄깃하고 한 입 베어 물면 독특한 맛과 식감을 자랑하는 가족 친화적이고 건강한 구운 만두입니다.
주요 메시지	1. "기분 좋게 쫄깃하고 맛있게 구워졌습니다!" 2. "가족 식사 및 간식에 적합" 3. "더 건강하고 맛있게 – 아이들이 좋아할 거예요!"
USP	아이들이 좋아하는 재미있고 쫄깃한 식감으로 더욱 건강한 선택(튀김이 아닌 구운 것)입니다. 찹쌀로 만들어 전통 만두에 독특하고 맛있는 변형을 더했습니다.
시각적 이미지	아이들과 엄마가 함께 만두를 즐기는 모습을 담은 밝고 가족 중심의 영상입니다. 만두피와 속재료를 클로즈업해서 쫄깃한 식감을 강조해 보세요.
주요 광고 채널	1. 소셜미디어(인스타그램, 페이스북) 2. 엄마 중심의 온라인 커뮤니티 및 포럼 3. 음식 블로그/인플루언서 4. YouTube 동영상 광고 (가족 요리 및 식사 준비 대상) 5. 슈퍼마켓 매장 내 프로모션

 너는 식품 마케팅 광고 전문가야. 찹쌀을 이용한 만두피로 만들어 더욱 쫄깃한, 구워 먹는 만두 신제품을 만들었어. 주요 대상은 초등, 중고생 자녀들 둔 주부야. 위의 광고 전략을 참고하여 포스터를 제작해 줘.

 다음은 챗GPT가 생성한 내용입니다.

광고 요소	전략
시각적 테마	배경: 만두를 함께 즐기는 가족을 보여주는 테이블 세팅과 따뜻하고 매력적인 주방 장면입니다. 메인 이미지: 김이 피어오르면서 바삭바삭 쫄깃쫄깃한 금빛 만두를 클로즈업해 갓 구운 느낌을 자아냅니다. 시각적 매력을 높이기 위해 딥핑 소스 반찬을 추가하십시오. 지원 이미지: 만두를 맛있게 먹고 있는 아이들, 만두를 차려내는 어머니의 미소
Main Message	기분 좋게 쫄깃하고 맛있게 구워졌습니다!
USP	"온 가족이 좋아하는 재미있고 쫄깃한 식감을 더한 건강한 선택! 특별한 찹쌀피로 만든 구운 만두로 가족의 식탁을 더욱 빛나게 하세요."
행동 촉구	배너: "지금 가까운 마트에서 만나보세요!" QR 코드: 레시피 아이디어와 특별 프로모션이 포함된 랜딩 페이지로 연결됩니다.
포스터	

4) 기대 효과

AS-IS 현재 일하는 방식	TO-BE AI를 활용한 방식
• 광고 업무 자체적으로 불가 • 광고 전문 대행사에 외주로 진행	• 광고 전략 기획 가능 • 부분적으로 광고 콘텐츠 생성 가능 • 광고 집행 효과 분석 가능

기대 효과	생성형 AI를 활용하여 광고 전문 대행사에게 의뢰했던 많은 일을 직접 실행할 수 있어서 시간과 비용을 절약할 수 있다.

4. 온라인 채널(쇼핑몰) 프로모션 기획

1) 개요

(1) B2C 사업에서 프로모션의 중요성

(가) 판매 증대

반짝 세일이나 기간 한정 프로모션, 가격 할인, 번들 판매 등의 프로모션을 통해 판매를 증대하고 오래된 재고에 대한 부담을 줄일 수도 있다.

(나) 신규 고객 유치

쿠팡이나 네이버 스마트스토어와 같은 플랫폼에서 매력적인 프로모션을 통해 이전에는 당사 제품을 고려하지 않았을 잠재 고객을 유치할 수 있다.

(다) 고객 충성도 강화

과거 구매 경험이 있는 반복 구매 고객을 대상으로 하는 프로모션(예: 포인트 적립)을 통해 고객 충성도를 강화하고 이탈을 줄일 수 있다.

(라) 브랜드 인지도 및 이미지 향상

회사나 제품 브랜드 가치에 부합하는 프로모션(예: 친환경 할인)을 통해 소비자의 마음속에 당사 제품에 대한 이미지를 각인시킬 수 있다.

(2) B2C 사업 온라인 프로모션의 종류

카테고리	프로모션 유형	설명
할인 프로모션	백분율 할인	일정 비율 할인(예: 20% 할인)
	정액 할인	고정 금액 할인(10만 원 이상 구매 시 1만 원 할인)
	계층형 할인	더 큰 주문에 대해 더 큰 할인 적용(예: 10만 원에 10% 할인, 20만원에 20% 할인)
	번들 특가	여러 품목을 함께 구매하면 할인(예: 2+1 행사)
	계절 할인	휴일, 시즌과 관련된 프로모션(예: 크리스마스 또는 시즌 종료 세일)
무료 증정	사은품 증정	일정 금액 이상 구매 시 상품 증정(예: 휴지, 우산, 텀블러 등)
배송 관련 프로모션	무료 배송	구매를 장려하기 위해 배송비 무료(2만 원 이상 구매 시 무료)

시간 제한 혜택	플래시 판매	긴급성을 높이기 위해 단기적으로 대폭 할인
	일일/시간별 특가	제한된 기간 동안 순환 할인 제공
	카운트다운 판매	타이머와 연계된 할인으로 긴급성 증대
충성도 보상 및 VIP 혜택	독점 회원 할인	로열티 프로그램 회원을 위한 특별 프로모션
	포인트 기반 보상	구매 시 적립된 포인트로 할인
최초 구매 할인	최초 구매자 할인	신규 고객에게만 제공되는 할인

2) 애로 사항

온라인 쇼핑몰 프로모션을 진행할 때 겪는 어려움으로는 자원(비용, 역량)의 제한, 플랫폼 정책 및 치열한 경쟁 그리고 고객들의 반응이 워낙 다양하고 빠르게 변함으로 인한 고객 대응 어려움이다. 주요 문제는 다음과 같다.

(1) 높은 플랫폼 수수료

국내 온라인 플랫폼 이용 실태 조사(2021년)에 따르면 플랫폼 수수료는 매출액 중 10~15%가 35.4%로 가장 많은 것으로 나타났으며 수수료가 20% 이상인 비율도 17%인 것으로 나타났다. 중소기업에게 적지 않은 부담이다.

(2) 전문성 부족

중소기업에는 판매 촉진 캠페인을 계획하고 실행할 수 있는 내부 전문가가 부족한 경우가 많은데, 특히 고객 데이터를 분석하고 캠페인을 최적화하는 전문 인력은 더욱 부족하다 하겠다.

(3) 치열한 경쟁

대기업과 기존 선점 브랜드는 공격적인 가격 프로모션을 감당할 수 있어서 마케팅 비용이 충분하지 않은 중소기업이 대응하기 쉽지 않다.

(4) 수익성 유지의 어려움

온라인 플랫폼의 소비자는 정기적인 할인을 기대하므로 중소기업은 수익성을 저하하는 판촉 악순환에 빠지기 쉽다. 또한, 결제 대행사 수수료, 반품 및 환불이 많으면 재정적 부담이 가중된다.

3) AI 활용 방법 및 사례

(1) 온라인 판매 채널 프로모션 기획에 AI 활용하기

○ 온라인 판매 채널 프로모션 기획에 AI 활용하기

○ 온라인 판매 채널 구매 데이터 분석 및 시사점 제시하기

○ 구매 데이터 분석을 기반으로 온라인 쇼핑몰 프로모션 기획하기

사례: 온라인 판매 데이터 분석 및 시사점 제시하기

Q 너는 식품 마케팅 프로모션 및 데이터 분석 전문가야. 쿠팡에서 만두 신제품(1kg 5,800원)을 출시한 후 6개월이 되었어. 6개월 판매 수량은 총 1kg 기준 20,000봉지였어. 구매한 소비자들의 나이별, 성별, 요일별 구매 데이터를 만들어 줘.

또, 위 데이터를 분석하고 시사점을 알려 줘.

다음은 챗GPT가 생성한 가상의 구매 데이터와 이를 기반으로 분석한 내용입니다.

Dumpling Purchase Data By Age, Gender, And Day Of The Week

	Month	Age Group	Gender	Day of the Week	Purchase Count
1	Month 1	Under 20	Male	Monday	57
2	Month 1	Under 20	Male	Tuesday	47
3	Month 1	Under 20	Male	Wednesday	33
4	Month 1	Under 20	Male	Thursday	27
5	Month 1	Under 20	Male	Friday	39
6	Month 1	Under 20	Male	Saturday	57
7	Month 1	Under 20	Male	Sunday	37
8	Month 1	Under 20	Female	Monday	41
9	Month 1	Under 20	Female	Tuesday	29
10	Month 1	Under 20	Female	Wednesday	29

6개월간 연령, 성별, 요일별 만두 구매 데이터를 분석해 보면 다음과 같다.

1. 일반적인 관찰:

총판매량 조정: 명시된 판매량에 따라 6개월 동안 총판매량이 20,000백에 도달하도록 구매 데이터를 확장했습니다. 인구 통계 전반에 고르게 분포된 구매: 데이터는 6개 연령 그룹, 2개

성별, 주 7일에 걸쳐 분포되었습니다.

2. 연령 그룹 통계:

특정 연령층의 높은 참여도: 일반적으로 중년층(30~49세)은 만두와 같은 가정용 식품에 대해 더 강한 구매 행동을 보일 수 있습니다. 이러한 그룹에는 가족이 있는 경우가 많고 경제적이고 편리한 음식 선택을 우선시하므로 이는 기대와 일치합니다.…(생략)

3. 성별 동향:

균형 잡힌 성별 분포: 남성과 여성 소비자는 일반적으로 비슷한 구매량을 보이지만 특정 연령층이나 주별로 약간의 차이가 있을 수 있습니다.…(생략)

4. 요일 패턴:

주말 최고치가 예상됨: 소비자가 매주 식료품 쇼핑을 하는 주말(토요일 및 일요일)에 구매가 급증하는 경향이 있습니다.…(생략)

5. 월간 판매 동향:

잠재적인 계절성: 매출은 프로모션, 휴일 또는 소비 행동의 계절적 변화에 따라 매월 달라질 수 있습니다. 예를 들어, 추운 계절에는 만두와 같은 위안 식품에 대한 수요가 높아질 수 있습니다.…(생략)

사례: 소비자 구매 데이터를 기반으로 프로모션 기획하기

Q 위의 소비자 구매 데이터를 분석한 결과를 바탕으로 프로모션 기획(안)을 3가지만 제시해 줘.

다음은 챗GPT가 생성한 내용입니다.

1. 가족 가치 증진

대상: 30~49세 소비자(가족 중심 가구)

프로모션 세부 정보:

번들 상품: 가족 식사를 위한 대량 구매를 장려하기 위해 1kg 만두 팩에 "2개 구매 시 1개 무료"와 같은 프로모션을 제공합니다.

독점 레시피: 만두를 포함하는 가족 친화적인 레시피에 대한 무료 레시피 소책자 또는 온라인 액세스를 제공하여 다용도 식사 옵션으로 매력을 높입니다.

광고 채널: 소셜미디어 플랫폼과 가족 중심 온라인 커뮤니티를 활용하여 편의성과 가치를 강조하면서 프로모션을 광고합니다.

매장 내 가시성: 가족 중심 브랜드로 매장에 눈에 띄는 디스플레이를 만들어 이 인구 통계의 관심을 끌 수 있습니다.

 2. 주말 쇼핑 인센티브

대상: 주말 구매자를 중심으로 한 모든 쇼핑객

프로모션 세부 정보:

주말 할인: 주말 동안 만두 15% 할인 등 토요일과 일요일에만 유효한 특별 할인 또는 쿠폰을 제공합니다.

우대고객 프로그램 혜택: 일반 고객에게 인센티브를 제공하기 위해 주말 구매에 대해 추가 충성도 포인트나 보상을 제공합니다.

디지털 마케팅: 주말 거래를 강조하는 이메일 뉴스레터와 푸시 알림을 고객에게 보냅니다.

협력: 인기 음식 배달 앱과 제휴하여 주말 식사 키트나 프로모션에 만두를 소개합니다.

3. 청소년 참여 캠페인

대상: 20세 미만 및 20~29세 소비자(학생 및 젊은 직장인)

프로모션 세부 정보:

제품 혁신: 편리함을 추구하는 젊은 소비자의 관심을 끌기 위해 더 작고 바로 먹을 수 있는 부분 또는 전자레인지용 옵션을 소개합니다.

소셜미디어 과제: TikTok 및 Instagram과 같은 플랫폼에서 바이럴 마케팅 캠페인을 시작하여 사용자가 만두를 즐기는 창의적인 방법을 공유하도록 장려합니다.

학생 할인: 매장 내에서 또는 온라인 프로모션 코드를 통해 학생증을 제시하면 학생에게 할인 혜택을 제공합니다.

캠퍼스 이벤트: 대학에서 시식 이벤트를 주최하거나 식사를 후원하여 인구 통계에 직접 다가갈 수 있습니다.

4) 기대 효과

AS-IS 현재 일하는 방식	TO-BE AI를 활용한 방식
• 비전문성으로 즉흥적인 프로모션 또는 유사 쇼핑몰 프로모션 행사 참조 기획 • 데이터에 대한 분석 능력 부족으로 기획 업무에 미활용	• AI를 통해 구매 데이터(성별, 연령, 구매 요일, 구매량 등)를 기반으로 맞춤형 프로모션 기획 • 맞춤형 프로모션 기획 아이디어 제공으로 시간 및 비용 절감
기대 효과	생성형 AI를 활용하여 데이터에 기반한 맞춤형 프로모션 기획안을 제공하여 줌으로써 중소기업의 현실에 맞는 프로모션(안)을 수립하고 시간과 비용을 절약함으로써 경쟁력 제고에 도움을 줄 수 있다.

5. 판매 예측

1) 개요

(1) B2C 사업에서 판매 예측의 중요성

판매 예측은 온라인 B2C 상품 쇼핑몰을 운영하는 중소기업에 필수적이다. 판매 예측을 통해 기업은 미래 수익을 예측하고 운영을 최적화하며 수익성 제고와 성장 증대를 위한 결정을 내릴 수 있다. 세부적인 중요성은 다음과 같다.

(가) 재고관리 및 비용 관리

판매 예측은 수요를 예측하여 불필요한 보유 비용을 발생시키지 않고 고객 요구를 충족할 수 있는 최적의 재고 수준을 유지하게 해 준다. 재고 과잉은 자본의 정체와 판매되지 않은 재고로 인한 잠재적 손실로 이어질 수 있으며, 재고 부족은 판매 기회 손실과 고객 불만족을 초래할 수 있다.

(나) 재무 계획 및 예산

정확한 판매 예측은 예상 수익에 대한 명확한 그림을 제공하여 기업이 현실적인 예산과 재무 계획을 세울 수 있도록 해 준다.

(다) 마케팅 및 프로모션 전략

예상되는 판매 추세를 이해하면 기업은 수요의 최고점과 최저점에 맞게 마케팅 및 판촉 활동을 조정할 수 있다. 예를 들어, 예측을 통해 프로모션을 시작하거나, 광고 지출을 늘리거나, 신제품을 출시하기에 가장 좋은 시기를 식별할 수 있다.

(라) 용량 및 자원 계획

판매 예측은 인력 수요, 포장, 물류 등 운영 능력을 계획하는 데 도움이 된다. 온라인 쇼핑몰의 경우 매출 급증이 발생할 가능성이 있는 시기(예: 연휴 기간 또는 판촉 행사 기간)를 파악하면 적절한 직원 배치 및 배송 준비를 보장하고 지연을 방지하며 고객 만족도를 유지하는 데 도움이 된다.

(마) 고객 만족도 향상

적시 배송과 언제든 제품 구입이 가능하다는 점은 온라인 쇼핑 고객 만족에 매우 중요한 포인트이다. 판매 예측을 통해 기업은 고객의 기대에 부응하고 충성도를 높이고 반복 구매를 촉진할 수 있다.

(2 온라인 B2C 제품에 대해 판매 예측하는 방법

주요 판매 예측 방법은 다음과 같다.

예측 방법	설명
시계열 분석	• 과거 판매 패턴(예: 계절별, 주기적 또는 추세 기반)을 분석 • 이동 평균, 지수 평활 또는 ARIMA 모델 • 일관된 판매 명세를 보유한 기업에 가장 적합
인과 모델	• 판매와 영향 요인(예: 마케팅 지출, 경제 상황, 경쟁 업체 활동) 간의 관계를 조사함 • 회귀 분석을 사용하여 이러한 요인의 변화를 기반으로 결과를 예측 • 외부 요인이 어떻게 판매를 촉진하는지 이해하는 데 적합
머신러닝 모델	• 알고리즘을 활용하여 복잡한 패턴을 식별하고 예측(예: 의사 결정 트리, 신경망, 앙상블 모델 등) • 대규모 데이터 세트를 처리하고 비선형 관계를 식별하는 데 효과적임.

2) 애로 사항

B2C 제품 쇼핑몰을 운영하는 중소기업의 판매 예측은 시장의 역동적인 성격, 자원의 제약, 소비자 행동의 복잡성 등으로 인해 현실적으로 쉽지 않다.

(1) 과거 데이터 부족

소규모 기업에서는 추세, 계절적 패턴 또는 수요 변동을 정확하게 파악하기 위한 판매 명세 데이터가 부족한 경우가 많다. 강력한 데이터가 없으면 예측을 신뢰할 수 없어 재고 과잉 또는 재고 부족 문제가 발생할 수 있다.

(2) 빠르게 변화하는 소비자 행동

한국 시장에서 소비자 선호도는 트렌드, 소셜미디어, 문화적 요인의 영향을 받아 자주 변한다. 특히 단기적인 추세에 연결된 제품의 경우 소비자 관심이 급격하게 변하면 수요 예측이 어려워질 수 있다.

(3) 외부 시장 요인

경제 상황, 인플레이션, 환율 변동(수입 제품의 경우) 및 정부 정책은 예측할 수 없는 소비자 지출과 수요에 영향을 미칠 수 있는 중요한 요인이다.

(4) 전자상거래 경쟁 치열

중소기업은 끊임없는 가격 전쟁과 더 나은 경쟁 기업(제품)이 출현하면 바로 고객을 잃을 수 있어 과거 판매를 기반으로 한 예측이 쉽게 무효가 될 수 있다.

3) AI 활용 방법 및 사례
(1) 판매 예측에 AI 활용하기

사례: 이전 연도 판매 데이터를 근거로 내년도 매출 예측하기_지수평활법

Q 너는 식품 마케팅 데이터 분석 및 예측 전문가야. 다음 업로드한 자료는 농산물을 온라인 판매하는 중소기업의 2023년과 2024년 월별 매출액이야. 이를 근거로 하여 2025년 월별 매출액을 지수평활법으로 예측해 줘. 그리고 월별 매출액 표를 그래프로 그려 줘.

다음은 챗GPT가 업로드한 자료를 바탕으로 생성한 내용입니다.

Month	Predicted Sales
2025-01-01	77668926.23
2025-02-01	80979686.54
2025-03-01	84257339.24
2025-04-01	87502215.42
2025-05-01	90714642.83
2025-06-01	93894945.97
2025-07-01	97043446.08
2025-08-01	100160461.2
2025-09-01	103246306.1
2025-10-01	106301292.7
2025-11-01	109325729.3
2025-12-01	112319921.6

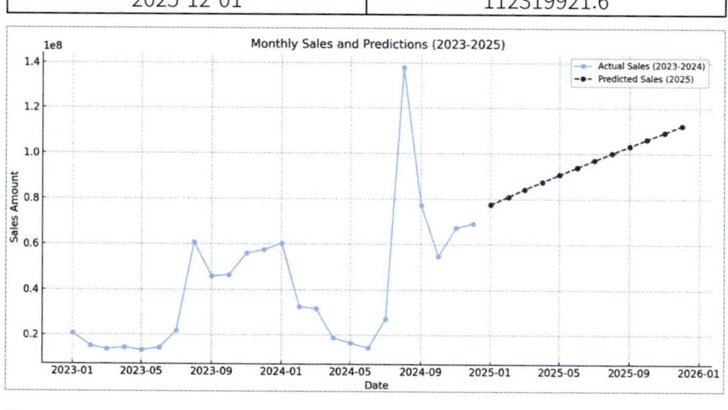

 너는 식품 마케팅 데이터 분석 및 예측 전문가야. 다음 업로드한 자료는 농산물을 온라인 판매하는 중소기업의 2023년과 2024년 월별 매출액이야. 이를 근거로 하여 2025년 월별 매출액을 ARIMA 모델로 예측해 줘. 그리고 월별 매출액 표를 그래프로 그려 줘.

다음은 챗GPT가 업로드한 자료를 바탕으로 생성한 내용입니다.

Month	Predicted Sales
2025-01-01	64231446.84
2025-02-01	62186142.98
2025-03-01	61364617.49
2025-04-01	61034640.05
2025-05-01	60902099.90
2025-06-01	60848863.26
2025-07-01	60827480.01
2025-08-01	60818891.11
2025-09-01	60815441.26
2025-10-01	60814055.58
2025-11-01	60813499.00
2025-12-01	60813275.45

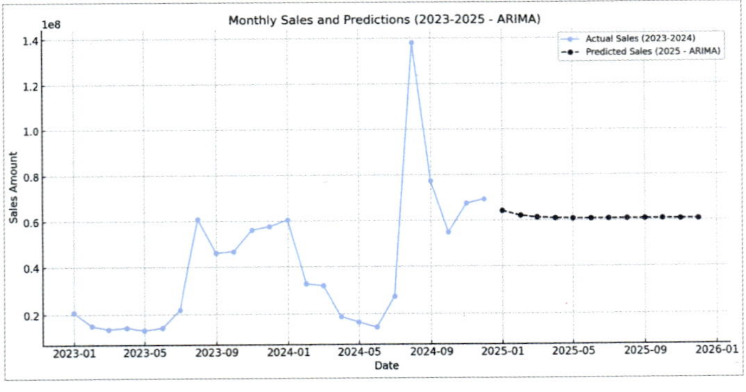

4) 기대 효과

AS-IS 현재 일하는 방식	TO-BE AI를 활용한 방식
• 과거 판매 실적과 경험에 의한 단순 판매 예측 • 데이터에 대한 분석 능력 부족으로 데이터 활용도 떨어짐.	• 과거 판매 데이터를 다양한 방법으로 시뮬레이션하여 가장 적절한 판매 예측값 선정 가능 • AI를 활용법만 알면 쉽게 예측 가능, 시간 및 비용 절감
기대 효과	복잡한 판매 예측을 AI가 쉽게 수행해 줌으로써 판매 예측에 대한 부담을 덜고 보다 정교한 예측을 가능하게 함으로 경쟁력 제고에 도움을 줄 수 있다.

2-4. 인사관리

1. 일반 현황 및 문제점

1) 인사 업무 개념 및 중소기업 현황

'인사가 만사다.' 다소 진부하게 느낄 수도 있는 이 말은 기업 경영에 있어서 매우 정확한 말이다. 경영 활동을 위한 여러 요소 중 사람을 대상으로 기업의 경제적 효율성과 구성원의 사회적 효율성을 극대화하기 위해 확보, 개발, 평가, 유지, 방출 등의 활동을 계획하고, 실행하고, 통제하는 역할이 바로 인사 업무이다.

사람은 희소하고, 모방과 대체가 어렵다는 점에서 기업의 지속적 경쟁 우위의 핵심 요건으로 평가되곤 한다. 이러한 속성은 대기업에 비해 오히려 중소기업에 있어서 상대적으로 더욱 중요할 수 있다. 이는 체계적이고 고도화된 시스템을 갖추고 있는 대기업과 달리 중소기업의 경우 관행과 관습이라는 비공식적인 요소가 강하므로, 구성원 개인의 능력 정도가 조직성과 향상에 미치는 영향력이 상대적으로 강할 수 있기 때문이다.

컨설팅 현장에서 중소기업 대표들과 면담할 때 빠지지 않고 듣는 이야기가 있다. "사람 뽑기가 너무 어려워요. 뽑아 놓으면 1년도 안 돼서 나가 버리고…." 뉴스에서는 연일 취업난이 심각하다고 보도하지만, 이는 대기업과 규모가 있는 중견기업에 국한된 이야기일 뿐, 중소기업 대표들과는 요원한 이야기다.

중소기업에서의 사람은 조직의 지속 가능성과 경쟁력의 확보 측면에서 핵심적인 요인임에도 불구하고, 작금의 현실에서는 심각한 인력난으로 인해 기업의 생존 자체가 위협받는 상황에 직면해 있다. 중소기업의 지급 능력과 근로 조건에 따른 근원적 한계로 인해 인력 확보에 애로를 겪고 있으며, 확보된 인력 또한 빈번하게 이직하여 이중고에 시달리고 있다.

또한, 중소기업은 인사 제도의 공식성이 낮고, 정기적인 평가 관리나 비전 및 전망 제시가 부족하며, 체계적인 교육 훈련을 통한 경력 관리에 대한 지원이 미흡한 것이 현실이다.

2) 인사 직무 실무 애로 사항

많은 중소기업에서 인사 업무는 총무, 운영, 재무 등 다른 직무와 겸하게 된다. '인사총무팀'이라는 팀명을 많이 들어 보았을 것인데, 많아야 2명 정도의 인원으로 회사의 인사 업무와 총무 업무를 모두 관리하게 된다. 필자가 만났던 중소 제조 기업의 인사총무 팀장은 "오만 잡동사니를 다 끌어안고 있어서 인사 제도 수립이나 개선은 꿈도 못 꾼다"라고 열변을 토하는데, 급여, 채용, 평가, 교육 등의 인사 업무와 자산 관리, 행사 관리, 산업안전관리, 환경 관리, 다른 부서의 직무 분장에 포함되지 않는 업무들은 모두 인사총무팀으로 배정된다고 한다. 거기에 더해 하루가 멀다고 들락날락하는 생산직 직원 채용을 위해 하루 업무의 1/2 이상을 할애한다고 한다. 현실이 이렇다 보니 체계적인 인사 제도 구축이나 혁신은 기대하기 어렵다.

또한, 중소기업에서는 취약한 지급 능력과 근로 조건으로 인해 인사 업무 전문가를 채용하기가 어렵다. 대부분 중소기업에서 인사 업무는 공식적인 HR 교육이나 전문 지식이 없는 직원에 의해 관리된다. 이러한 지식과 역량의 격차로 인해 혁신적이며 중장기적인 HR 전략보다는 전통적인 방법, 개인적 직관과 단기적인 것에 집중하게 된다.

3) AI를 활용한 인사 업무 개선 기회

생성형 AI는 HR 인프라가 부족한 중소기업의 인사 업무에 정말 반가운 소식이자 실질적인 도움을 받을 수 있는 기회가 될 것이라 확신한다. 생성형 AI는 현장 실무에서 멘토이자 파트너이자 비서와 같은 역할을 제공할 것이라 기대하기 때문이다. 인사 업무에 AI를 활용하면 일상적인 업무를 자동화하고, 인재 관리를 최적화하며, 의사 결정을 위한 데이터 기반 통찰력을 제공함으로써 중소기업이 직면한 사람과 관련된 과제를 해결하는 데 도움이 될 수 있다.

(1) 채용 관리

AI는 이력서 심사부터 면접까지 전문 지식을 반영한 자동화를 통해 채용 프로세스를 간소화할 수 있다. AI 도구는 직무 요구 사항, 즉 직무 기술서에 따라 채용 공고 초안을 작성하고, 후보자의 데이터를 평가하여 적합성이 높은 후보자를 탐색해 준다. 또한, 인터뷰 질문을 생성하고 탈락자에 대한 피드백 메일을 작성해 주는 등 인사 담당자의 업무 부담을 경감시켜 줄 수 있다.

(2) 교육 훈련 운영

구성원들의 교육 훈련 운영 과정에서 AI는 교육 훈련 계획 초안 작성을 위한 가이드라인을 제시해 주고, 직무 기술서를 바탕으로 구성원에게 최적화된 맞춤형 교육을 추천해 주며, 교육 훈련 결과 평가를 위한 평가 문항 개발도 가능하다.

(3) 구성원 리텐션

중소기업을 운영하는 데 있어서 가장 큰 애로 사항인 구성원 유지 관리에도 AI를 활용할 수 있다. 직무별 비금전적 리텐션 전략을 제시해 주고, 신규 입사자가 조직에 잘 적응하도록 지원하는 on-boarding 프로세스 수립을 위한 가이드라인도 제시해 줄 수 있다. 직원들의 입장을 고려한 공지문 생성으로 효과적인 HR 커뮤니케이션을 지원하며, 다양한 설문조사 항목 생성 및 결과 분석(주로 정성적 데이터)도 가능하다.

(4) 평가 관리

전문성이 요구되는 평가 관리 부문에서도 AI를 활용하면 공정성, 수용성, 정확성을 갖춘 평가가 가능하다. 다수의 평가자가 다양한 시뮬레이션을 통해 역량을 평가하는 평가센터(Assessment Center) 개발을 위한 효율적인 평가 시나리오를 설계해 주고, 직무 정보 및 조직 목표를 AI에 학습시켜 팀 목표 설정을 위한 목표 설정 프레임워크인 OKR(Objective Key Results) 생성, 평가 항목 생성, 평가 후 피평가자에 대한 피드백을 위한 초안 작성 등의 지원이 가능하다.

4) AI를 활용한 인사 업무 개선 기회

<table>
<tr><td colspan="2" align="center">AS-IS: 현재 인사 업무 방식</td></tr>
<tr><td colspan="2">· 문제 해결 방식: 기존 관행과 실무자 개인 중심으로 접근
→ 비공식적 인사 관행(경영자의 자의적 의사 결정에 의존) 창의성이 결여된 접근 방식 고수</td></tr>
<tr><td colspan="2">· 자료 수집 및 업데이트: 제한된 소스와 수동 집계에 의존
→ 일관성 없는 의사 결정, 변화에 대한 적응력 저하</td></tr>
<tr><td colspan="2">· 인적 자원 의존도: 실무자 전문성에 의존
→ 개인에 따라 업무의 품질과 속도 차이 발생, 반복 업무 다수. 대부분 보고 전날 야근이 필수적인 상황임.</td></tr>
<tr><td colspan="2">· 업무 효율성: 비체계적인 업무 프로세스로 효율성 저하
→ 체계적 프로세스와 업무 매뉴얼 부재로 긴 업무 처리 시간 소요</td></tr>
</table>

▼

<table>
<tr><td colspan="1" align="center">TO-BE: 향후 AI 활용 인사 업무</td></tr>
</table>

- **문제 해결 방식:** 전문 방법론(SWOT, 역량/Gap 분석, 시나리오 플랜 등)을 활용하여 인사 전략에 대한 체계적 접근 가능
  - → AI를 통해 제공되는 통찰력으로 전문성과 창의적 문제 해결 지원
- **자료 수집 및 업데이트:** 다양한 소스의 최신 자료 제공
  - → 자료의 적시성과 최신성 바탕으로 안정적 의사 결정 지원
- **인적 자원 의존도:** 전문성 갖춘 AI 비서의 지원
  - → 반복적, 비생산성 업무에 AI를 활용, 전략적 역할에 집중 가능
- **업무 효율성:** 체계적이고 표준화된 AI 기반 작업 지원
  - → 업무 처리 시간 단축으로 구성원 만족도 향상과 일과 삶의 균형

2. 채용 관리

1) 개요

채용 관리는 단기적으로는 경영 목표의 달성, 장기적으로는 우리 조직의 미션 및 비전을 달성할 수 있는 인재상을 정립하고 다양한 모집 수단을 동원하여 인재를 유인한 후 최적의 선발 도구를 활용하여 선택하는 일련의 과정이라고 할 수 있다. 채용 관리는 인사관리의 최전방으로써 매우 중요한 직무라고 할 수 있다.

채용 관리의 전개 과정은 첫째, 조직의 미션 및 비전을 달성할 수 있는 인재상 정립과 인력의 수요와 공급을 예측하는 인력 계획의 수립이고 둘째, 다양한 모집 수단을 통한 인재의 유치. 셋째, 최적의 선발 도구를 활용한 인재의 선택. 넷째, on-boarding을 통해 신규 구성원의 신속한 조직 정착과 인력의 수요와 공급 불균형에 대한 대처 방안 모색 등으로 전개된다.

모집은 조직이 필요로 하는 인력의 퇴사 또는 퇴사가 예상되는 직위에 구직자들이 지원할 수 있도록 장려 혹은 유인하는 활동을 말하며, 모집의 방법은 내부 모집, 외부 모집, 웹 기반 모집 등 다양하다. 모집된 구직자 중 조직이 원하는 인재상에 부합하고 해당 직

무를 수행하기에 적합한 후보자를 선택하는 과정을 선발이라고 한다.

선발 과정은 대체로 예비 면접 → 서류 전형 → 선발 시험(필요 시) → 인터뷰 → 경력 조회(필요 시) → 신체검사 등의 순서로 진행된다. on-boarding은 선발된 신규 구성원이 조직에 정착할 수 있도록 지원하는 다양한 활동을 말한다. 신규 구성원 오리엔테이션을 통해 기업의 미션과 비전, 기업의 역사, 기업 문화와 경력 개발, 보상, 복리후생 등을 설명하고 기업 내 주요 직무에 배치와 순환 근무를 통해 실제 근무를 체험토록 하며, 부서의 요청과 개인의 경력 희망을 종합적으로 고려하여 최종 직무에 배치한다. 직무 배치 후 조직 사회화 과정을 거치게 되는데, 이는 신규 구성원이 조직 생활에 필요한 조직 문화를 습득하는 공식/비공식 과정으로 성공적인 조직 사회화는 조직과 구성원이 일체감과 결속을 다지게 되어 장기 근무로 이어질 수 있도록 하는 매우 중요한 과정이다.

2) 애로 사항

작금의 노동 시장 상황을 한마디로 표현한다면 '취업난과 구인난이 공존하는 시대'라고 말할 수 있다. 취준생들은 취업이 안 돼서 속을 끓이고, 기업 특히 중소기업은 그들대로 구인이 안 돼서 죽을 맛이다. 그렇다면 중소기업의 채용이 특히 어려운 이유는 무엇일까? 가장 큰 이유는 바로 대기업/공기업 대비 상대적으로 열악한 연봉과 복지 등 근로 조건 문제다. 그 외 자신과 Fit 하지 못한 조직 문화와 낮은 커리어 성장 가능성 때문이다.

중소기업은 항상 사람이 부족하다. 기업의 현실에 딱 맞는 인재를 채용하기도 어렵거니와 운 좋게 채용한 인재가 쉽게 떠나버리는 경우가 비일비재하다. 조직의 인재상에 부합하는 사람을 뽑는 일이 중요하다는 것은 누구나 인지하고 있는 사실이나 중소기업의 처지에서는 좋은 사람 뽑는 일이 여러 측면에서 만만치 않다. 돈이 부족하다. 사람인과 같은 대형 구직 사이트에 인재들의 눈에 띌 만한 채용 공고를 올리기 위해서는 적게는 몇 십만 원이 소요된다. 모집된 지원자들의 서류를 검토하고 적합한 후보자를 탐색해서 인터뷰를 통해 최종 선발하기까지의 일련의 과정들을 설계하고 수행할 HR 전문 인력이 없고 그럴 시간도 없는 것이 중소기업의 현실이다.

3) AI 활용 방법 및 사례

애로 사항	생성형 AI 활용 가이드
우수 인재 유치의 어려움	우수 인재 유치를 위해 회사를 어필할 수 있는 EVP 작성과 독특한 직무 소개
비체계적인 인터뷰	구조화된 인터뷰 질문과 채점 기준표 생성으로 체계화된 평가 가능
직관에 의존한 채용 결정	과거 채용 데이터 분석을 통해 채용 후보자 적합성 평가에 활용 가능
인터뷰 후보자 선별의 어려움	직무 요구 사항 및 가치관 등을 기반으로 이력서 심사 후 선정된 후보자에게 즉각적인 피드백 템플릿 제공

사례: 지원자들을 유인할 수 있는 EVP 작성하기

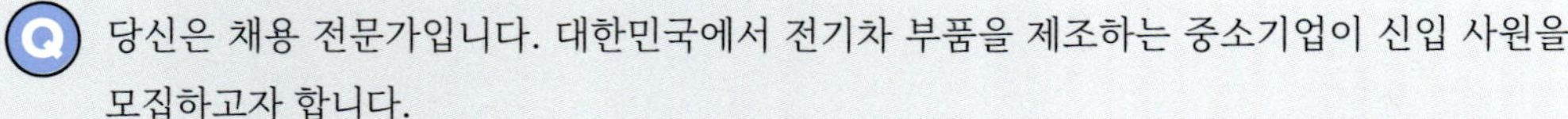

Q 당신은 채용 전문가입니다. 대한민국에서 전기차 부품을 제조하는 중소기업이 신입 사원을 모집하고자 합니다.

이 기업의 EVP(Employee Value Proposition)를 작성해 주세요. 다음 사항을 반영해야 합니다.

1. **기업의 강점과 비전**
   - 전기차 부품 제조 산업에서의 역할 및 성장 가능성
   - 지속 가능한 미래를 위한 기술 혁신
2. **중소기업의 장점**
   - 빠른 성장 기회와 다양한 업무 경험
   - 유연한 조직 문화와 수평적인 소통 방식
3. **신입 사원을 위한 지원 프로그램**
   - 직무 교육 및 멘토링 제도
   - 기술 역량 개발 및 커리어 성장 기회
4. **보상 및 복지**
   - 경쟁력 있는 급여 및 성과 기반 인센티브
   - 워라밸을 고려한 복지제도

EVP는 **지원자가 이 기업에서 일하고 싶어지도록 매력적으로 표현**해야 합니다. 친근하면서도 전문적인 어조로 작성해 주세요.

 지속 가능한 미래를 함께 만들어갈 당신을 기다립니다!

전기차 산업의 혁신을 선도하는 우리는, 친환경 모빌리티를 위한 핵심 부품을 개발하며 미래

를 움직이는 기술을 만들어 갑니다. 빠르게 성장하는 전기차 시장에서 우리와 함께 도전하고, 성장하며, 차세대 기술 혁신을 이끌 인재를 찾습니다.

√ 왜 우리와 함께해야 할까요?

1. 미래가 기대되는 기업
   - 친환경 전기차 부품 제조 산업의 중심에서, 지속 가능한 기술 혁신을 주도합니다.
   - 급성장하는 산업 속에서 함께 성장하고, 핵심 인재로 자리 잡을 기회를 제공합니다.
2. 빠른 성장과 다양한 경험
   - 중소기업만의 강점! 한 가지 업무만이 아닌, 다양한 프로젝트와 역할을 경험하며 폭넓은
     역량을 쌓을 수 있습니다. …(생략)

사례: 채용 포지션에 적합한 인재 선별을 위한 인터뷰 질문 생성

Q 당신은 의료기기 시스템 설계 및 펌웨어 개발 포지션의 인재를 선발하는 기술 인터뷰어입니다. 지원자의 **기술적 역량, 실무 경험, 문제 해결 능력, 의료기기 규제 이해도**를 종합적으로 평가할 **인터뷰 질문 리스트**를 생성하세요.

질문 구성

1. **MCU 및 RTOS 경험 평가**
   - Cortex ARM MCU 및 기타 MCU를 활용한 개발 경험을 검증하는 질문
   - RTOS 환경에서의 개발 및 문제 해결 능력을 평가하는 질문

…(중략)…

4. **문제 해결 및 실무 시뮬레이션**
   - 실제 프로젝트에서 발생한 문제 해결 사례 질문
   - 특정 시나리오(예: RTOS에서 스케줄링 이슈 발생)를 제시하고 해결 방안을 묻는 질문
5. **우대사항 반영 질문**
   - ST Microcontrollers 경험이 있는 경우 관련 개발 경험 평가
   - Patient Monitor 개발 경험이 있는 경우 상세 기술 및 문제 해결 경험 질문

출력 예시(각 질문은 상세한 설명과 함께 제공)
   - "Cortex ARM MCU 기반 시스템에서 저전력 최적화를 수행한 경험이 있습니까? 이를 위해 사용한 기법과 성능 개선 결과를 설명해 주세요."…(생략)

의료기기 시스템 설계 및 펌웨어 개발 포지션 기술 인터뷰 질문 리스트

1. MCU 및 RTOS 경험 평가
   • Cortex ARM MCU 기반 시스템을 개발한 경험이 있습니까?

- 사용한 MCU의 종류와 해당 프로젝트의 목적을 설명해 주세요.
        - 메모리 관리 및 인터럽트 처리 최적화를 위해 적용한 기법을 설명해 주세요.
      · RTOS 환경에서 스레드 동기화 문제를 해결한 경험이 있습니까?
        - Deadlock, Priority Inversion, Race Condition과 같은 이슈를 경험한 사례가 있나요?
        - 해당 문제를 해결하기 위해 적용한 기법 (Mutex, Semaphore, Event Flags 등)과 성능
          개선 결과를 설명해 주세요.···(생략)

4) 기대 효과

AS-IS 현재 일하는 방식	TO-BE AI를 활용한 방식
이력서 검토, 여러 플랫폼에 채용 공고 게시, 이력 정보 요약, 인터뷰 대상 선정, 인터뷰 질문지 작성 등에 상당한 시간과 노력이 필요하며, 비전문성으로 인한 비효율 발생 타 업무와 겸직으로 인한 업무 공백 발생 우려 부족한 전문성과 시간적 압박 속에서 이루어진 채용 결정은 후보자와 조직 문화 간의 불일치 초래	AI 기반 도구는 효율적인 채용 공고 작성을 돕고, 이력서를 신속하게 선별 가능함. 직무 및 조직 문화와의 적합성에 따른 인터뷰 후보자 선정이 가능함. 인터뷰 예약 및 채용 여부 커뮤니케이션 시 완곡한 표현의 이메일 작성을 돕는 등 후보자 경험을 향상시킴.
기대 효과	생성형 AI를 활용하면 중소기업은 채용과 관련된 시간과 비용을 대폭 절감하는 동시에 채용 품질을 향상할 수 있으며, 업무 공백을 최소화할 수 있다.

3. 교육 훈련 관리

1) 개요

교육 훈련은 조직의 목표를 달성하기 위하여 구성원들의 지식과 기술 그리고 태도를 지속해서 변화시키는 체계적인 활동을 말한다. 이는 기업의 생산성과 효율성을 향상하고, 구성원들의 직무 만족도와 조직 몰입도를 높이는 데 그 목적이 있다. 또한, 기업의 비전과 목표를 달성하는 데 필요한 인재를 육성하고, 구성원들의 역량을 강화하여 기업의 경쟁력을 높이는 데 기여한다.

교육 훈련은 하루가 다르게 변화하는 산업 환경에 대응하기 위해 구성원들의 역량을

강화하고, 새로운 기술과 지식을 습득할 수 있도록 지원하고, 직원들의 직무 수행 능력을 향상하며, 문제 해결 능력과 창의성을 발휘할 수 있도록 지원한다. 또한, 구성원들 간의 의사소통과 협업을 증진하고, 조직 문화를 개선하여 업무 효율성을 높이고, 기업의 경쟁력을 강화해 지속 가능한 성장을 이룰 수 있도록 하는 매우 중요한 과정이다. 기업의 교육 훈련 계획 수립 과정은 다음과 같다.

구 분	내 용
요구 분석	기업의 현재 상황과 미래의 목표를 분석하여 교육 훈련이 필요한 부문과 대상을 파악한다. 이를 위해 구성원들의 역량 수준과 업무 수행에 필요한 지식과 기술을 조사한다.
교육 목표 설정	요구 분석 결과를 토대로 교육 훈련의 목표를 설정한다. 이는 기업의 비전과 전략 그리고 직무 수행에 필요한 역량 등을 고려하여, 구체적이고 명확하게 정의되어야 한다.
교육 내용 선정	교육 목표를 달성하기 위해 필요한 교육 내용을 선정한다. 이는 이론과 현장 실습, 사례 연구 등을 포함할 수 있으며, 기업의 교육 목표에 맞게 구성되어야 한다.
교육 방법 결정	선정된 교육 내용을 효과적으로 전달하기 위한 교육 방법을 결정하는 것으로, 집합 교육, 토론, 실습, 온라인 교육 등 다양한 형태로 이루어질 수 있다.
교육 일정 계획	교육 방법과 교육 내용을 고려하여 교육 일정을 계획하는 것으로, 교육 대상자의 인원수와 교육 기간, 교육 장소 등을 고려하여 효율적으로 이루어져야 한다.
교육 예산 편성	교육 일정과 교육 내용에 따라 교육 예산을 편성해야 하는데, 교육에 필요한 비용을 산출하고, 예산을 확보하는 것을 포함한다.
교육 실행	계획된 교육 일정과 내용에 따라 교육을 실행한다. 이는 강사와 교육생 간의 상호작용을 통해 효과적으로 이루어져야 하며, 교육생의 참여를 독려하고 피드백을 적극적으로 수용해야 한다.
교육 평가	교육을 실행한 후 교육의 효과를 평가하는 것으로, 교육 목표 달성 여부와 교육생의 역량 향상 정도를 측정하는 것을 포함한다.
교육 개선	평가 결과를 바탕으로 교육 훈련을 개선해야 하는데, 이는 교육 내용과 방법을 수정하거나 보완하고, 향후 교육 계획에 반영하는 것을 포함한다.

2) 애로 사항

중소기업의 현실 속에서 교육 훈련은 종종 우선순위에서 밀려난다. 경기 침체와 불확실한 경제 상황은 많은 중소기업이 교육 예산을 축소하게 했고, 이는 곧 직원들의 역량 개발 기회 감소로 이어지고 있다.

고용노동부의 조사에 따르면, 중소기업 중 무려 92.6%가 교육 훈련을 전담하는 부서조차 갖추지 못하고 있으며, 교육 훈련 담당 인력이 없는 경우도 약 70%에 달하는 것으로 나타났다.

어떤 중소기업 대표는 자조적으로 "직원 교육이 중요한 건 알죠. 근데 당장 내일 나가야 할 제품이 없는데 어떻게 교육을 보냅니까?"라고 말한다. 현재의 매출과 수익에 매달리다 보니 장기적인 관점에서의 교육 훈련은 뒷전으로 밀리기 일쑤다.

그러나 교육 훈련은 단순한 비용이 아니라 투자다. 구성원들의 역량을 강화함으로써 기업의 생산성과 경쟁력을 높일 수 있으며, 이는 결국 기업의 지속 가능한 성장을 가능케 한다.

그런데도 중소기업에는 여러 가지 현실적인 어려움이 존재한다. 첫째, 예산 부족이다. 그나마 교육 훈련 예산이 있는 경우는 양호한 케이스다. 둘째, 전담 부서와 전문 인력의 부재는 체계적인 교육 계획 수립과 실행을 어렵게 한다. 셋째, 교육 훈련의 효과는 즉시 나타나지 않으므로 투자 대비 성과가 불분명하다. 넷째, 훈련을 시행하는 동안 대체 인력이 부족하여 생산에 차질이 생길 수 있으며, 교육 훈련 기간 임금도 그대로 지급해야 하므로 비용 부담이 크다고 느낄 수밖에 없다. 다섯째, 업무량이 많아 직원들이 교육에 참여할 시간이 부족하다.

3) AI 활용 방법 및 사례

애로 사항	생성형 AI 활용 가이드
교육 훈련 예산 부족	AI는 비용 부담이 있는 외부 교육기관에 의존하는 대신 저렴한 비용으로 맞춤형 교육 자료 생성
전담 전문 인력 부재	중소기업의 현실에 적합한 교육 계획을 생성하여 구조화된 교육 프로그램 구현 지원
교육 훈련 ROI 평가 어려움	구성원의 교육 실시에 따른 성과 평가를 위한 평가 문항 생성 지원
교육 훈련에 따른 생산성 손실	구성원 맞춤형 교육 과정 개발을 통해 기업 내 교육이 가능하며, 자기주도학습을 가능케 함.

 배경: 바이오 의약품 제조 중소기업의 연구원 역량 강화를 위한 교육 과정을 개발하려 합니다. 주요 직무는 바이오의약품 개발 전략, 세포은행 관리, 배양, 배양 공정 개발, 시험법 개발, 제형 개발, 안정성 시험, 기술 이전입니다.

목표: 연구원이 실무에 바로 적용할 수 있도록 이론 + 실습 중심 교육 과정을 설계합니다.

최신 바이오 의약품 트렌드와 규제 가이드를 반영합니다.

초급~고급 연구원을 위한 맞춤형 학습 경로를 제공합니다.

과업: 직무별 필수 역량과 학습 주제를 정리합니다.

강의, 실습, 사례 연구, 워크숍을 조합한 교육 방식을 설계합니다.

최신 산업 동향과 실무 경험을 반영한 커리큘럼을 작성합니다.

온·오프라인 혼합 학습 모델을 고려합니다.

출력 형식: 교육 과정 개요(목표, 대상, 학습 방식)

직무별 상세 교육 내용

예상 교육 기간 및 평가 방식

 바이오 중소기업 연구원 역량 강화 교육 과정

1. 교육 과정 개요

- 목표
  - 연구원이 실무에 즉시 적용할 수 있도록 이론과 실습을 조합한 교육 제공
  - 최신 바이오 의약품 트렌드 및 규제 가이드 반영
  - 초급~고급 연구원을 위한 맞춤형 학습 경로 설계
- 대상
  - 바이오 의약품 연구개발 직무에 종사하는 연구원(초급~고급 연구원 포함)
  - 바이오 중소기업 내 신입 및 경력 연구원
  - 바이오 의약품 개발 관련 업무 담당자
- 학습 방식
  - 이론 교육: 최신 연구 동향 및 규제 가이드 중심 강의
  - 실습 교육: 실험실 기반 실습 및 분석 실습
  - 사례 연구: 성공적인 개발 사례 및 실패 사례 분석

…(생략)…

ESG 교육을 수강한 직원들의 학습 효과를 평가하고, 실무 적용 가능성을 검토할 창의적인 방법을 제안해 주세요.

평가 방식: 객관식 테스트, 사례 기반 평가, 실무 프로젝트 등 다양한 방법 포함

주요 평가 항목: ESG 개념 이해도, 기업 지속 가능성 기여도, 실무 적용 가능성

혁신적인 평가 방식이나 최신 트렌드를 반영한 아이디어 포함

기업의 업종과 조직 규모에 따라 맞춤형 평가 방안도 고려

ESG(환경·사회·거버넌스) 교육을 수강한 직원들의 학습 효과를 평가하고 실무 적용 가능성을 검토하는 창의적인 방법을 제안합니다.

1. 다차원 평가 방식

단순한 객관식 테스트를 넘어서 실제 업무에 ESG를 어떻게 적용할 수 있는지를 평가할 수 있도록 다양한 평가 방식을 혼합하는 것이 중요합니다.

(1) 객관식 테스트 & 퀴즈(기본 개념 이해도 평가)

- AI 기반 적응형 테스트: 개인별 ESG 이해도를 기반으로 난이도가 조정되는 퀴즈 제공
- 게이미피케이션 요소 활용: ESG 챌린지(퀴즈형 게임)에서 점수에 따라 보상 제공
- 기업 맞춤형 시뮬레이션 문제: 업종별 ESG 사례를 기반으로 OX, 다지선다형 문항 설계

…(생략)…

4) 기대 효과

AS-IS 현재 일하는 방식	TO-BE AI를 활용한 방식
• 비전문적인 교육 훈련 관리로 인해 체계적인 관리가 어렵고 비효율 초래 • 전담 인력이나 전담팀이 없으므로, 교육 훈련 관리로 인한 업무 공백과 조직이나 개인의 요구 및 교육 목표와 연계되지 않는 교육 실행이 발생할 수 있음.	• AI는 구성원 데이터(기술, 역할, 성과)를 분석하여 맞춤형 교육 훈련을 제시 • 구성원들은 관련성이 높은 교육을 받아 참여도 개선 및 역량 향상 • 교육 과정 설계와 개발을 위한 아이디어 제공으로 시간 및 비용 절감
기대 효과	생성형 AI를 활용하면 구성원에게 적합한 교육 훈련을 제공할 수 있으며, 시간과 비용을 절약하고 직원 참여도를 향상시켜 중소기업의 경쟁력 제고에 도움을 줄 수 있다.

4. 구성원 리텐션

1) 개요

미국에서는 코로나 팬데믹을 거치며 젊은 구성원들의 퇴사 붐이 일었던 이른바 '대 퇴사 시대'가 도래했다. 미국이 경제적으로 가장 힘들었던 대공황(The great depression) 시대를 빗대어 '대퇴사(The great resignation)' 시대라 불리게 된 것이다. 우리나라의 사정 또한 크게 다르지 않다.

통계청 자료에 따르면 2022년 5월 기준, 청년층의 첫 직장 평균 근속 기간은 1년 7개월, 취업 사이트 사람인 통계에 따르면, 전체 신규 입사자 대비 조기 퇴사자의 비율은 평균 28.6%로, 10명 중 3명은 조기 퇴사하는 것으로 나타났다.

퇴사의 이유는 다양하지만, 그중 가장 큰 이유는 자신과 맞지 않는 조직 문화이고, 보상 관련 문제, 경력 개발 기회 제공 등이 있다. 이러한 현상은 고도의 혁신 기술로 인한 산업의 급변과 평생직장의 개념이 더욱 쇠퇴해 가는 가까운 미래에는 더욱 심해질 것이다. 이런 이유로 현재 고용된 구성원들을 유지하고 이직을 최소화하는 구성원 리텐션에 대한 관심이 높아지고 있다. 구성원 리텐션의 중요성을 정리하면 다음과 같다.

구분	내용
비용 절감	신규 직원 채용을 위한 비용, 온보딩 및 교육 비용 등은 기업에 상당한 부담이 될 수 있다.
지식과 노하우 유출	퇴사한 구성원의 지식, 전문성, 경험을 잃는다는 것은 중요한 노하우와 생산성을 잃는 것을 의미하며, 이는 기업 운영에 부정적인 영향을 미칠 수 있다.
구성원 사기	높은 이직률은 기존 구성원의 사기를 떨어뜨릴 수 있으며, 직업 안정성에 대한 부담과 불확실성에 노출될 수 있다. 반대로 강력한 리텐션은 안정적이고 응집력 있는 조직 문화를 구축하여 구성원 사기와 전반적인 생산성을 향상시킨다.
경쟁 우위	최고의 인재를 유지하면 조직은 숙련되고, 이를 유지함으로써 시장에서 우위를 점할 수 있다.

위와 같이 기업 운영에 있어 매우 중요한 리텐션을 위한 전략 몇 가지를 소개한다.

구분	내용
온보딩 프로세스 구축	원활한 온보딩 프로세스는 신규 구성원이 빠르게 조직에 통합되어 처음부터 환영받고 참여한다는 느낌을 받을 수 있도록 도와줌.
의사소통 강화	수평적이고 자유로우며 개방적인 의사소통 프로세스의 정립
조직 문화 적합성 고려한 채용	우리 회사의 조직 문화 및 기존의 구성원들과 잘 맞는 가치관을 가진 인재 채용
경력 개발 기회 제공	구성원들의 성장에 기여할 수 있는 학습 기회와 명확한 경력 개발 경로 제공
합당한 보상	구성원이 수행한 직무나 프로젝트에 대해 성취감을 느낄 수 있는 보상을 제공하고, 그 과정을 투명하게 공유
유연한 근무 옵션 제공	재택, 선택적 근로시간제 등 다양한 근무 형태 옵션을 제공함으로써 일과 삶의 균형을 잘 맞추며 일할 수 있도록 지원
피드백 창구 마련	일을 하는 데 있어 회사에 대해 피드백을 편하게, 수시로 할 수 있는 창구를 마련하여, 의견을 청취하고 개선하면 구성원들의 소속감을 높일 수 있음.

2) 애로 사항

기업의 규모에 상관없이 인력 유출은 채용 비용의 손실과 온보딩 비용, 교육 비용 등 만만치 않은 비용의 발생뿐만 아니라 조직의 분위기를 해치고 생산성에 상당한 영향을 끼치게 된다. 높은 이직률과 평균 근속 기간이 상대적으로 짧은 중소기업에 있어서 구성원 리텐션의 중요성은 아무리 강조해도 지나치지 않을 것이다. 하지만 대기업에 비해 상대적으로 열악한 근무 환경이나 낮은 임금 등으로 인해 중소기업에 있어 리텐션은 무척 어려운 과제이다. 중소기업의 리텐션 애로 사항을 정리하면 다음과 같다.

구분	내용
한정된 재정 자원	급여 및 복리후생 격차: 중소기업은 대기업이나 공기업에 비해 경쟁력 있는 급여와 복지를 제공하는 데 어려움이 있다. 구성원들은 더 높은 급여를 받는 곳으로 이직할 가능성이 높다. 리텐션 프로그램에 대한 투자: 예산이 부족하기 때문에 직원 복리후생, 온보딩, 경력 개발 프로그램과 같은 리텐션 전략에 투자하기 어렵다.

구분	내용
제한된 HR 인프라	상당수의 중소기업에는 전담 HR 팀이나 구성원 리텐션 전략을 담당하는 전문 인력이 부족하다. 고용노동부에 따르면, 중소기업의 70% 이상이 교육 및 리텐션 프로그램 관리 전담 직원이 없는 것으로 나타났다. 체계적인 HR 시스템이 없는 중소기업은 효과적인 온보딩, 구성원 피드백 프로세스 등을 구현하는 데 어려움을 겪고 있다.
제한된 성장 기회	중소기업은 상대적으로 작은 조직 구조로 인해 경력 개발 기회가 제한되는 경우가 많다. 이는 성장과 승진을 추구하는 구성원들에게 불만족 요인으로 작용한다. 직무 능력 향상과 직업 만족도에 필수적인 지속적인 학습 및 경력 개발 프로그램을 제공할 자원이 부족하다.
불투명한 미래	중소기업의 경우, 경영 환경이 불안정하고 미래가 불투명하여 구성원들이 회사의 미래에 대한 불안감으로 인해 이직을 결심할 수 있다.
열악한 근무 환경	중소기업은 업무량이 많고, 근무 환경이 열악한 경우가 많다. 이는 직원들의 피로를 누적시키고, 업무 효율성을 떨어뜨리는 불만족 요인이 된다.
소통 부족	조직 내의 소통 부족은 구성원들의 불만을 야기하고, 조직 문화를 저해하여 이직률을 높이는 요인이 된다.

3) AI 활용 방법 및 사례

애로 사항	생성형 AI 활용 가이드
전담 전문 인력 부재	신규 구성원의 회사 적응을 돕는 on-boarding 프로세스 구현 지원
경력 개발 계획 수립이 어려움	구성원 개인의 현재 역량과 성과 등에 기반한 경력 개발 로드맵 생성으로 동기 부여
리텐션 위험 요인 예측 어려움	구성원 설문조사, 참여도 감소 등의 분석을 통해 리텐션 위험을 미리 감지하여 대처 가능
급여, 복리후생 등의 근무 조건	중소기업이 예산 범위 내에서 금전적·비금전적 보상을 결합해 비용 효율적인 보상 패키지를 설계하도록 지원

사례: 구성원 만족도 조사 설문지 개발하기

> **Q** 내부 구성원을 대상으로 2024년 직무 만족도에 대한 설문조사를 위한 설문지를 작성하려 해. 설문지는 10개 정도의 문항으로 구성하고, 근속 기간, 소속 부서, 직위, 성별, 나이(20대~50대)를 포함하여 공손한 말투로 작성해 줘.

 2024년 직무 만족도 조사

친애하는 임직원 여러분,

우리는 귀하의 의견을 소중히 여기며 모두를 위해 더 나은 직장을 만들기 위해 노력합니다. 잠시 시간을 내어 이 설문조사를 완료해 주시기 바랍니다. 귀하의 답변은 기밀로 유지되며 전반적인 업무 경험을 개선하는 데 도움이 됩니다.

협조해 주셔서 감사합니다.

섹션 1: 인구통계학적 정보

(분석 목적으로만 사용되며 귀하의 개별 답변은 익명으로 처리됩니다.)

- 근속 기간

    ☐ 1년 미만   ☐ 1~3년   ☐ 3~5년   ☐ 5~10년   ☐ 10년 이상

섹션 2: 직무 만족도 질문

- 전반적으로 현재 직무에 얼마나 만족하시나요?

    ☐ 매우 만족   ☐ 만족함   ☐ 보통   ☐ 불만족   ☐ 매우 불만족

- 귀하의 직무가 귀하의 팀과 조직에서 인정받고 가치 있다고 생각하십니까?

    ☐ 적극 동의함   ☐ 동의   ☐ 보통   ☐ 동의하지 않음   ☐ 전혀 동의하지 않음

…(생략)…

사례: 온보딩(on-boarding) 프로세스 설계 아이디어 제시

Q 전기자동차 부품 개발 연구원이 빠르게 적응하고 효과적으로 업무를 수행할 수 있도록 최적의 온보딩 프로세스를 설계하려 합니다. 신입 연구원이 회사의 목표, 개발 프로세스, 협업 방식 등을 효율적으로 익힐 수 있도록 아래 요소를 고려하여 온보딩 계획을 수립해 주세요.

1. **온보딩 목표 설정**

신입 연구원이 1개월, 3개월, 6개월 내에 도달해야 할 주요 목표는 무엇인가요?

성공적인 온보딩을 평가할 수 있는 기준을 어떻게 정할 수 있을까요?

2. **기본 교육 및 리소스 제공**

전기차 부품 개발에 필요한 필수 기술 및 도구(예: CAD, 시뮬레이션 소프트웨어 등)에 대한 교육 과정은 어떻게 구성하면 좋을까요?

산업 및 회사의 핵심 기술 문서를 효과적으로 전달하는 방법은?

…(중략)…

5. **피드백 및 지속적 개선**

온보딩 기간 동안 연구원과 관리자 간 피드백을 주고받는 효과적인 방식은?

연구원이 온보딩 경험을 평가하고 개선점을 제안할 수 있는 방법은?

신입 연구원이 빠르게 역량을 키우고 조직에 적응할 수 있도록 최적의 온보딩 프로세스를 설계해 주세요.

전기자동차 부품 개발 연구원 온보딩 프로세스 설계

1. 온보딩 목표 설정

· 1개월 내 목표

  - 회사의 미션, 비전 및 핵심 기술 파악

  - 개발 프로세스 및 업무 흐름 익히기

  - 필수 소프트웨어 및 도구(CAD, 시뮬레이션 툴 등) 기본 교육 수료

  - 멘토 및 팀원들과의 네트워킹 구축

  - 초기 과제 수행을 통해 실무 감각 익히기

· 3개월 내 목표

  - 팀 내 프로젝트에 참여하여 작은 단위의 개발 작업 수행

  - 협업 도구(JIRA, Confluence 등) 활용 능력 습득

  - 기술 문서 작성 및 리뷰 경험

…(생략)…

4) 기대 효과

AS-IS 현재 일하는 방식	TO-BE AI를 활용한 방식
· 비전문성으로 이직에 대한 사전적 대응 부재. 회사에 적합한 리텐션 전략 수립 및 실행이 어려움. · 데이터 부족이나 활용이 미흡하여 이직에 대한 통찰력 부족 · 전담 부서나 인력 부족으로 구성원 피드백과 고충 처리 속도 저하는 이직으로 이어짐.	· AI는 개별 직원 프로필을 기반으로 진로, 학습 기회, 웰니스 프로그램 맞춤화를 통해 직무 만족도와 참여도 향상 · 리텐션 전략 설계와 개발을 위한 아이디어 제공으로 시간 및 비용 절감

기대 효과	생성형 AI를 활용하여 구성원에게 적합한 경력 개발 기회를 제공하는 등 중소기업의 현실에 맞는 리텐션 전략을 수립할 수 있으며, 관련 시간과 비용을 절약하고 직원 유지율을 향상함으로써 중소기업의 지속 가능한 성장과 경쟁력 제고에 도움을 줄 수 있다.

5. 평가 관리

1) 개요

인사 평가는 구성원의 성과, 역량, 태도 등을 평가하는 활동으로, 이는 조직 내에서 구성원의 위치와 역할을 파악하고, 성과를 측정하여 보상을 결정하는 데 중요한 역할을 하며, 구성원의 성장과 발전을 위한 피드백과 코칭에도 활용된다.

평가의 대상은 일반적으로 구성원의 직무 수행의 품질과 효율성을 평가하는 직무 성과, 팀워크와 의사소통 능력 등을 평가하는 행동 특성, 성장하며 새로운 책임을 담당할 수 있는 능력과 의지를 평가하는 개발 잠재력과 회사의 가치와 미션에 대한 헌신을 평가하는 조직 목표와의 연계 등이 있다.

인사 평가는 인사관리에서 매우 중요한 역할을 하며 구성원 개인과 조직의 성공에 큰 영향을 미친다. 인사 평가의 중요성을 정리하면 다음과 같다.

구분	내용
조직의 성과 향상	구성원들의 성과를 평가하고 보상함으로써 조직의 성과를 향상시킬 수 있다. 성과가 높은 구성원에게는 보상을 제공하고, 성과가 낮은 구성원에게는 개선 방안을 제시하는 등 피드백을 통해 조직 전체의 성과를 높일 수 있다.
구성원 개발	구성원들의 강점과 약점을 파악하고, 이를 바탕으로 성장과 발전을 위한 교육 훈련 제공 및 경력 경로를 설계할 수 있다.
인사 의사 결정 지원	평가 데이터는 승진, 이동, 급여 조정 등 HR 주요 의사 결정의 기초 자료가 된다. 잠재력이 높은 구성원을 식별하고 저성과자를 관리하는 데 도움을 준다.
구성원 동기 부여	자신의 성과를 인정받고 적절한 보상을 받으면 구성원들은 긍정적인 방향으로 동기 부여된다.
조직 내 신뢰 구축	공정하고 투명한 인사 평가는 구성원들의 신뢰를 얻고, 조직 내 갈등을 예방할 수 있다.

상기와 같은 중요성에도 불구하고 인사 평가 시 다음과 같은 어려움에 직면하게 된다. 첫째, 일관되지 않은 기준이나 개인적 편견이 개입된 평가는 공정성을 훼손할 수 있다. 둘째, 불명확한 목표와 지표 설정은 혼란을 초래하여 불만족을 유발할 수 있다. 셋째, 부정적인 피드백으로 인한 두려움과 신뢰할 수 없는 평가 과정으로 이직을 결심할 수 있다.

넷째, 공정하고 체계적인 평가를 위한 전문성 부족과 시간 및 자원의 제약으로 인한 어려움 등이 있다.

2) 애로 사항

기업의 규모와 관계없이 기업 대부분이 안고 있는 문제가 바로 '인사 평가'에 관한 것으로, 중소기업 또한 인사 평가를 해야 할지, 하지 말아야 할지 무척 고민스럽고 정답이 없는 문제이다.

구직 사이트 조사에 의하면 직장인의 60%는 인사 평가에 불만족하다고 하는데, 더군다나 막대한 시간과 자원이 소모되는 인사 평가를 꼭 해야 하는 것인가? 중소기업 대표들은 의문이 생긴다. 규모가 매우 작은 기업의 경우는 대표 혼자서 전 구성원들을 평가할 수 있지만, 회사가 조금씩 성장하며 인원이 늘어나게 되면 점점 문제가 발생하게 된다. 중소기업의 인사 평가에 대한 애로 사항을 정리해 보면 다음과 같다.

구분	내용
전문성 부족	중소기업은 대기업처럼 인사 평가 시스템을 설계하고 실행하는 전문 지식을 보유한 전담 부서나 HR 인력이 부족한 경우가 많아, 평가의 공정성, 객관성이 훼손되고, 최신의 평가 도구 도입 및 관리가 어렵다.
시간과 자원의 제약	인사 평가는 막대한 시간과 자원이 소요되는 활동이므로 중소기업의 처지에서는 실행이 쉽지 않다. 그런 이유로 인사 평가를 형식적으로 하거나, 아예 생략하는 경우도 있다.
불명확한 평가 기준	공식화된 직무 기술서나 역할에 대한 핵심 성과 지표가 부족하여 평가 기준이 불명확하거나 일관되지 않는 경우가 많아, 평가에 대한 신뢰를 훼손함으로써 구성원들의 불만족을 초래한다.
평가 결과 활용 부족	평가 결과에 따라 적절한 보상과 피드백을 통해 구성원들에게 교육, 승진, 경력개발 등 실행 가능한 후속 조치를 구현하는데 어려움이 있다.
역량과 성과 파악 어려움	중소기업은 인력이 부족하여 업무량이 많고, 다양한 직무를 담당하기 때문에 역량과 성과를 정확하게 파악하기가 어렵다.
평가자 역량 부족	규모가 작아 관계가 더 긴밀한 중소기업에서는 평가자의 개인적인 편견이나 주관적인 의견이 평가에 악영향을 끼칠 수 있다. 평가에 능숙하지 못한 평가자의 오류는 피평가자의 수용성을 저하하고, 이는 구성원의 동기 부여와 몰입을 감소시키는 원인이 된다.

3) AI 활용 방법 및 사례

애로 사항	생성형 AI 활용 가이드
전문성 부족	생성형 AI를 사용하여 직무 역할, 주요 책임 및 조직 목표를 입력하여 포괄적인 인사 평가 프레임워크 설계 및 평가 템플릿 생성과 최신 평가 도구 도입 방안 제시 가능
시간과 자원의 제약	성과 지표를 요약 및 분석하여 평가자가 검토하고 마무리할 수 있도록 평가 의견(안) 제공
불명확한 평가 기준	직무 설명, 핵심 역량, 조직 목표를 입력하여 각 직무 및 역할에 대한 표준화된 KPI를 생성함으로써 평가의 일관성과 공정성 확보 지원
평가 결과 활용 부족	AI를 활용해 평가 결과를 분석하고 교육 과정, 경력 경로 등 개인화된 개발 계획을 제안하고, 평가 결과에 따라 맞춤형 보상을 추천해 구성원 만족도 향상 가능
평가자 역량 부족	AI를 활용해 평가자 교육 프로그램 생성이 가능하고, 객관적인 성과 데이터에 기반한 중립적인 피드백 가능

사례: OKR 설정하기

Q 당신은 전기자동차 부품을 제조하는 중소기업의 생산팀 OKR을 설정하는 역할을 맡았습니다. 회사의 올해 주요 목표는 '성공적인 스마트 팩토리 구축'입니다. 이를 달성하기 위해 생산팀이 설정할 수 있는 효과적인 OKR을 작성하세요.

- Objective(목표)
  - 생산팀이 도전적이고 영감을 받을 수 있도록 설정하세요.
  - 스마트 팩토리 구축과 직접적으로 연관된 목표여야 합니다.
- Key Results(핵심 결과 지표)
  - 최소 3개 이상의 KR을 설정하세요.
  - 각각의 KR은 구체적이고 측정 가능해야 합니다.
  - 자동화, 실시간 데이터 활용, 생산 효율성 개선 등의 요소를 포함하세요.
- 예시 형식
  - Objective: [생산팀이 달성하고자 하는 도전적인 목표]
  - KR1: [측정 가능한 핵심 결과 지표 1]
  - KR2: [측정 가능한 핵심 결과 지표 2]
  - KR3: [측정 가능한 핵심 결과 지표 3]

스마트 팩토리의 주요 요소(예: 자동화된 품질 검사 시스템 도입, 실시간 생산 모니터링 시스템 구축, 설비 가동률 개선 등)를 고려하여 OKR을 작성하세요.

 전기자동차 부품 제조 중소기업 생산팀 OKR

· Objective

"생산 공정의 스마트화 및 자동화를 통해 스마트 팩토리 구축을 선도한다."

· Key Results

1. 자동화 확대

   - 6개월 내로 핵심 공정의 자동화율을 30% → 50%로 향상

   - AI 기반 자동 품질 검사 시스템 도입 및 90% 이상 정확도로 운영

2. 실시간 데이터 활용

   - IoT 센서를 활용한 실시간 생산 모니터링 시스템 구축 및 생산 데이터 100% 실시간 수집

   - 예측 유지 보수(Predictive Maintenance) 시스템 적용 후 설비 다운타임 20% 감소

3. 생산 효율성 개선

   - 생산라인의 평균 사이클 타임(Cycle Time) 15% 단축

   - 생산 불량률을 2% 이하로 유지하며 연간 생산량 10% 증가

사례: 새로운 평가 도구 도입을 위한 가이드 라인 제시

Q 당신은 기업 인사 평가 전문가입니다. 우리 회사는 현재 상사에 의한 하향식 평가만 시행하고 있으며, 평가의 공정성과 수용성을 높이고자 합니다.

   - 기존 하향식 평가 방식의 장단점을 분석하고, 공정성과 수용성을 높이는 현실적인 개선 방안을 제시하세요.

   - 실행 가능성을 높이기 위해 조직의 저항을 최소화할 수 있는 전략을 포함하세요.

   - 동료 평가, 다면 평가(360도 피드백) 등의 방법을 검토하되, 기존 평가 방식과 어떻게 조화를 이룰 수 있을지 설명하세요.

   - 실제 기업에서 성공적으로 적용된 사례나 연구 결과가 있다면 인용하여 신뢰성을 높이세요.

   - 회사 규모와 업종을 고려한 맞춤형 접근 방안을 포함하세요.

각 방안에 대해 **구체적인 실행 절차, 예상 효과, 고려해야 할 문제점**을 포함하여 설명하세요.

 기존 하향식 평가 방식의 장단점 분석

· 장점

   - 명확한 책임과 권한: 조직 내에서 의사 결정권을 가진 관리자가 평가를 담당하므로 평가 결과에 대한 책임이 명확함.

   - 일관된 평가 기준 유지: 평가자가 조직의 목표와 전략을 반영하여 평가할 수 있음.

   - 관리 용이성: 평가 프로세스가 비교적 단순하고, 도입 및 운영이 용이함.

· 단점

- 공정성 논란: 관리자의 주관이 개입될 가능성이 높아 편향적인 평가가 될 수 있음.
- 수용성 부족 : 피평가자가 평가 결과에 불만을 가질 가능성이 커 동기 부여에 부정적인 영향을 미칠 수 있음.
- 일방향 피드백의 한계 : 직원의 성과와 역량을 다각도로 평가하기 어렵고, 피드백이 충분히 반영되지 않을 가능성이 높음.

공정성과 수용성을 높이는 현실적인 개선 방안
1. 다면 평가(360도 피드백) 도입
· 실행 절차
  - 평가 항목 및 기준을 정비하여 객관성을 확보
  - 상사뿐만 아니라 동료, 부하 직원, 본인 평가(Self-assessment)를 포함.
···(중략)···

4) 기대 효과

AS-IS 현재 일하는 방식	TO-BE AI를 활용한 방식
· 체계적이며 효율적인 인사 평가 시스템 구축이 어려움. · 평가 절차상의 문제나 평가 기준의 불명확성으로 인해 평가에 대한 신뢰 훼손 및 구성원 수용성 저하 · 평가 결과에 대한 피드백이 없거나 형식적인 진행으로 구성원 역량 개발 등의 후속 조치 미흡	· AI를 활용하여 개인의 직무나 팀에 맞는 평가 프레임워크를 구축하고 적용할 수 있음. · 평가 결과를 분석하여 피드백 보고서 작성을 지원하므로 시간 절약과 피드백 품질 향상 · 평가 결과를 바탕으로 개인화된 개발 계획과 교육 훈련을 추천해 줌으로써 구성원 만족도 향상
기대 효과	생성형 AI를 인사 평가에 활용하여 중소기업이 구성원 성과 및 역량 평가 방식을 변화시킬 수 있으며, 보다 객관적이고 공정한 평가를 지원하고, 중소기업의 현실에 맞는 HR 제도 구축과 실행을 지원한다.

2-5. 재무·회계

1. 일반 현황과 문제점

1) 재무·회계 업무 개념 및 중소기업 현황

오늘날 빠르게 발전하는 비즈니스 환경에서 중소기업은 재무·회계 업무를 효율적으로 관리하는 데 있어 수많은 과제에 직면해 있다. 기존 방식은 반복적인 수동 프로세스에 크게 의존하여 상당한 시간과 비용을 요구하는 경우가 많다. 이러한 의존으로 인해 보고가 지연되고 오류율이 높아지며 전략적 통찰력을 위한 기회가 제한된다. AI를 재무·회계 업무에 활용하면 이러한 문제를 해결할 수 있으며, 중소기업이 운영을 간소화하고 오류를 줄이며 더 많은 정보에 입각한 결정을 내릴 수 있도록 지원한다.

재무·회계 분야는 모든 비즈니스에 필수적인 기능이지만 많은 중소기업은 이러한 업무를 효율적으로 관리하는 데 어려움을 겪고 있다. 중소기업에는 필요한 작업량을 처리할 인력이 부족한 경우가 많아 노동 집약적인 수동 데이터 입력, 조정 및 보고서 생성으로 이어진다. 더욱이 중소기업은 일반적으로 빡빡한 마감 기한에 맞춰 작업하므로 정확성과 적시성을 보장하기가 어렵다. 결과적으로 이러한 기업은 재무 계획 및 전략적 결정을 안내할 수 있는 중요한 통찰력을 놓칠 수 있다.

2) 재무·회계 실무 애로 사항

실제로 재무·회계 업무는 생산성을 저하하고 비용을 증가시키는 다양한 문제가 발생하기 쉽다. 재무 보고서 준비 또는 거래 처리와 같은 반복적인 작업에는 상당한 시간과 수동 노력이 필요하다. 또한, 재무 데이터 및 규정 준수 요구 사항의 복잡성으로 인해 인적 오류가 발생할 여지가 남아 있으며, 잠재적으로 규정 준수 위험 및 재무 불일치로 이어질 수 있다. 이러한 제한 사항은 일상적인 작업을 자동화하고 데이터 정확성을 향상하는 솔루션의 필요성을 강조한다.

3) AI를 활용한 업무 개선 기회

생성형 AI는 이러한 과제를 극복하고 재무·회계 분야의 효율성을 향상할 실질적인 기회를 제공한다. 생성형 AI는 데이터 입력, 보고서 생성, 분석, 오류 감지를 자동화하여 직원이 고부가가치 작업에 집중할 수 있도록 해 준다.

(1) 재무 데이터 작성 및 분석에서 AI 활용

생성형 AI는 데이터 입력을 단순화하고 재무 기록 전체의 일관성을 보장하며 재무 분석 기능을 향상할 수 있다. 이러한 작업을 자동화함으로써 중소기업 재무 관리자는 수동 입력에 소요되는 시간을 크게 줄이고 오류를 최소화하며 정확하고 실행 가능한 재무 정보에 더 빠르게 접근할 수 있다.

(2) 현금 흐름 예측에서 AI 활용

현금 흐름을 예측하는 것은 모든 비즈니스의 재무 건전성을 위해 필수적이며, 특히 자원이 제한된 중소기업의 경우 더욱 그렇다. AI 기반 예측 분석 도구는 과거 재무 데이터, 자금 계획, 계절적 패턴 및 기타 관련 요소를 분석하여 정확한 현금 흐름 예측을 제공할 수 있다. 이러한 수준의 통찰력은 중소기업이 향후 비용에 대비하고 수익 부족을 예측하며 투자, 대출 또는 예산 조정과 관련하여 정보에 입각한 결정을 내리는 데 도움이 된다.

(3) 재무·회계 분야 전략적 의사 결정에서 AI 활용

운영 작업 외에도 AI는 중소기업이 보다 많은 정보를 바탕으로 사전 예방적인 선택을 할 수 있도록 지원함으로써 전략적 재무 결정을 지원하는 데 중추적인 역할을 할 수 있다. AI는 대규모 데이터 세트를 빠르고 정확하게 분석하는 능력을 통해 기업이 시장 동향, 환율, 금리 변동 및 복잡한 경제 변화에 대한 통찰력을 얻을 수 있도록 도와준다. 이러한 통찰력은 장기적인 성장과 경쟁력을 유지하는 데 매우 중요하다.

(4) 비용 절감 활동에서 AI 활용

AI는 기업이 비효율성을 식별하고 비용 절감 목표를 달성할 수 있도록 지원함으로써 비용 절감 노력에 혁신을 일으키고 있다. AI는 방대한 양의 데이터를 처리하고 분석하는 능력을 활용하여 운영 비용, 조달 비용, 자원 배분에 숨겨진 패턴을 찾아낼 수 있으므로 기업은 정보에 입각한 결정을 내려 지출을 최적화할 수 있다.

또한, AI 기반 예측 분석을 통해 기업은 추세와 시장 환경, 경제 상황과 같은 외부 요인을 기반으로 미래 비용을 예측할 수 있다. 이러한 예측은 기업이 비용 변동에 대비하고 예상치 못한 재무적 부담을 방지하여 보다 안정적인 재무 계획을 보장하는 데 도움이 된다.

2. 재무제표 분석

1) 개요

재무제표 비율 분석은 중소기업 재무 관리자가 회사의 재무 건전성, 운영 효율성 및 미래 전망에 대한 심층적인 통찰력을 얻을 수 있도록 지원하는 중요한 도구이다. 재무제표를 평가하는 이러한 체계적인 접근 방식에는 회사의 손익계산서, 대차대조표, 현금 흐름표에서 파생된 주요 지표를 비교하는 작업이 포함된다. 결과는 기업의 재무 상태에 대한 명확한 개요를 제공하고 개선이 필요한 영역을 식별하는 데 도움이 된다.

재무제표 비율 분석은 중소기업 재무 관리자에게 회사의 재무 성과를 평가하고 향상할 수 있는 구조화된 프레임워크를 제공한다. 정확한 데이터 수집부터 실행 가능한 통찰력까지 이 프로세스를 체계적으로 구현함으로써 관리자는 의사 결정을 강화하고 위험을 완화하며 지속 가능한 성장을 달성할 수 있다.

2) 애로 사항

재무제표 비율 분석은 회사의 재무 건전성을 이해하는 데 유용한 도구이지만 중소기업 재무 관리자는 효율성을 저해하는 특정 문제에 직면하는 경우가 많다.

(1) 데이터 품질 및 정확성 문제

비율 분석의 근본적인 과제 중 하나는 정확하고 신뢰할 수 있는 재무 데이터의 가용성을 보장하는 것이다. 중소기업의 경우 이 문제는 분석의 신뢰성을 손상하고 잘못된 통찰력에 따른 잘못된 의사 결정으로 이어질 수 있다.

(2) 재무 전문성 부족

재무제표 비율 분석 결과를 효과적으로 계산, 해석, 적용하기 위해서는 전문적인 지식이 필요하다. 중소기업 재무 관리자의 경우 전문성 부족으로 인해 심각한 문제가 발생할 수 있다.

이러한 전문성 부족은 소규모 팀으로 운영되거나 외부 컨설턴트에 대한 접근이 없는 중소기업의 경우 특히 문제가 된다.

(3) 업계 벤치마크 및 비교에 대한 접근

벤치마킹은 기업이 자신의 성과를 업계 표준과 비교할 수 있도록 해 주기 때문에 비율 분석의 중요한 측면이다. 그러나 중소기업 재무 관리자는 이 분야에서 종종 어려움에 직면한다. 관련 벤치마크가 없으면 비율 분석의 맥락이 부족하여 성과 평가 및 의사 결정의 효율성이 저하될 수 있다.

3) AI 활용 방법 및 사례

(1) 재무제표 비율 분석

챗GPT를 활용한 재무제표 비율 분석은 계산, 해석, 의사 결정을 간편하게 만든다. 재무 데이터를 입력하면 핵심 비율을 즉시 계산하고 기업의 재무 상태에 대한 인사이트를 얻을 수 있다. 결과를 바탕으로 전략을 최적화하고 안정성 및 성과를 개선할 수 있다.

가이드

○ 안정성 비율은 기업의 재무 안정성을 평가하는 지표로, 장기적인 부채 상환 능력과 지속 가능성을 측정한다. 대표적인 안정성 비율로는 부채비율(Debt-to-Equity Ratio), 자기자본비율(Equity Ratio), 고정자산비율(Fixed-Assets-to-Equity Ratio) 등이 있다.

- 챗GPT를 활용하면 간단한 데이터를 입력하여 계산을 수행하고 결과를 해석할 수 있다.

(1) 재무 데이터 준비

(2) 계산할 안정성 비율 선택

(3) 챗GPT에 데이터 입력

(4) 결과 해석 및 활용

사례: 안정성 비율 산출

Q 업로드한 파일을 참고하여 안정성 비율을 2022년과 2023년을 비교하여 표 형식으로 작성해 줘.

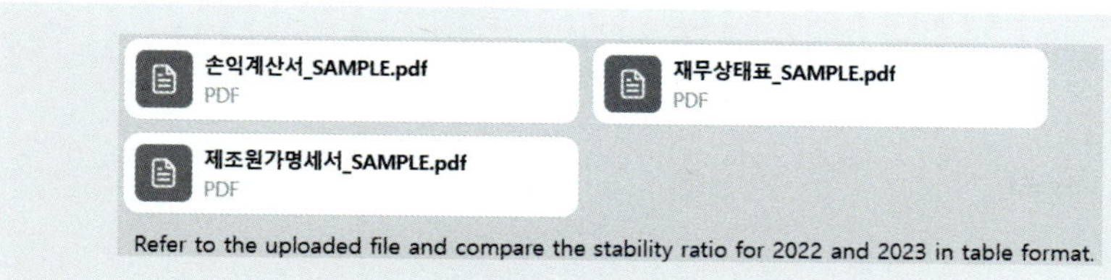

다음은 2022년과 2023년의 안정성 비율을 표 형식으로 비교한 것입니다.

Stability Ratios

Ratio	Formula	2022	2023	Change (%)
Debt Ratio	$\frac{\text{Total Liabilities}}{\text{Total Equity}} \times 100$	$\frac{854{,}394}{3{,}461{,}632} \approx$ 24.68%	$\frac{207{,}101}{3{,}275{,}094} \approx$ 6.32%	Decreased by 18.36%
Equity Ratio	$\frac{\text{Total Equity}}{\text{Total Assets}} \times 100$	$\frac{3{,}461{,}632}{4{,}316{,}026} \approx$ 80.20%	$\frac{3{,}275{,}094}{3{,}482{,}195} \approx$ 94.05%	Increased by 13.85%
Debt-to-Asset Ratio	$\frac{\text{Total Liabilities}}{\text{Total Assets}} \times 100$	$\frac{854{,}394}{4{,}316{,}026} \approx$ 19.79%	$\frac{207{,}101}{3{,}482{,}195} \approx$ 5.95%	Decreased by 13.84%

관찰:

부채비율과 부채자산비율은 2022년부터 2023년까지 크게 감소하여 재무 안정성이 개선되었음을 나타냅니다.

자본비율이 증가하여 총자산 대비 자기자본 조달 비중이 더 높은 것으로 나타났습니다.

…(생략)…

(2) 안정성 비율 개선 방안 도출

챗GPT를 활용하면 중소기업의 CEO와 재무 관리자들은 재무 데이터를 분석하여 부채비율과 자기자본비율 등 안정성 비율을 개선할 수 있는 맞춤형 전략을 수립할 수 있다. 이를 통해 부채 감소, 자본 확충, 자산 활용 최적화 등의 구체적인 실행 방안을 도출하고, 시나리오 분석을 통해 재무 안정성을 효과적으로 향상시킬 수 있다.

가이드

○ 챗GPT를 활용하여 안정성 비율(부채비율, 자기자본비율 등)을 계산한 후, 이를 개선하기 위한 실행 가능한 방안을 도출할 수 있다.

(1) 현재 비율과 재무 데이터 입력

(2) 개선이 필요한 영역 확인

(3) 세부 실행 계획 요청

(4) 시나리오 분석 활용

(5) 실행 및 모니터링

사례: 안정성 비율 개선을 위한 실행 방안

 Q 안정성 비율을 개선하기 위한 액션플랜 3가지를 작성해 줘.

 1. 부채 의존도 감소

목적: 총부채를 줄여 자기자본-부채 비율을 높입니다.

작업: 초과 현금 흐름을 활용하여 단기 및 장기 대출금을 점진적으로 상환합니다.

…(중략)…

2. 지분 포지션 강화

목적: 총자본을 늘려 자기자본 비율을 개선합니다.

작업: 이익을 배당금으로 배분하는 것보다 이익잉여금으로 더 높은 비율을 유지합니다.

…(중략)…

이러한 실행 계획은 보다 균형 있고 지속 가능한 재무 구조를 구축하여 회사의 안정성 비율을 높이는 것을 목표로 합니다.

4) 기대 효과

AS-IS 현재 일하는 방식	TO-BE AI를 활용한 방식
• 현재 재무제표 비율 분석은 수작업으로 진행되어 시간이 오래 걸리고 오류 가능성이 높음 • 데이터 정리 및 계산은 제한된 툴로 진행되며, 분석 해석 시 전문성이 부족	• 챗GPT는 자동화된 데이터 정리 및 비율 계산, 보고서 생성으로 작업 시간을 크게 단축 • 복잡한 비율 분석(예: 유동성 비율, 레버리지 비율, 수익성 비율)을 쉽게 수행 가능하며, 결과에 대한 설명과 시나리오 분석 제공

기대 효과	• 효율성 향상: 챗GPT는 비율 계산을 자동화하고 즉시 사용 가능한 보고서를 생성하여 수동 작업을 크게 줄일 수 있다. • 정확도 향상: AI 기반 분석을 통해 계산 오류를 줄이고 일관된 결과를 보장한다. • 전략적 통찰력: 재무 비율 및 시나리오 기반 예측에 대한 해석을 제공하여 더 나은 재무 계획 및 자원 할당을 가능하게 한다.

3. 자금 계획 수립

1) 개요

기업에서는 현금 흐름 분석을 자산과 부채·자본 현황을 나타내는 대차대조표 분석 못지않게 중요하게 여기고 있으며, 현금 흐름이 좋지 않은 기업은 자산이 많고 이익을 내더라도 도산의 위험에 빠질 수 있다. 특히 경제 위기 상황에서 많이 나타나는 흑자 도산 기업 대부분은 이익을 내지 못하거나 적어서가 아니라 현금 흐름 관리를 제대로 하지 못한 기업이라는 사실로 볼 때 건전한 현금 흐름이야말로 기업 생존의 필수 요소라고 할 수 있다.

자금 계획은 모든 비즈니스 운영의 중추로서 회사가 경쟁적이고 종종 불안정한 시장에서 생존할 뿐만 아니라 성공할 수 있도록 보장한다. 중소기업의 경우 자본에 대한 제한된 접근, 현금 흐름에 대한 의존성, 외부 경제 압력으로 인해 강력한 자금 계획을 수립하는 것이 더욱 중요하다. 자금 계획은 회사가 재무 건전성을 유지하면서 단기 및 장기 목표를 달성하기 위해 자원을 할당하는 방법을 설명하는 로드맵 역할을 한다.

2) 애로 사항

자금 계획 수립은 중소기업의 성공을 위해 매우 중요하지만, 종종 독특한 어려움을 겪게 된다. 이러한 어려움을 이해하는 것이 문제를 효과적으로 해결하기 위한 첫 번째 단계이다. 주요 장애물과 이를 탐색하는 방법은 다음과 같다.

(1) 재무 전문성 부족

많은 중소기업에는 전담 재무 전문가가 부족하여 세부 계획을 세우기가 어렵다. 금융 교육에 투자하거나 전문가에게 아웃소싱하여 지침을 받는 것을 고려해 볼 필요가 있다.

(2) 불규칙한 현금 흐름

예측할 수 없는 유입 및 유출로 인해 예측이 복잡해질 수 있다. 현금 흐름을 자세히 모니터링하고 예상치 못한 비용에 대비해 비상 자금을 유지하는 시스템을 구현해야 한다.

(3) 시간 제약

CEO와 관리자가 다양한 역할을 수행하면서 자금 계획 수립이 뒷전으로 밀려나는 경우가 많다. 일관된 집중을 보장하기 위해 전용 시간을 할당하거나 재무 업무를 위임해야 한다.

중소기업은 이러한 과제를 적극적으로 해결함으로써 불확실한 시기에도 성장과 회복력을 촉진하는 강력한 자금 계획을 세울 수 있다.

3) AI 활용 방법 및 사례

(1) 자금 과부족 예측

챗GPT에 시작 현금 잔액, 월별 유입 및 유출, 계획된 비용 또는 대출 상환 내역을 제공한다. 이를 사용하여 미래 현금 잔액을 예측하고, 잠재적 잉여 또는 부족을 식별하고, 재무 안정성을 유지하기 위한 전략을 탐색할 수 있다.

가이드

중소기업이 현금 부족을 방지하기 위해 미래 현금 잔액을 예측하려고 한다. 회사의 시작 은행 잔액은 50,000입니다. 매달 예측 가능한 현금 유입 및 유출은 물론 대출 상환 계획도 있다. 목표는 향후 6개월 동안 현금 과잉 또는 부족이 발생할 시기를 결정하는 것이다.

사례: 자금 과부족 예측

 향후 6개월 동안 내 현금 잔고를 예측하는 데 도움을 줘. 기초 잔액은 50,000입니다. 월 수익은 40,000, 월 운영 비용은 30,000이고 대출금 상환 10,000는 세 번째 달에 시작되며 다섯 번째 달에는 20,000의 투자를 계획하고 있습니다. 언제 현금 과부족이 발생하는지 알려줘

입력 데이터:

- 기초 잔액: 50,000
- 월별 현금 유입: 수익 40,000
- 월간 현금 유출: 운영 비용 30,000
- 대출 상환: 10,000 (3개월째부터)
- 추가투자 : 20,000 (5개월차에 1회)

 월별 자금 과부족 내역입니다

1. 분석결과

ChatGPT's Forecast:

Month	Starting Balance ($)	Inflows ($)	Outflows ($)	Ending Balance ($)
1	50,000	40,000	30,000	60,000
2	60,000	40,000	30,000	70,000
3	70,000	40,000	40,000 (30,000 + 10,000 loan)	70,000
4	70,000	40,000	40,000 (30,000 + 10,000 loan)	70,000
5	70,000	40,000	50,000 (30,000 + 20,000 investment)	60,000
6	60,000	40,000	40,000 (30,000 + 10,000 loan)	60,000

2. 통계

- 당사는 6개월 동안 흑자 현금 잔액을 유지하지만 20,000 투자 후 5개월째 최저 잔액은 60,000입니다.
- 예상 기간 동안 현금 부족은 없지만 중소기업은 예상치 못한 부족을 방지하기 위해 수익 및 비용 추정이 정확한지 확인해야 합니다.

…(생략)…

(2) 시나리오 기획 및 의사 결정

챗GPT는 '가상' 시나리오를 시뮬레이션하여 시장 침체나 예상치 못한 비용과 같은 잠재적인 재무적 문제에 대비할 수 있다. 또한, 대출받거나 운영을 확장하는 등의 결정이 재무적으로 미치는 영향을 평가할 수도 있다.

가이드

○ 확장 비용, 예상 수익 성장, 사용 가능한 금융 옵션에 대한 세부 정보를 제공

○ 챗GPT는 ROI를 계산하고, 현금 흐름에 미치는 영향을 분석하고, 자금 조달 전략 (예: 은행 대출과 투자자 자금 조달)을 비교할 수 있다.

사례: 시나리오 기획 및 의사 결정

Q 자금 운용 및 조달 전략에 대한 시나리오별 실행 방안을 제시해 줘.

1. 시나리오: 투자 관리
- 상황: 자동화 기계 구매를 통해 생산성을 높이고자 합니다. 기계 비용은 50,000입니다.
- 전략

- 20,000의 자기자본 투자와 30,000의 대출(연 5% 이자율) 사용
- 투자 결정 전에 ROI 및 손익분기점을 계산

…(중략)…

2. 시나리오: 금융 전략 비교

- 은행 대출
  - 50,000 대출, 연 6% 이자율, 월 상환금 860
  - 영향: 단기 부채 증가, 소유권 유지
- 투자자 자금 조달
  - 50,000 조달 대가로 지분 10% 제공
  - 영향: 상환 부담 없음, 소유권 희석

평가 결과:

금융 옵션	월 현금 흐름 영향	장기 비용	소유권 통제
은행 대출	-860 (상환)	중간 수준	유지
투자자 자금 조달	영향 없음	높을 수 있음	감소

…(중략)…

4) 기대 효과

AS-IS 현재 일하는 방식	TO-BE AI를 활용한 방식
• 자금 계획 수립은 수작업으로 진행되며 시간이 많이 소요되고 오류 가능성이 높음. • 과거 데이터를 수동으로 분석하고 예측하여 전략적인 계획 수립이 제한적임.	• 챗GPT를 활용하여 데이터 분석과 시나리오 예측을 자동화, 정확하고 빠른 재무 계획 수립 가능 • 실시간 데이터 업데이트와 시뮬레이션으로 계획의 유연성과 정확성을 크게 향상

기대 효과	• 효율성 향상: 데이터 수집, 분석 및 보고서 생성을 자동화하여 재무 계획에 필요한 시간과 노력을 크게 줄일 수 있다. • 정확도 향상: AI를 활용해 계산 오류를 최소화하고 정확한 예측을 제공하여 재무 계획의 신뢰성을 높인다. • 전략적 유연성: 실시간 시나리오 모델링을 통해 중소기업은 시장 상황이나 비즈니스 우선순위의 변화에 신속하게 적응하여 의사 결정 및 위험 관리를 강화할 수 있다.

4. 경제성 분석

1) 개요

경제성 분석은 특히 중소기업의 경우 비즈니스의 생존 가능성과 지속 가능성을 평가하는 데 필수적인 도구이다. 여기에는 프로젝트나 비즈니스의 재무적 측면과 비재무적 측면을 종합적으로 평가하여 타당성과 성공 가능성을 결정하는 작업이 포함된다.

경제성 분석의 주요 구성 요소에는 수익 예측, 비용 평가와 같은 재무 평가, 순현재가치(NPV) 및 내부 수익률(IRR)과 같은 수익성 지표가 포함된다. 또한, 시장 상황, 고객 요구 및 경쟁 환경을 고려하여 비즈니스 환경에 대한 전체적인 시각을 제공한다.

또 다른 중요한 측면은 운영 및 투자에 충분한 유동성을 보장하는 현금 흐름 관리이다. 손익분기점 분석과 같은 도구는 중소기업이 비용을 충당하기 위한 명확한 수익 목표를 설정하는 데 도움이 되며, 시나리오 및 민감도 분석은 불확실성에 대비할 수 있다.

중소기업은 챗GPT와 같은 도구를 활용하여 자동화된 데이터 분석, 간소화된 보고, 모범 사례에 대한 지침을 통해 이러한 문제를 극복하고 경제성 분석에 더 쉽게 접근하고 효율적으로 만들 수 있다.

2) 애로 사항

중소기업 CEO와 재무 관리자는 주로 자원 제약, 전문성 부족, 비즈니스 환경의 역동적인 특성으로 인해 경제성 분석을 수행할 때 여러 가지 어려움에 직면한다.

(1) 자원 제약

중소기업은 제한된 예산으로 운영되는 경우가 많으며, 이로 인해 세부 분석에 필요한 고급 도구 및 소프트웨어에 대한 접근이 제한될 수 있다. 제한된 인력으로 인해 멀티태스킹이 발생하여 철저한 경제성 분석에 시간과 집중이 부족할 수 있다.

(2) 전문성 부족

많은 중소기업 관리자는 재무 모델링, 통계 기법 또는 고급 경제성 분석 방법에 대한 공식적인 교육이 부족하여 평가의 정확성이 떨어지거나 불완전할 수 있다. 외부 전문가를 고용하는 데는 비용이 많이 들 수 있으며, 내부 직원은 현금 흐름 예측이나 민감도 분석 등의 작업에 필요한 전문 기술을 보유하지 못할 수 있다.

(3) 동적이며 불확실한 환경

원자재 가격 변동이나 수요 변동 등 시장 상황의 급격한 변화로 인해 안정적이고 신뢰할 수 있는 경제 전망을 산출하기가 어렵다. 중소기업은 경기 침체나 규제 변화로 인해 초기 가정이 혼란스러울 수 있는 높은 위험에 직면하는 경우가 많다.

이러한 문제를 해결하려면 사용자 친화적인 분석 도구를 채택하고, 관리자의 재무 지식을 향상시키며, 경제성 분석을 중소기업의 의사 결정 프로세스의 필수적인 부분으로 우선시해야 한다.

3) AI 활용 방법 및 사례

(1) 신제품 출시에 대한 손익분기점 분석

챗GPT가 복잡한 경제성 분석을 단순화하고 실행 가능한 통찰력을 제공하며 중소기업 의사 결정을 효율적으로 지원하는 방법을 보여 준다.

가이드

○ 한 중소기업이 신제품 출시를 계획하고 손익분기점을 계산하여 비용을 충당하는 데 필요한 최소 매출을 결정하려고 한다.

○ 제공 데이터:

- 고정 비용 50,000 (예: 임대료, 급여, 기계 비용)

- 단위당 변동 비용: 15

- 단위당 판매 가격: 30

사례: 신제품 출시에 대한 손익분기점 분석

 "고정 비용이 70,000이고, 단위당 변동 비용이 15이며, 단위당 판매 가격이 30인 경우 손익분기점을 계산해 줘.

 1. 공식: 손익분기점(단위) = 고정 비용 / (단위당 판매 가격 - 단위당 변동 비용)
2. 계산: 50,000 / (30 - 15) = 3,333.33 단위
3. 결과: 중소기업은 손익분기점에 도달하려면 3,334대를 판매해야 합니다.

챗GPT는 "판매 가격이 25로 떨어지면 어떻게 되나요?"라는 민감도 분석을 제공할 수 있다.
계산을 동적으로 조정하고 위험 관리 전략에 대해 조언한다.

(2) 프로젝트의 현금 흐름 예측

초기 투자 금액, 예상 현금 유입 및 유출, 기간 등 프로젝트에 대한 명확한 세부 정보를
제공하고 챗GPT를 사용하여 의사 결정을 위한 순현재가치(NPV) 및 내부 수익률(IRR)과
같은 측정 항목을 계산할 수 있다.

가이드

○ 한 중소기업이 100,000의 초기 투자가 필요하고, 다음과 같은 현금 흐름을 창출할
  것으로 예상되는 프로젝트를 평가하려고 한다.
○ 제공 데이터:
  - 1년 차: 30,000
  - 2년 차: 40,000
  - 3년 차: 50,000
  - 회사가 요구하는 수익률은 10%

사례: 프로젝트의 현금흐름 예측

 "초기 투자액이 100,000이고 3년간 연간 현금 흐름이 30,000, 40,000, 50,000인 프로젝트의
순현재가치(NPV)를 계산해 줘. 할인율은 10%야."

 1. 공식:

Formula: $NPV = \sum \frac{C_t}{(1+r)^t} - C_0$ Where C_t = cash flow in year t, r = discount rate,
C_0 = initial investment.

2. 계산:
- 1년차: 30,000/(1+0.10)^1=27,272.73
- 2년차: 40,000/(1+0.10)^2=33,057.85
- 3년차: 50,000/(1+0.10)^3=37,565.68

- 총 현재 가치: 97,896.26
- NPV: 97,896.26 − 100,000 = -2,103.74
3. 결과: 프로젝트의 NPV는 −2,103.74로, 필수 수익률을 충족하지 못할 수 있음을 나타낸다.

4) 기대 효과

AS-IS 현재 일하는 방식	TO-BE AI를 활용한 방식
• 경제성 분석은 수작업으로 진행되므로 상당한 시간과 노력이 필요 • 데이터 수집 및 분석은 제한된 도구와 전문 지식에 의존하므로 종종 비효율성을 초래	• 챗GPT는 보고서 생성, 계산, 시나리오 모델링 등 반복적인 작업을 자동화함. • 전문가 수준의 통찰력과 간소화된 데이터 분석 프로세스에 대한 빠른 접근을 제공하여 수동 작업량을 크게 줄임
기대 효과	• 효율성 향상: 데이터 수집 및 계산에 소요되는 시간이 크게 단축할 수 있다. • 정확도 향상: AI 기반 예측 및 오류 최소화를 통해 분석이 더욱 정확하다. • 전략적 통찰력: 실시간 시나리오 분석을 통해 사전 예방적이고 전략적인 의사 결정이 가능하다.

5. 비용 분석

1) 개요

비용 분석은 중소기업 재무·회계 관리의 기본 구성 요소이다. 여기에는 비즈니스 운영과 관련된 비용을 조사하여 수익성, 효율성 및 지속 가능성에 미치는 영향을 이해하는 작업이 포함된다.

중소기업의 경우 비용 분석은 재무 건전성을 유지하고 지속 가능한 성장을 보장하는 데 필수적인 도구이다. 대규모 조직과 달리 중소기업은 마진이 적고 자본이 제한된 경우가 많으므로 비용을 효과적으로 모니터링하고 통제하는 것이 필수적이다. 적절한 비용 분석은 중소기업에 도움이 된다.

챗GPT와 같은 AI 기반 도구는 반복 작업을 자동화하고, 세부 보고서를 생성하고, 고급 데이터 분석을 통해 통찰력을 제공함으로써 중소기업의 비용 분석에 혁명을 일으킬 수 있다.

적절한 비용 분석을 통해 중소기업은 점점 더 경쟁이 심화되는 비즈니스 환경에서 성장 기회를 열고 수익성을 개선하며 탄력성을 구축할 수 있다.

2) 애로 사항

비용 분석은 중소기업에게 중요한 작업이지만, CEO와 재무 관리자는 자원 제약, 기술적 한계, 외부 불확실성으로 인해 실행 과정에서 다양한 어려움에 직면하는 경우가 많다.

(1) 재무 전문성 부족

많은 중소기업 CEO와 관리자는 원가 회계나 재무 분석에 대한 정식 교육이 부족하다. 이러한 지식 격차는 비용 분류, 할당, 결과 해석에 오류를 발생시켜 효과적인 의사 결정을 방해할 수 있다.

(2) 수동적이고 시간 집약적인 프로세스

비용 분석은 오류가 발생하기 쉽고 상당한 시간과 노력이 필요한 스프레드시트나 기본 회계 도구와 같은 수동 방법에 의존하는 경우가 많다. 이러한 수동 프로세스는 생산성을 저하시키고 중요한 재무 결정을 지연시킬 수 있다.

(3) 비용 배분의 어려움

여러 제품이나 서비스를 생산하는 중소기업의 경우 특정 수익원에 간접비와 간접비를 정확하게 할당하는 것이 복잡할 수 있다. 특히 인력이나 시설 등 공유 자원이 관련되어 잘못된 배분과 편향된 수익성 평가로 이어지는 경우에는 더욱 그렇다.

이러한 과제는 중소기업이 반복 작업을 자동화하고, 데이터 분석을 단순화하며, 실행 가능한 통찰력을 제공하여 비용 분석을 보다 효율적이고 정확하게 만들 수 있는 간소화된 프로세스와 챗GPT와 같은 사용자 친화적인 도구를 채택해야 할 필요성을 강조한다.

3) AI 활용 방법 및 사례

(1) 예산 차이 분석

챗GPT에 수익 및 비용과 같은 범주별로 분류된 실제 및 예산 재무 데이터를 제공하고 이를 사용하여 차이를 계산하고 지출이 초과되거나 부족한 영역을 식별하고 근본 원인을 탐색할 수 있다. 챗GPT는 또한 예산 차이를 줄이기 위해 실행 가능한 전략을 제안할 수도 있다.

○ 중소기업은 실제 제조 비용과 예산 수치 사이의 불일치를 발견했다. 원인을 파악하고 시정 조치를 취하려고 한다.

○ 제공 데이터:

- 제조원가명세서(실적)

- 제조원가명세서(예산)

사례: 예산 차이 분석

Q "당사 예산의 월별 제조 비용은 60,000였지만 실제 비용은 65,000였다. 이러한 차이가 발생하는 영역을 식별하고 솔루션을 제안해 줘."

1. 분산 분석:
- 직접 노무: 예산 20,000 실제 22,000 (차이: 2,000)
- 재료비: 예산 30,000 실제 33,000 (차이: 3,000)
- 간접비: 예산 10,000 실제 10,000 (차이 없음)
2. 권장 사항:
- 직접 노무비: 초과 근무 사용량을 검토하고 더 엄격한 일정을 구현
- 자재비: 공급업체와 더 나은 조건을 협상하거나 대량 구매 할인을 탐색
- 예측 조정: 통찰력을 사용하여 향후 예산을 구체화

(2) 비용 절감 기회의 식별

인건비, 자재, 간접비 등 주요 비용 영역별로 분류된 비용 데이터를 챗GPT와 공유한다. 이를 사용하여 패턴을 분석하고, 비효율성을 식별하고, 실행 가능한 비용 절감 조치를 제안한다. 챗GPT는 또한 이러한 조치의 영향을 시뮬레이션하여 정보에 입각한 지원을 제공할 수 있다

○ 중소기업은 비효율성을 파악하고 유틸리티, 원자재, 인건비 등 주요 비용 범주에 대한 대체안을 평가하여 월간 운영 비용을 절감하려고 한다.

"월별 운영 비용은 다음과 같이 분류된다. 유틸리티 비용 50,000, 원자재 비용 10,000, 인건비 7,000. 이러한 비용을 줄일 수 있는 방법을 제안해 줘."

- 유틸리티: 에너지 효율적인 장비로 전환하거나 유틸리티 제공업체와 더 나은 요금 협상을 제안한다.
- 원자재: 대량 구매 할인 제안, 대체 공급업체 발굴, 기존 공급업체와의 계약 협상 등을 진행한다.
- 노동: 직원의 초과 근무나 교차 교육을 줄여 효율성을 향상 시키는 프로세스 최적화를 권장한다.
…(중략)…

TIPS

챗GPT는 이러한 측정값이 총 비용에 미치는 영향을 시뮬레이션할 수 있다. 예를 들어, "공과금을 10% 줄이거나 원자재 비용을 5% 줄이면 어떻게 되나요?"

4) 기대 효과

AS-IS 현재 일하는 방식	TO-BE AI를 활용한 방식
• 수작업으로 데이터 수집과 분석을 진행하며 많은 시간과 노력 필요 • 복잡한 데이터 분석과 모델링은 전문성이 부족하여 효율성 저하	• 챗GPT는 데이터 정리, 분석, 계산 작업을 자동화하여 시간 절약 • 실시간으로 비용 절감 방안을 제안하고, 다양한 시나리오 분석을 통해 전략적 비용 관리 가능
기대 효과	• 효율성 향상: 데이터 수집 및 계산과 같은 반복 작업을 자동화하면 작업 부하가 크게 줄어들고 처리 시간이 향상된다. • 정확성 개선: AI 기반 예측 및 분석을 통해 인적 오류를 줄이고 보다 정확한 통찰력을 보장한다. • 전략적 의사 결정 지원: 실시간 시나리오 분석을 통해 기업은 비용을 사전에 관리하고 절감 기회를 식별할 수 있다.

2-6. 생산관리

1. 일반 현황과 문제점

1) 생산관리 업무 개념 및 중소기업 현황

현대 제조업에서 생산관리는 기업의 성공을 좌우하는 핵심 요소로 자리 잡고 있다. 생산관리란 단순히 제품의 외관이나 기능적 완성도를 의미하는 것이 아니라, 제품이 고객의 요구와 기대에 부합하며 일정한 품질을 지속해서 유지하고 고객 납기를 준수하는 모든 활동을 포함하는 개념이다. 이 책은 광의 생산관리의 개념을 이해하고, 그 중요성을 강조하며, 제조업에서 직면할 수 있는 다양한 도전 과제를 AI 기술과 결합하여 해결해 나가는 방법을 제시한다.

생산관리는 원자재 조달부터 제품을 만들고, 재고를 관리하며, 최종 제품을 고객에게 전달하는 모든 과정에서 효율적이고 비용을 줄이는 데 필요하다. 예를 들어, 자동차 부품을 만드는 회사는 부품은 있어야 하는 시기에 맞춰 정확하게 생산해야 한다.

필자의 경험으로 B2B 기업의 경우는 고객 측의 오더가 불균일하여 문제가 자주 발생한다. 가장 큰 문제는 생산 능력(CAPA) 대비 수주량의 불균일로 평준화 생산이 어렵고, 월초에 수주가 몰리든지 아니면 월말에 몰려 납기 준수가 어려운 경우가 많으며, 일거리는 부족한데 납기 준수 때문에 자원을 과잉 투입하여 효율성이 저하되는 경우가 다반사로 발생하는 것을 목격했다.

수주 생산이므로 임의로 선행 생산이 불가하여 주문이 없으면 생산을 할 수 없으므로 수요 예측이 매우 중요한데, 확정 수주가 아니면 영업은 수주 등록을 하지 않기 때문에 수주가 많든 적든 항상 생산은 단납기에 시달리는 것이 일반적인 현상이다.

따라서 생산관리 부문에서 가장 시급하게 해결해야 할 주요 과제로는 수주의 불균일 상황에서 효율성을 극대화하여 적은 비용으로 빠르게 생산할 수 있는 능력을 갖추는 것이며, 수요 예측력을 향상시켜 주문이 많거나 적음에 관계없이 선행 생산할 수 있는 구조와 적정 재고를 확보할 수 있는 능력을 갖추는 것이다.

결국 생산관리에서 수립한 계획의 정확도를 향상하는 길은 수요 예측력을 높여서 선행 생산의 리스크를 줄이는 길일 것이다. 이를 방해하는 요소로 6가지의 문제가 있다. 주문의 변동성, 수요 예측의 미흡, 품질관리의 실패, 부적절한 재고, 선행 생산 능력 부족, 자원의 과다 사용 등이 비효율적 생산관리의 일반적인 문제이다.

2) 생산관리 실무의 애로 사항

현대 제조업에서 생산관리는 매우 복잡하고 도전적인 과제가 되었다. 특히 수요가 예측과 다르게 변하거나 생산 과정에서 문제가 발생하면 기업의 비용과 효율성이 크게 영향을 받는다. 그 이유는 주요 과제 6가지가 원인이기 때문이다. 이 문제는 모든 중소기업이 가진 공통적인 애로 사항이다.

(1) 주문의 변동성의 문제

기업은 고객 주문이 예상치 못하게 변화할 때 생산 계획을 조정하는 데 어려움을 겪는다. 이에 따라 납기 지연이나 생산 비용 증가 같은 문제가 발생한다.

대체로 주간 계획을 제시하지만, B2B 기업의 경우 주간 계획의 변동이 심하고 3일 확정이 어려운 경우가 자주 발생한다. 계획대로 생산하는 도중에 다른 모델이 투입되거나 진행 중인 모델의 진행 수준이 변경되거나 생산량이 변하는 경우도 다발한다. 이와 같은 것들이 생산 효율에 미치는 영향은 지대하며 투입 자원의 변동이 미치는 원가·납기·품질에 미치는 영향이 큰 것이 문제이다.

(2) 부정확한 수요 예측 문제

수요를 잘못 예측하면 과잉 생산으로 재고가 쌓이거나, 생산 부족으로 납기를 맞추지 못하는 문제가 생긴다.

월간 계획은 확정하지만, 차월, 차차월 수주에 대한 불확실 때문에 선행 생산이 어렵고 재고를 확보하기가 어려운 문제가 발생한다.

그러나 갑자기 납기가 확정되면 리드 타임의 부족으로 긴급 조달, 철야 특근을 해야 하는 순간 생산 능력(Production Capacity)을 증대해야 하는 사유가 발생한다. 일거리가 없음에도 잔업, 특근하는 경우가 잦은 것은 수요 예측력이 낮기 때문인데 이것이 중소기업, 특히 B2B 기업들이 겪는 애로이다.

(3) 품질관리의 문제

생산 중에 품질 문제가 발생하면 제품을 재작업하거나 폐기해야 하는데, 이는 비용 증가와 고객 불만으로 이어지고 신뢰가 떨어지게 하는 주요인이 된다, 재투입 시 불량을 고려한 여유가 있는 자재를 투입하지만, 불량이 과다하게 발생하면 재투입해야 하고 재투입하면 리드 타임이 부족하여 납기 준수가 어려워진다. 그러다 원부자재마저 없으면 긴급 조달해야 하니 납기 준수는 더더욱 어렵게 되어 온 공장이 난리를 피우며 법석대는 이유이다. 그뿐만 아니라 불량이 발생하면 재작업해서 수정한다고 해도 결국 투입 자원이 추가로 들어가니 원가 상승의 요인이 된다, 어떤 경우는 생산 도중에 고객 측에서 사양을 변경하는 예도 있다. 그동안 만든 제품은 무용지물이 되는 일도 있다. 중소기업의 품질관리 문제는 커다란 애로이다.

(4) 재고관리의 문제

재고가 너무 많거나 너무 적으면 생산 비용이 증가하거나 납기를 맞추지 못하는 상황이 발생한다. 고객 요구 납기보다 항상 생산 리드 타임이 길어서 적정한 재고 보유는 불가피하다. 그러나 모든 품목별로 재고를 다 가지고 있다면 안심은 되겠지만 안 팔리면 진부화 재고가 되고, 진부화 재고는 대부분 악성 재고가 되어 폐기하는 경우가 발생한다. 이 모두가 캐시플로우(cash flow)를 악화시키는 요인들이다. 재고는 필요악이다. 너무 많으면 경영의 부담이 되고, 너무 적으면 생산의 부담이 된다. 따라서 팔리는 재고는 보유하고 팔리지 않는 재고는 축소하는 지혜가 필요한데 재고관리 또한 중소기업의 커다란 애로 중의 하나이다.

(5) 선행 생산 능력 부족 문제

주문이 들어오기 전에 필요한 제품을 미리 생산하지 못하면 납기 지연이 발생하고 고객 신뢰를 잃게 된다. 다양한 제품을 여러 고객과 거래하는 기업은 수주가 몰리는 현상이 발생한다. 월초에 몰리든 월말에 몰리든, 아니면 연중 기준으로 성수기와 비수기를 가져오는 현상이 발생한다. 이러한 현상을 극복하는 방법이 평준화 생산을 하는 것으로 후에 있는 주문을 앞으로 당겨 생산하든지, 앞에 몰린 주문을 이후로 납기를 조정하든지 하여 생산을 평준화시켜 선행 생산을 시도하는 것이 가장 좋은 생산 계획이다. 그런데 수주가 확정되지 않았거나, 확정되었어도 사양이 결정되지 않았다면 선행 생산은 불가능하게 된다. 결국 확정 후 생산해야 하는 수주 생산만이 유일한 답이라면 생산 유연성의 크기로 흡수해야만 하는 애로가 생긴다. 유연성은 여유 인력을 확보하거나 여유 설비를 보유하는 방법인데 중소기업의 경우 이것을 원가 부담의 요인이 되는 것이다.

(6) 자원의 과다 사용 문제

생산 과정에서 에너지나 자원이 낭비되면 원가가 증가하고 환경에도 악영향을 미친다. 원부자재의 결품이 발생하여 낮에는 놀고 밤에 일해야 하는 상황이 생기기도 하고, 수입 자재의 결품이라면 상당 기간 다른 일을 하면서 기다리는 대기가 발생하기도 한다. 자원을 적기에 투입하지 못하면 자원의 낭비가 발생하고, 자원의 낭비는 원가 상승의 요인이 된다. 자재의 결품, 인원의 결근, 설비의 고장 등으로 인한 대기 발생이 모두 자원 낭비의 원인으로써 중소기업의 경쟁력을 떨어뜨리는 애로 사항들이다.

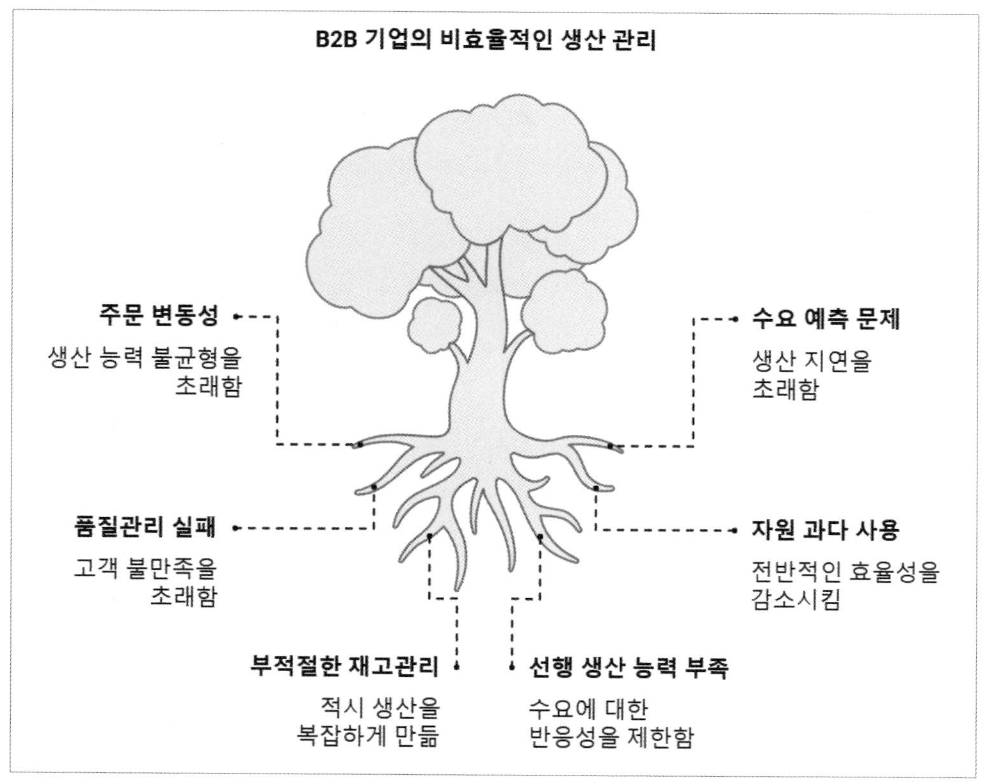

[그림 5] B2B 기업의 비효율적인 생산관리

3) AI를 활용한 업무의 개선 기회

생산관리 부문에서 AI를 활용한 혁신 과제는 제조업의 핵심 경쟁력을 높이는 데 중요한 역할을 한다. 변동성이 큰 시장 환경에서 효율적으로 생산 계획을 수립하고, 품질과 재고를 관리하며, 선행 생산과 납기 문제를 해결하는 것은 기업의 지속 가능성과 직결될 수 있다. 이에 필자는 4가지 핵심 과제를 제안한다.

(1) 주문 변동성에 대응하는 생산 계획 최적화

불규칙한 수요 변화에 신속히 대응할 수 있는 예측 및 계획 수립하는 것. AI 기반 수요 예측 모델 도입으로 과거 데이터와 시장 데이터를 분석하여 정확한 수요 예측하는 것. 시뮬레이션 기반 생산 계획 수립을 통해 다양한 시나리오를 미리 준비해 계획 변경 최소화하는 것. 시스템 구축으로 경제, 날씨, 고객 트렌드 데이터를 반영해 계획 조정에 활용하는 것이다.

(2) 품질 및 자원관리로 생산 효율성 향상

생산 공정에서 불량률과 자원 낭비를 줄이고 품질을 유지하고, AI 기반 품질 검사로 공정 중 실시간으로 불량품을 감지하고 이상을 조기에 발견하며, 설비 상태 예측 및 유지 보수로 AI로 설비 데이터를 분석해 고장을 예방할 수 있다. 또한, 에너지 및 자원 최적화로 공정 데이터를 활용해 에너지와 자원의 낭비를 최소화할 수 있다.

(3) 재고관리의 최적화 유지

재고 과잉 및 부족 문제를 해결해 비용을 절감하고 납기를 보장하기 위한 적정 재고 수준 계산을 통해 AI 예측을 기반으로 필요 재고를 정확히 산출한다. 실시간 재고관리는 IoT와 연계된 데이터로 재고 상태를 지속해서 모니터링한다. 발주 타이밍 최적화 기능은 AI가 적절한 시점에 필요한 재고를 제안하므로 해결할 수 있다.

(4) 선행 생산과 납기 관리

주문 변동과 관계없이 선제적으로 생산하고 납기를 엄수하고 디지털 트윈 기술 활용하여 가상 공정을 통해 선행 생산의 리스크를 분석 및 개선할 수 있다. 또한, 작업 우선순위 자동 조정으로 AI가 납기와 중요도에 따라 작업 순서를 최적화하여 물류와 생산 연계 최적화로 생산 후 물류 경로를 분석해 납기 시간을 단축할 수 있다.

2. 주문 변동에 대응한 생산 계획 최적화 개선

1) 업체의 현황 정리

매출 규모는 200억 원 정도이며, B2B 영업을 통해 납품하는 전형적인 수주 생산 방식으로 대응하는 중소기업이다. 고객 측에서 제시하는 확정 납기는 주간 계획을 받고 있으나 사실상 3일 확정이고 주간 계획의 변동 폭은 50%가 넘는 수준이다. 고객 요구 납기는 3일인데 제조 리드 타임은 일주일이 소요되어 납기 대응이 어렵고 선행 생산도 난해하여 확정 납기를 준수하기 위해 일거리가 부족하지만, 철야 작업으로 납기를 지키고 있다. 월간을 기준으로 본다면 수요 변동이 심하고 비수기와 성수기가 명확히 구분된다.

2) 업체 개선 희망 사항

수주의 사전 예측을 통해 최소 일주일 전에 선행 생산이 가능했으면 좋겠고, 월간 계획의 정확도를 높여서 협력사 발주와 원부자재 발주의 정확도를 높여서 재고관리를 효율적으로 하고 싶다.

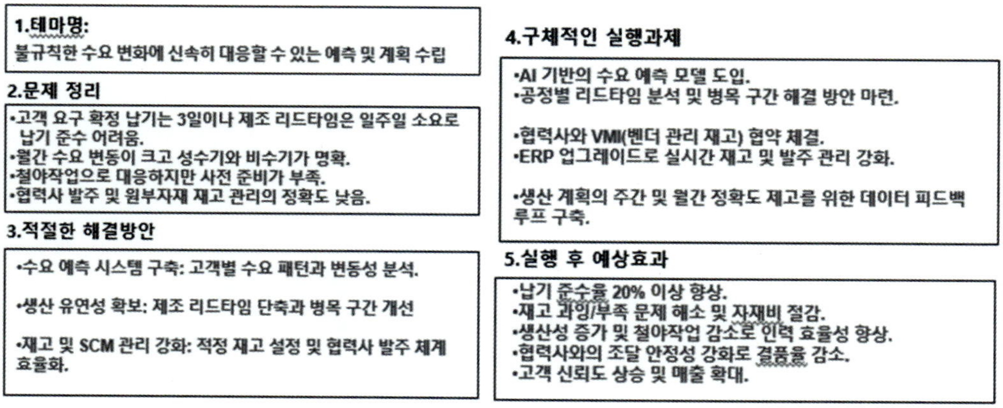

[그림 6] AI 활용 주문 변동 대응 방안 수립

테마명을 명확히 하고 자사의 문제점을 상세히 정리해서 무엇이 문제인지 명확히 하고, 이러한 문제에 대한 해법을 요구하되 해결 방안, 구체적인 실행 과제와 실행 후 기대되는 효과를 정리하라고 지시하면 그림과 같이 정리해 준다.

3가지 방향을 제시하는데, 수요 예측 시스템 구축과 생산의 유연성 확보, 재고관리의 효율성을 동시에 관리해야 하며, 이를 구체적으로 실행하려면 AI를 활용한 수요 예측 모델 도입과 협력사 VMI 적용, ERP 업그레이드, 계획의 정확도 관리와 피드백 강화를 제시했다.

효과로는 납기 준수, 재고 감소, 생산성 증대, 결품 방지 효과가 기대된다. 여기서 고려해야 할 포인트는 AI의 역할과 조직의 역할이 구분되어 협업이 필요하며, AI가 문제를 해결하는 것이 아니고 사람이 AI의 능력과 지혜를 활용하는 것이 중요한 포인트임을 제시한다.

3) AI 기반의 수요 예측 모델의 도입 사례

앞에서 제시한 실행 과제 중 첫 번째인 수요 예측 모델을 도입하는 방법을 구체적으로 파악하고자 한다.

(1) AI 수요 예측 모델의 예시

AI 수요 예측 모델은 머신러닝(ML) 및 딥러닝 기술을 활용해 과거 데이터와 패턴을 분석하여 미래의 수요를 예측하는 시스템이다. 예를 들어, ARIMA, LSTM(Long Short-Term Memory), Prophet와 같은 알고리즘을 사용하였다.

(가) 적용 사례

① ARIMA(Auto Regressive Integrated Moving Average):

시계열 데이터를 기반으로 계절성과 추세를 예측한다.

예를 들어, 월별 판매 데이터를 통해 계절별 수요 변화를 파악하는 것이다.

② LSTM (Long Short-Term Memory):

딥러닝 모델로 복잡한 패턴(비선형 관계)까지 예측 가능하다.

예를 들면, 매일 변동하는 주문 데이터를 기반으로 다음 주 예상 주문량을 계산할 수 있다.

③ Prophet (Facebook 개발 모델):

간단하고 직관적으로 계절성, 추세, 공휴일 등 외부 요인을 고려한다.

예를 들어, 공휴일이나 특정 캠페인 기간의 판매 예측이 가능하다.

(나) 도입 조건 3가지

① 데이터 준비:

과거 판매 및 주문 데이터: 최소 1~2년 이상의 일간/주간/월간 데이터를 준비하고 외부 요인 데이터로는 성수기, 비수기, 날씨, 공휴일 등의 데이터를 준비한다. 제품 정보로는 SKU(Stock Keeping Unit)별 판매 기록 및 고객군 특성을 정리한다.

② 인프라 준비:

클라우드 서버(AWS, Azure, Google Cloud) 혹은 사내 서버에 있는 데이터 처리 및 분석 도구를 설치(예: Python, TensorFlow, PyTorch, Jupyter)한다.

③ 조직 내 인력 역량:

데이터 사이언티스트 또는 AI 엔지니어가 필요하고. 관련 팀 교육(모델 활용법 및 데이터 해석)도 필요하다.

(다) 도입 방법

① 1단계: 요구 사항 분석

필요한 예측 주기 설정(일간/주간/월간). 예측이 필요한 품목(SKU)의 선정. 데이터 가용성과 품질 평가

② 2단계: 데이터 수집 및 정리

ERP 시스템에서 과거 데이터를 추출. 데이터 클렌징(결측값, 이상치 처리). 데이터 특징 설계: 계절성, 트렌드, 외부 요인 포함

③ 3단계: 모델 선택

초기 단계: ARIMA, Prophet 같은 단순 모델 활용

정교화 단계: 딥러닝 기반 LSTM, XGBoost, Random Forest 등 선택

④ 4단계: 모델 학습 및 검증

데이터 분할: 학습 데이터(70%), 검증 데이터(20%), 테스트 데이터(10%).

모델 학습: Python 라이브러리(TensorFlow, PyTorch, Scikit-learn) 활용

검증: RMSE, MAPE 등의 평가 지표로 모델 성능 비교

⑤ 5단계: 배포 및 운영

모델을 클라우드 서버에 배포하거나 ERP 시스템과 연동, 정기적 데이터 업데이트 및 재학습(예: 월간 주기로 재학습)

⑥ 6단계: 결과 분석 및 피드백

모델 예측 결과를 실제 수요와 비교하여 정확도 모니터링. 필요시 외부 요인(마케팅 캠페인, 시장 변화)을 추가 반영하여 모델 개선하였다.

4) 기대 효과

AS-IS 현재 일하는 방식	TO-BE AI를 활용한 방식
• 수요 변동의 불규칙으로 인해 계획 수립이 어렵고, 수립한 계획도 준수하기 어려운 것이 지금까지의 문제이고 애로이다. 일이 없음에도 잔업과 특근하는 모순이 연속되어 원가 상승의 요인이 되고 있다. • 고객 요구는 갈수록 짧아지고 리드 타임은 길고 이 문제가 고질적인 문제로 남아 있다.	• 챗GPT AI를 활용하여 수요 예측 모델을 만들어 내고 공정별 리드 타임을 고려한 사전 병목 구간을 발굴하여 사전 조치를 함으로써 평준화 생산이 가능하게 되었다. 또한, 불필요한 자원 투입이 줄어들고 납기 준수가 가능하게 되어 자사뿐 아니라 협력사에게도 사전 정보를 공유하여 동일한 효과를 보고 있다.
기대 효과	생성형 AI를 활용하면 수요 예측이 가능하게 되고, 사람의 정보에 의존하는 것이 아닌 자사의 실적 정보를 기반으로 예측할 수 있으며, 병목 구간 선행 조치로 평준화 생산이 가능하게 된다.

3. 품질 및 자원관리 효율화로 생산성 향상

1) 업체의 현황 정리

수주 생산 방식으로 대응하는 기업으로 고객 측에서 제시하는 모델별 수주량을 처리해야 하는 것이 원칙인데, 기존 모델과 신규 모델을 섞어서 주문하는 사례가 많다. 그중에 신규 모델을 사양이 미확정된 상태에서 생산해야 하고 납기를 지키기 위해 선행 생산하면 생산 도중 사양이 변경되면 불량이 발생하여 여간 고민이 아닌 기업이다. 초기 유동 기간에 발견해야 할 불량을 양산 투입을 통해 발굴하려는 의도이다. 이는 경쟁사보다 신속하게 신제품을 출시하려는 의도로 점점 이런 추세가 증가하고 있다.

2) 업체 개선 희망 사항

수율이 원가와 손익에 미치는 영향이 크므로 모델별 수율 향상을 하고 싶고 신제품에 대한 불량을 개선해서 전체 평균 수율을 극대화하고 싶다.

3) AI 활용 프롬프트 제시

문제 정의와 핵심 개선 영역을 명확하게 제시하는 것이 중요하다. 불량 발생 원인으로 신규 모델 사양 미확정 상태에서 생산 도중 사양 변경으로 불량 증가하고 있고, 초기 유동 기간의 불량을 양산 단계에서 발굴하려는 비효율적 프로세스가 존재한다. 개선 필요 사항은 모델별 수율 향상 및 불량률 감소하고, 신제품 출시 프로세스에서의 불확실성 제거하고, 전체 평균 수율 극대화를 통해 원가 및 손익 구조 개선 방안을 AI와 함께 답을 찾고 싶다고 제시함.

테마를 명확히 하고 기업의 상황을 설명한 후에 원하는 방향과 목표를 제시하고 AI에게 해결책에 대한 프롬프트를 넣어 주니 방향성에 대한 대안을 별첨과 같이 제시받았다.

기존의 방식과는 전혀 다른 솔루션을 제시받은 것을 한 개씩 검토해 가는 것이다.

1.테마명:
품질 및 자원 관리 효율화로 생산성 향상

2.문제 정리

- 사양 변경으로 인한 불량 발생:
- 신규 모델 사양이 미 확정된 상태에서 생산 도중 변경 발생.
- 초기 유동기간에 발견 불량을 양산 단계에서 발굴하는 비효율성.
- 기존 모델과 신규 모델이 혼재된 생산으로 효율성 감소.
- 불량률 증가로 원가 부담과 손익 구조 악화.

3.적절한 해결방안

- AI 기반 품질 예측 모델 도입:
- 과거 불량 데이터를 학습 모델별 예상 불량률 예측.
- 디지털 트윈 활용:
- 신규 모델 가상 시뮬레이션하사양 변경 가능성 확인
- IoT 및 실시간 공정 모니터링:
- 실시간 생산 데이터 분석 이상 상황 감지, 사전 경고 시스템 구축.
- 생산 스케줄 최적화:
- 기존 모델과 신규 모델의 생산 계획 AI로 최적화 병목 현상 제거.

4.구체적인 실행과제

- 파일럿 프로젝트 실행:
  - 특정 모델 AI 품질 예측 모델과 디지털 트윈 적용.
- 데이터 수집 및 분석 시스템 구축:
  - IoT 센서 설치로 공정 데이터를 실시간 수집.
- 디지털 트윈 환경 구축:
  - 신규 모델 사양 검증 및 가상 시뮬레이션
- AI기반 생산 계획 도구 도입:
  1. 기존 모델과 신규 모델 생산 일정을 최적화.

5.실행 후 예상효과

- 수율 향상: 5~10%
- 불량률 감소: 재작업 및 폐기비용 절감
- 생산성 증가: 계획최적화,병목제거 생산성 UP.
- 신제품 출시 경쟁력 강화: 신제품 신속 출시

[그림 7] AI 활용 품질 자원 활용 생산성 향상 방안 설정

4) AI 기반의 간이 시뮬레이션 모델 구축

모델 믹스 수주 시 모델별 공정 리드 타임을 산출하여 병목 구간을 시뮬레이션할 수 있는 방법과 구체적인 접근 방법을 소개한다.

(1) 데이터 수집 및 준비

- 공정 데이터 수집

  - 각 모델별 공정 순서와 소요 시간을 파악한다.

  - 과거 생산 데이터, 작업 일지, MES(제조 실행 시스템) 등에서 정보를 추출한다.

- 리소스 정보 정리

  - 설비, 인력 등 가용 리소스 현황을 파악한다.

  - 각 리소스의 능력치(생산량, 처리 속도 등)를 정리한다.

(2) 시뮬레이션 모델 구축

- 간단한 시뮬레이션 도구 선택

  - 엑셀 기반의 간단한 시뮬레이션 모델을 구축할 수 있다.

  - 저비용으로 시작하려면 오픈소스 시뮬레이션 도구를 활용할 수 있다.

- 프로세스 흐름도 작성

  - 각 모델의 공정 순서를 시각화한다.

  - 공정 간 연결과 의존성을 명확히 표현한다.

- 시나리오 설정 및 시뮬레이션 실행

  - 다양한 수주 시나리오 설정 후 예상되는 모델 믹스 비율을 여러 가지로 설정한다.

  - 시나리오별 총생산량을 결정한다.

(3) 시뮬레이션 실행

  - 각 시나리오에 대해 시뮬레이션을 수행한다.

  - 공정별 소요 시간, 대기 시간, 총 리드 타임을 계산한다.

(4) 결과 분석 및 병목 구간 식별

  - 가장 긴 대기 시간이 발생하는 공정을 파악하고, 전체 리드 타임에 가장 큰 영향을 미치는 공정을 분석한다.

  - 그런 후에 병목 원인을 분석하고 설비 능력 부족, 인력 부족, 공정 설계 문제 등 병목의 원인을 파악한다.

(5) 개선 방안 도출 및 검증

  - 대안 시나리오 생성에서 병목 해소를 위한 다양한 개선 방안을 제시한다(예: 설비 증

- 각 개선 방안에 대한 새로운 시뮬레이션 모델을 구축한다.
- 시뮬레이션을 통한 검증 후 개선 방안을 적용한 시뮬레이션을 실행하고 개선 전후의 리드 타임과 생산성을 비교 분석한다.

(6) 결과 보고 및 의사 결정

- 시뮬레이션 결과를 그래프와 차트로 시각화한다.
- 주요 발견 사항과 개선 제안을 포함한 보고서를 작성한다.

• 경영진 보고 및 의사 결정

- 시뮬레이션 결과를 바탕으로 최적의 생산 전략을 제안하고 투자 필요성과 예상 효과를 명확히 제시한다.

• 추가 고려 사항

- 단계적 접근으로 처음부터 복잡한 모델을 만들기보다는 핵심 공정부터 시작하여 점진적으로 확장하는 것이 좋으며, 데이터 정확성을 위해 시뮬레이션의 신뢰도는 입력 데이터의 정확성에 크게 의존하므로, 데이터 품질관리가 중요하다.
- 주기적 업데이트로 생산 환경 변화에 따라 시뮬레이션 모델을 주기적으로 업데이트해야 한다.
- 사용자 교육을 시뮬레이션 도구 사용법과 결과 해석 방법에 대한 교육이 필요하며, 이러한 방법과 절차를 통해 B2B 중소기업에서도 비교적 적은 비용으로 효과적인 생산 계획 수립과 병목 구간 개선이 가능할 것이다

5) 기대 효과

AS-IS 현재 일하는 방식	TO-BE AI를 활용한 방식
• 지금까지는 시뮬레이션 도구가 없어서 수작업으로 측정하고 개인적인 능력으로 판단하고 실제 운영하면서 발생한 병목 구간을 자원 투입을 통하여 해결하는 공정 관리 활동에 주력했다.	• AI를 활용하면 엑셀 자료로 만든 생산 일정표를 쉽게 분석하여 LOB를 계산하고 LOB를 향상시키기 위한 병목 구간을 발견하여 개선하므로써 전체 효율을 향상시키는 효과를 얻을 수 있다.

<table>
<tr><td>

• 그래서 항상 사후 관리 형태가 되었고 임기응변적인 운영 방식인 것이 문제였으며 NECK 공정으로 전해 라인 밸런스 효율(LOB)이 낮은 상태였다.

</td><td>

• 이는 라인 효율과 생산성을 향상시켰으며 투입 자원의 최소화로 원가 상승 요인을 사전에 방지하는 효과를 얻었다.

</td></tr>
</table>

기대 효과	생성형 AI를 활용하여 시뮬레이션 TOOL을 사용하면 공정이 NECK 부문 발견이 용이해지고 사전에 개선하므로 전체 효율과 생산성을 향상시키는 결과를 얻었다.

생산력이 향상되어 생산 능력을 올라갈 뿐만 아니라 실질적인 요소 부문의 개선이 일어나 LOB율, 생산성, 리드 타임이 개선되고 실질적으로는 공수가 절감되어 원가 상승을 막는 효과가 가장 큰 것으로 나타났다.

4. 재고관리 최적화 유지 개선

1) 업체의 현황 정리

기업에서 재고관리는 필요악에 해당되는 사항이다. 너무 많으면 경영에 부담을 주어 캐시플로가 나빠지고, 너무 적으면 고객 납기 준수와 긴급 대응이 어려워져 고객 불만이 증가되는 요인이 된다. 따라서 적정 재고를 확보하는 것이 매우 중요하나 재고 관련 인자가 다양하여 정확한 기준을 잡지 못하는 것이 중소기업들의 현상이다.

수주가 확정 되었다하더라도 투입량의 여유분을 고려해야 하고, 장납기 자재의 조달 리드 타임을 고려하여 부품 KIT율을 높이려면 다른 부품은 재고를 가져가야 하고 어떤 부품과 원재료는 MOQ를 적용해야 싸게 구매를 할 수 있기에 재고가 발생한다.

LME 시세에 영향을 주는 재료를 현물 시장이 유리할 때 미리 구매해 놓으면 재고가 증가하고, 제품 측면에서도 팔리는 제품의 재고를 가지고 있으면 긴급 주문이나 주문의 쏠림 현상이 있을 때 대응이 가능하니 전략적 재고를 갖는 것이 유리한 경우도 있으며 공정 중에 전후 공정 캐퍼밸런스가 나쁜 공정에 선행 생산을 통해서 반제품 재고를 가져가는 경우에도 재고가 증대된다.

이러한 현상에서 협력사에 보유하는 재고까지 포함하면 재고관리는 경영의 중요한 관리 항목이고 재고회전율이 CASH FLOW를 결정하는 요소로써 자금의 흐름 관리와 손익에 미치는 영향도 크다.

2) 업체 개선 희망 사항

적정 재고 기준을 무엇이며 기준을 산출하는 방법과 관리하는 방법을 학습하여 효율적으로 재고를 관리하고 악성을 방지하고 싶다.

3) AI 활용 프롬프트 제시

적정 재고를 확보하는 것은 기업 경영의 중요한 과제다. 하지만 재고에 영향을 미치는 요인이 다양하고 이를 체계적으로 관리할 역량이 부족한 중소기업은 재고 문제를 지속적으로 겪고 있다.

재고가 발생하는 주요 요인을 고려해야 한다.

수주 대응: 확정된 수주에도 불구하고 투입량의 여유분을 반드시 확보해야 한다.

조달 리드 타임: 장납기 자재의 경우 부품 키트(KIT)율을 높이기 위해 다른 부품의 재고 확보가 필요하다.

MOQ(최소 구매 수량): 특정 부품이나 원재료는 MOQ를 적용받아야 경제적 구매가 가능하므로 재고가 증가할 수 있다.

전략적 재고: 긴급 주문이나 주문 쏠림 현상에 대비해 팔리는 제품의 재고를 유지하는 것이 필요하다.

LME(런던 금속거래소) 시세: 원자재 시장의 유리한 가격에 맞춰 미리 구매할 경우 재고가 증가한다.

공정 불균형: 전후 공정의 생산 능력 차이를 보완하기 위해 선행 생산을 통한 반제품 재고 확보가 필요할 수 있다.

> **Q** "재고를 과도하게 가져가거나 너무 적게 유지하는 것은 모두 경영 위험 요소가 될 수 있다. 이러한 상황에서 적정 재고를 산출하고 관리하는 방법을 제시해 줘."

제시한 프롬프트에 의거 5가지 실행 과제를 제시했다.

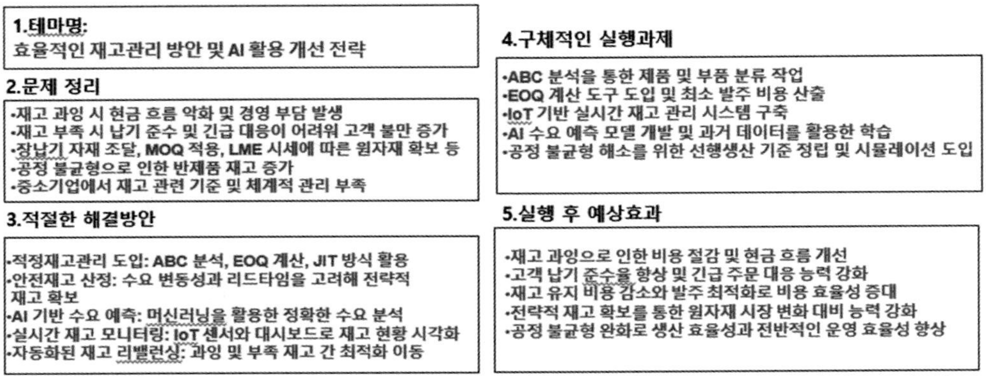

1.테마명:
효율적인 재고관리 방안 및 AI 활용 개선 전략

2.문제 정리
- 재고 과잉 시 현금 흐름 악화 및 경영 부담 발생
- 재고 부족 시 납기 준수 및 긴급 대응이 어려워 고객 불만 증가
- 장납기 자재 조달, MOQ 적용, LME 시세에 따른 원자재 확보 등
- 공정 불균형으로 인한 반제품 재고 증가
- 중소기업에서 재고 관련 기준 및 체계적 관리 부족

3.적절한 해결방안
- 적정재고관리 도입: ABC 분석, EOQ 계산, JIT 방식 활용
- 안전재고 산정: 수요 변동성과 리드타임을 고려해 전략적 재고 확보
- AI 기반 수요 예측: 머신러닝을 활용한 정확한 수요 분석
- 실시간 재고 모니터링: IoT 센서와 대시보드로 재고 현황 시각화
- 자동화된 재고 리밸런싱: 과잉 및 부족 재고 간 최적화 이동

4.구체적인 실행과제
- ABC 분석을 통한 제품 및 부품 분류 작업
- EOQ 계산 도구 도입 및 최소 발주 비용 산출
- IoT 기반 실시간 재고 관리 시스템 구축
- AI 수요 예측 모델 개발 및 과거 데이터를 활용한 학습
- 공정 불균형 해소를 위한 선행생산 기준 정립 및 시뮬레이션 도입

5.실행 후 예상효과
- 재고 과잉으로 인한 비용 절감 및 현금 흐름 개선
- 고객 납기 준수율 향상 및 긴급 주문 대응 능력 강화
- 재고 유지 비용 감소와 발주 최적화로 비용 효율성 증대
- 전략적 재고 확보를 통한 원자재 시장 변화 대비 능력 강화
- 공정 불균형 완화로 생산 효율성과 전반적인 운영 효율성 향상

[그림 8] AI 활용 재고 최적화 관리 방안 설정

4) AI 기반의 재고 ABC 분석 방법 소개

ABC 재고관리는 재고를 중요도에 따라 A, B, C 세 그룹으로 나눠 효율적으로 관리하는 방법이다. 이 방법은 "전체 결과의 80%가 20%에서 나온다"는 80/20 법칙에 기반을 두고 있다. 즉 모든 재고가 똑같이 중요한 것이 아니며, 몇몇 품목이 전체 매출이나 이익의 대부분을 차지하기 때문에 그 품목에 더 집중적으로 관리 자원을 투입해야 한다는 원리다.

(1) ABC 재고관리, 이렇게 생각하면 쉽다

(가) A 그룹: 회사에 정말 중요한 재고

이 재고는 비록 전체 재고 중 20% 정도의 비중을 차지하지만, 전체 매출이나 이익의 70~80%를 만들어 낸다.

쉽게 말해, 회사의 '주력 제품'에 해당한다. 이 재고는 수량을 너무 많이 쌓아 두지 않고, 꾸준히 필요한 만큼만 관리하는 게 중요하다.

(나) B 그룹: 나쁘지 않은 재고

이 재고는 중요성 면에서 중간쯤에 있다. 매출이나 이익에서 1525% 정도를 차지하며, 전체 재고 중 약 30~40%를 차지한다.

관리가 필요하지만, A만큼은 신경 쓸 필요가 없다. 적당히 유지하면서 주기적으로 확인하면 된다.

(다) C 그룹: 덜 중요한 재고

이 재고는 전체 재고의 절반 이상을 차지할 수 있지만, 매출이나 이익 기여도는 5~10%로 낮다. 말 그대로 '있으면 편리하지만 없어도 큰 문제는 없는 재고'에 가깝다.

너무 많이 쌓아 두지 않고, 필요할 때마다 주문하는 방식으로 관리하면 된다.

(2) AI를 활용하여 ABC 재고관리하는 방법

AI를 활용한 재고 ABC 관리는 데이터를 분석하고 예측 능력을 극대화하여 재고를 효율적으로 관리하는 데 초점을 맞춘다. 기존의 수작업이나 단순한 소프트웨어를 사용하는 방법보다 더 정교하고 자동화된 방식으로 재고를 분류하고 관리할 수 있다.

(3) 방법과 접근 순서

(가) 데이터 수집 및 정리

필요 데이터: 제품별 판매량, 매출 기여도, 수익률, 재고회전율, 리드 타임, 보관비용, 발주비용 등을 수집한다.

자동화: IoT 센서와 ERP 시스템을 통해 실시간 데이터를 자동으로 수집한다.

(나) AI 모델 개발

머신러닝 모델을 사용하여 데이터를 학습하고 ABC 그룹으로 분류한다.

(다) 알고리즘 선택:

K-Means 클러스터링: 품목별 중요도를 기반으로 그룹화

회귀 분석: 매출과 수익 기여도를 기반으로 품목의 중요도 계산

딥러닝: 대규모 데이터에서 패턴을 분석하고 미래 수요를 예측

(라) ABC 분류 자동화

AI가 매출, 사용량, 수익률에 따라 재고를 자동으로 A, B, C 그룹으로 분류한다.

지속적으로 데이터를 업데이트해 동적인 재분류를 실행한다.

(마) 실시간 대시보드 구축

AI 기반의 대시보드에서 ABC 그룹별 재고 상태를 시각적으로 표시

품목별 재고 수준, 리드 타임, 예상 부족 품목 등을 실시간으로 모니터링

(바) 수요 예측

AI로 고객 주문 패턴과 시장 트렌드를 분석해 정확한 수요 예측을 수행한다.

계절성, 지역별 특성, 프로모션 효과 등을 반영하여 구매와 생산을 최적화한다.

(사) 주문 및 조달 자동화

AI가 B 및 C 품목의 발주 시점을 자동으로 계산하고 주문을 제안한다.

A 품목은 안전 재고를 유지하며 주기적인 점검을 기반으로 발주를 최적화한다.

(아) 결과 분석 및 최적화

AI가 재고 유지 비용, 주문 비용, 재고 부족에 따른 손실 비용을 분석해 개선점을 제시한다.

KPI를 설정하고, 성과 데이터를 AI 모델에 피드백하여 지속적으로 개선한다.

5) 기대 효과

AS-IS 현재 일하는 방식	TO-BE AI를 활용한 방식
• 필요시에 조달 리드 타임을 기준으로 원부자재는 발주하고 협력사는 월간 계획을 주고 수시 확정 지시하므로 협력사 내 재고과 자사 재고가 증가되었고 그중에 무변동 재고가 증가되어 악성 재고를 폐기하는 사례가 종종 발생하였다.	• AI를 활용하면 수여 예측력을 높이고 판매 실적을 분석하여 품목별 주문량을 예상하여 ABC 분석을 통해 적정 재고 기준을 설정하여 운영한 결과 종전 대비 재고가 감소했을 뿐 아니라 작은 재고로 납기를 준수하여 납기 준수율이 향상되었다.

기대 효과	생성형 AI를 활용하여 재고 보유 현황을 분석하고 판매 실적을 기준으로 수요 예측을 하여 품목별 재고 ABC 등급을 나누어 관리한 결과이다.

재고는 살아 있는 생명체 같아서 수시로 변동시켜 주어야 하는데 AI가 모니터링을 통하여 수시 기준을 변동하므로 종합적인 재고회전율이 향상되었고, 필요한 재고는 보유하여 생산의 효율 향상과 납기 준수가 가능해져 고객 만족도가 향상된 결과를 얻었다.

5. 선행 생산과 납기 관리 개선

1) 업체의 현황 정리

매출 300억 수준의 기업으로 100% 수주 생산을 하는 기업인데 수주 확정에 의해서만 생산이 가능한 구조이다. 그 이유는 수주마다 사양이 다르고 기존 제품이라 하더라도 무언가 조금씩 사양 변경이 있기에 선행 생산과 사전 준비를 하기 어렵다.

특히 요즘은 일단 출시한 제품에 대한 고객들의 반응과 체험들을 반영한 제품이 후속 모델로 생산하는 경향이 커지면서 이러한 흐름은 계속 될 것으로 보인다. 그러면서도 고객은 주문 후 짧은 납기를 요구하는데 제조 리드 타임이 길어서 대응하기 어려운 실정이다. 결국 자원 투입을 통해 잔업, 특근 등의 방법으로 대응하고는 있지만 수주가 집중되면 사실상 처리 불능에 빠지기도 한다. 고객별 각자의 납기는 준수해 주길 원하고 생산하는 도중에도 일부 사양이 변하기도 하는 문제가 종종 발생한다.

2) 업체 개선 희망 사항

이러한 상황을 극복하고 리드 타임을 단축하든지 전 공정 선행 생산을 하여 납기를 준수할 수 있기를 바라고, 가급적 평준화 생산을 하여 전체 공정의 라인 밸런스(LOB 효율)를 높여 가기를 원한다.

3) AI 활용 프롬프트 제시

테마를 정한 후 이 기업에 처한 상황을 상세하게 정리하여 기업의 특징과 문제점을 알게 하고 AI에 적절한 대안을 제시하게 한 후에 구체적인 실행 과제를 무엇인지 요청한다.

4가지의 실행 과제를 제시하고 이 과제를 수행하면 리드 타임이 절감되며 수주 생산 공정이 최적화될 것임을 명확히 제시했다.

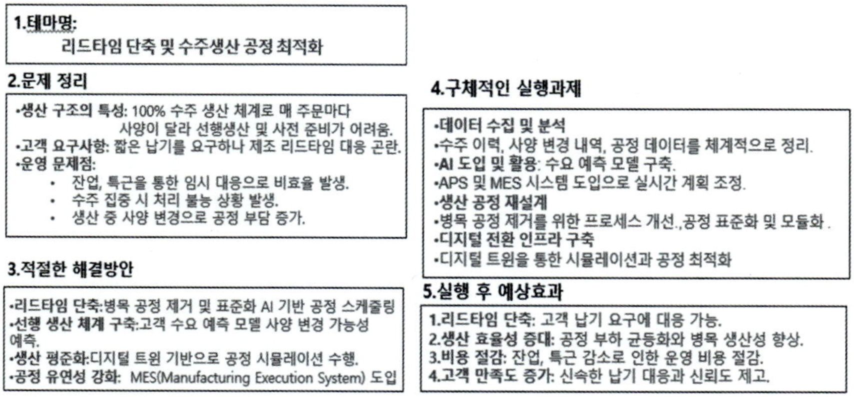

[그림 9] AI 활용 선행 생산을 통한 납기 관리 개선 방안 수립

4) AI 기반의 생산 공정 재설계 방법 소개

수주 생산 체계에서 주문의 불규칙성과 제품 사양의 다양성으로 인해 공정 병목 현상이 발생하고, 병목 지점이 지속적으로 변경되면서 공정 관리에 어려움이 많음.

이를 해결하기 위해 AI 기술을 활용하여 생산 평준화와 공정 최적화를 실현하고, 자원의 배분을 효율적으로 조정할 수 있는 시스템을 구축하고자 함.

(1) 현상 및 가설 설정

주문의 불규칙성과 사양 변경으로 인해 병목 구간이 변동되며, 생산 일정이 자주 변경됨. 수주 집중 시 자원 투입의 비효율성이 발생하여 납기 준수가 어려움. 병목 구간과 부하 불균형이 공정 전체 효율을 저해하고, 잦은 잔업 및 특근이 필요한 상황에서 AI 기반으로 주문 데이터를 분석하고 병목 구간을 예측하면, 공정 스케줄링과 자원 배분을 최적화할 수 있으며 주문 패턴과 사양 변경의 트렌드를 예측함으로써 선행 준비가 가능하다.

생산 계획을 평준화하면 공정의 부하 균형을 맞추고 운영 효율성을 극대화할 수 있다.

(2) 해결 방안

(가) AI 기반 수요 및 병목 예측

데이터 분석으로 과거 주문 이력, 사양 변경 내역, 생산 공정 데이터를 AI 모델에 학습시켜 병목 발생 가능성을 사전에 예측함.

적용 기술로는 머신러닝 알고리즘(예: Random Forest, LSTM)으로 주문 패턴과 병목 구간 예측하고 시뮬레이션 기반 분석(예: Digital Twin)으로 병목 시나리오 시뮬레이션 수행

(나) AI 기반 생산 스케줄링 및 평준화

생산 평준화 계획은 AI 기반 APS(Advanced Planning and Scheduling) 시스템을 도입하여 수주 데이터를 분석하고, 자원(인력, 설비) 활용을 최적화로 공정 간 부하 균등화를 통한 평준화 생산 실현이 가능해짐.

(다) 실시간 모니터링 및 조정

MES(Manufacturing Execution System)를 도입하여 생산 공정의 실시간 데이터 수집 및 병목 발생 즉시 경고가 가능해지고, 공정 진행 상태를 시각화하여 운영자의 신속한 대처 가능해짐.

5) 기대 효과

리드 타임 단축, 생산성 향상, 자원 활용 최적화, 유연성 증대, 고객 만족도 향상으로 나타났다.

AI 기술을 활용하여 수주를 예측하고 가설을 설정하여 사전 스케줄링을 통해 병목 구간을 발견하고 선행 조치를 취한 후에 실제 수주와 가설을 맞추어가는 모니터링 활동을 통해 조정하는 방식으로 개선한 것이다.

종전에 발생 후 긴급 대응 방식에서 사전에 예측, 예상을 통해 선행 준비하는 방식으로 전환이 가능한 것을 AI의 활용 덕분이다.

AI의 기능을 사람이 십분 활용함으로써 경영의 효율을 향상하게 된 것이다. 반복되면서 AI는 학습이 되므로 갈수록 예측력은 향상될 것으로 생각되며 제조업의 대변혁이 일어나게 될 것이다.

그동안 생산관리는 영업이 주문을 받아오면 그를 기준으로 대응하는 방식으로 생산의 효율을 고려한 대응을 상대적으로 못 하였다. 그 결과는 자원의 낭비가 발생하고 업무의 비효율로 원가 상승 요인이 증가하여 경쟁력을 상실하는 원인이 되었다. 다품종 소량 생산화가 증대하고 변종 변량화로 수주 구조가 변하고 최근에는 신제품의 증가가 수시로 발생하는 경우에는 이러한 비효율이 증대하는 것이 일반적인 현상이었다. 중소기업은 모체가 제시하는 대로만 생산하는 것이 숙명이라 생각하고 받아들일 수밖에 없었지만 이제는 AI라는 탁월한 수단이 출현하여 이러한 문제를 극복할 수 있게 되었다.

고객 정보의 부족, 시장 정보의 부족, 고객의 반응 등의 정보를 수집할 수 있는 조건이 되었고 이를 사전에 시뮬레이션할 수 있어서 사전에 문제를 발굴하고 선행 조치를 취하여 투입 자원의 낭비를 막을 수 있는 길이 열린 것이다. 앞으로 AI가 기업의 경쟁력을 결정하는 중요한 도구 및 수단이 될 것이다.

AS-IS 현재 일하는 방식	TO-BE AI를 활용한 방식
• 주문이 오면 그때마다 긴급 공정 편성을 하고 납기를 기준으로 생산 계획을 수립하여 전후 공정 간의 밸런스가 맞지 않아 공정 간의 부하율이 떨어지고 전체 라인 밸런스가 낮은 수준이었으며 수주의 집화 현상이 발생하면 긴급 조달, 대응하기 위한 가변 캐파 운영을 수시로 발생하는 방식으로 운영하였다.	• AI를 활용하여 수주를 예측하여 가설을 설정하고 선행 시뮬레이션을 통해 병목 구간을 사전에 발굴하여 선행 조치를 할 수 있게 되었으며, 스케줄링을 평준화하여 납기일 내에서 우선순위를 조정하고 실시간 모니터링하면서 조정하는 방식으로 변화되었다.
기대 효과	생성형 AI를 활용하여 수요 예측, 가설 설정, 사전 스케줄링, 모니터링하면서 관리한 결과이다.

　AI를 체질 개선의 수단으로, 경쟁력의 수단으로 활용할 수 있어야 한다. 젊은 인력의 확보가 어려운 문제를 AI로 해결할 수 있다. 제조업 기피 현상을 AI로 극복할 수 있다. 고령화 시대의 난제를 AI를 통해 극복할 수 있다. 산업혁명은 기계 혁명이였고, 공업화 사회는 자본 혁명이였으며, 지식정보화 사회에서는 컴퓨터 혁명이었다면 이제 인공지능 AI 시대는 데이터 활용의 시대라 할 수 있다.

　안팎에 있는 데이터를 활용하는 것이 자산이 된 시대임을 잊지 말아야 한다. 데이터 경쟁력 시대가 온 것이다.

2-7. 연구개발

1. 일반 현황 및 문제점

1) 연구개발 개념 및 중소기업 현황

연구개발(R&D, Research and Development)은 새로운 제품, 기술, 서비스를 개발하거나 기존 것을 개선하는 활동으로, 혁신과 경쟁력 강화를 위한 핵심 요소이다. 이는 단순한 아이디어 창출을 넘어 상용화 과정까지 포함하며, 시장 요구 충족과 지속 가능한 성장을 목표로 한다.

기업의 연구개발은 기초 연구, 응용 연구, 개발 연구로 구분된다. 기초 연구는 새로운 과학적 지식 탐구에 초점을 맞추며, 응용 연구는 이를 실제 문제 해결에 적용한다. 개발 연구는 상품화 및 생산 공정 개선을 목표로 한다.

중소기업은 자원의 한계로 인해 연구 개발 투자에 어려움을 겪지만, 틈새시장 공략, 협력 연구, 오픈 이노베이션 등의 전략을 활용한다. 정부는 중소기업 기술혁신개발사업, 벤처기업 육성사업 등 다양한 지원 프로그램을 통해 연구개발을 촉진하고 있다.

그러나 중소기업은 자금과 전문 인력 부족, 시장 진입 장벽 등의 도전에 직면해 있다. 이를 해결하기 위해서는 정부와 민간의 협력을 통해 연구개발 성과의 상용화와 시장 진입을 지원하는 생태계를 조성하는 것이 중요하다.

2) 연구개발 실무 애로 사항

중소기업 연구개발 현장에서는 여러 실무적 애로 사항이 발생하고 있다. 가장 큰 문제는 연구개발 자금 부족으로, 신제품 개발과 기술 혁신에 필요한 재원을 확보하기 어려운 점이다. 또한, 고급 연구 인력을 확보하고 유지하는 것도 큰 도전으로, 대기업 및 해외로의 인재 유출이 문제로 꼽힌다.

지적재산권(IP) 관리도 중요한 과제다. 연구개발 성과를 보호하고 경쟁력을 유지하려면 효과적인 IP 전략이 필요하지만, 전문 지식 부족으로 어려움을 겪는다. 기술 정보 및 시장 동향 파악의 어려움도 존재하며, 제한된 네트워크와 정보 수집 능력으로 인해 신속한 대응이 어렵다.

또한, 연구개발 데이터 분석의 어려움이 있다. 빅데이터와 AI 기술이 접목된 분야에서 방대한 데이터를 효과적으로 분석할 인력과 기술 인프라가 부족하면 프로젝트 진행이 지연될 수 있다. 연구 노트 작성도 중요한 작업이지만, 지루하고 시간 소모적이어서 체계적인 관리가 어려운 점도 문제다.

이러한 애로 사항을 해결하기 위해서는 체계적인 프로세스 관리, 지속적인 교육, 적절한 기술 및 도구 도입이 필요하며, AI나 RPA와 같은 자동화 기술이 해결책으로 제시되고 있다.

3) AI를 활용한 연구개발 업무 개선 기회

생성형 AI는 중소기업의 연구개발에 혁신적인 변화를 가져올 수 있다. AI는 분석가, 자문가, 보조 연구원 역할을 수행하며, 기술 사업계획서 작성 지원, 시장 트렌드 분석, 실험 데이터 정리 등을 돕는다. 또한, 연구 노트 자동화, 특허 분석 최적화, 데이터 기반 의사 결정 지원을 통해 연구개발 과제 해결에 기여할 것이다.

(1) 기술 사업계획서 작성

AI는 산업 동향과 기술 트렌드를 실시간으로 분석하여 객관적인 시장 데이터를 제공하고, 유사 사례를 바탕으로 최적화된 사업 전략을 제시할 수 있다. 또한, 전문적인 문서 작성 능력을 활용하여 논리적이고 설득력 있는 계획서 구성을 지원하며, 재무적 타당성 분석과 위험 요소 검토도 가능하다. 특히 정부 지원 사업 신청 시 필요한 각종 양식과 요건을 자동으로 체크하고, 심사 기준에 맞춘 내용 구성을 제안함으로써 계획서 작성의 효율성과 완성도를 크게 높일 수 있다.

(2) 신상품 개발을 위한 트렌드 분석

AI를 활용한 트렌드 분석은 시장 변화와 소비자 선호도를 신속하게 파악할 수 있도록 돕는다. 소셜미디어 등에서 수집된 데이터를 분석해 트렌드를 식별하고, 소비자 감정을 반영할 수 있다. 또한, 경쟁 제품 분석과 예측 분석을 통해 시장 기회를 포착하고 미래 트렌드를 예측하여 신상품 개발을 최적화한다. 이를 통해 개발 시간과 비용을 절감하며 성공 가능성을 높인다.

(3) 연구개발 데이터 분석

AI를 활용한 연구개발 데이터 분석은 연구의 효율성과 정확성을 크게 향상하게 한다. AI는 복잡한 데이터 세트를 빠르게 처리하여 패턴을 인식하고, 실험 결과에서 의미 있는 통찰을 도출할 수 있다. 이는 실험의 반복과 오류를 줄여 시간과 자원을 절약한다. 또한, AI는 데이터 간의 상관관계를 찾아내며, 연구자가 미처 생각지 못한 새로운 가설을 제안할 수 있다. 이를 통해 연구 결과의 신뢰성을 높여 특허 출원이나 논문 작성 시 유리하게 작용할 수 있다.

(4) 연구 노트 작성

AI를 활용한 연구 노트 작성은 중소기업의 연구개발 기록 관리를 획기적으로 개선할 것으로 기대된다. AI는 실험 과정과 결과를 자동으로 기록하고, 표준화된 형식으로 정리할 수 있다. 또한, 실험 데이터와 참고 문헌을 자동으로 연결하여 연구의 근거를 체계적으로 관리하며, 지식재산권 보호를 위한 핵심 정보를 누락 없이 기록한다. 특히 AI의 자연어 처리 능력을 활용하여 연구 내용을 명확하고 논리적으로 서술하고, 시계열 분석을 통해 연구의 진행 경과를 효과적으로 추적할 수 있어 연구 품질과 생산성을 크게 향상시킬 수 있다.

2. 기술 사업계획서 작성

1) 개요

기술 사업계획서는 혁신 기술의 사업화를 위한 핵심 문서로, 철저한 시장 조사와 산업 분석을 통해 사업 방향성과 목표를 설정한다. 경쟁사 및 대체 기술을 분석하여 차별화된 경쟁력을 확보하고, 논리적이고 설득력 있는 내용을 구성해야 한다.

재무 계획에서는 초기 투자 비용, 예상 매출, 손익분기점 등을 제시하여 경제적 타당성을 입증하며, 정부 지원 사업 신청 시 심사 기준에 부합하는 내용을 포함해야 한다. 또한,

인력 구성과 조직 구조를 명확히 하여 운영 효율성과 신뢰성을 높인다.

위험 요소를 사전 파악하고 대응 전략을 마련하며, 법적·규제적 요건을 준수해야 한다. 마케팅 전략과 실행 계획을 체계적으로 수립하여 목표 시장에 효과적으로 진입할 수 있도록 한다. 기술 사업계획서는 단순한 문서가 아니라 성공적인 사업 추진을 위한 전략적 도구로, 철저한 준비가 필요하다.

2) 애로 사항

중소기업은 기술 사업계획서 작성 시 인력과 자원이 부족해 시장 조사와 기술 트렌드 분석에 어려움을 겪으며, 신뢰성 있는 데이터 확보가 어렵다. 또한, 문서 작성 능력 부족으로 논리적이고 설득력 있는 계획서를 구성하기 힘들어 투자자나 지원 기관의 신뢰를 얻기 어렵다.

재무적 타당성 분석과 위험 요소 검토에 대한 전문 지식 부족도 문제이며, 정부 지원 사업 신청 시 요구되는 양식과 요건을 이해하지 못하면 불이익을 받을 수 있다. 기술의 차별성을 강조하기 어렵고, 인력 구성과 조직 구조를 명확히 제시하기 힘들다.

또한, 재무 계획과 법적·규제적 요건 준수에도 한계가 있어 사업 추진에 리스크가 발생할 가능성이 크다.

3) AI 활용 방법 및 사례

(1) 보유 기술의 특징 정리

기업이 보유한 기술의 특징을 AI로 활용해 정리하는 것은 업무 효율성을 높이는 데 유용하다. 생성형 AI는 방대한 데이터를 신속히 처리하여 기술의 핵심 정보를 추출하고, 이를 체계적으로 요약해 준다. 이는 기술 사업계획서 작성 시 필요한 기초 자료를 빠르게 확보할 수 있게 하며, 연구원이 직접 자료를 분석할 때 소요되는 시간과 노력을 절감한다. 또한, AI를 통해 다양한 관점에서 기술을 재조명함으로써 기술 개선 방향을 도출하거나 새로운 기회를 발견하는 데에도 기여할 수 있다.

○ 보유 기술에 대한 문서(특허서 등)를 AI에 입력(등록)

○ 기술과 관련되어 정리하고자 하는 항목을 간결하고 명확하게 작성

사례: 기술의 주요 특징 파악하기

 이 기술의 개발 배경, 목적과 주요 특징을 설명하고, 해당 기술의 장점과 구성 요소를 요약해 줘.

 **개발 배경**

이 기술은 유도 가열 기기의 전류 검출 회로에 관련되며, 고열 환경에서 다이오드의 역방향 누설 전류로 인해 발생하는 검출 오차를 최소화하여 정밀도를 높이는 데 목적이 있다. …(중략)

목적 및 주요 특징

이 발명의 목적은 다이오드의 역방향 누설 전류를 상쇄하여 정확한 전류 검출을 지원하는 것이다. …(중략)

장점

주위 온도가 높아도 전류 검출 오차를 최소화

유도가…(중략)

구성 요소

전류 변성기(CT): 부하 전류를 소전류로 변성

다이오드(D1) 및 캐패시터(C1): 피크 전류 검출 및 평활화

…(생략)…

(2) 시장 동향 분석하기

시장 동향 분석을 위해서는 분석 대상 기술의 목표 시장을 우선으로 설정해야 한다. 일반적으로 목표 시장의 설정은 기술의 특성 또는 주요 매출처를 중심으로 기업에서 정하는데, 만약 기술의 목표 시장을 잘 모른다면 생성형 AI에 질문하는 방법도 가능하다.

목표 시장이 설정되었다면 생성형 AI를 사용하여 시장 동향을 파악할 수 있다. 이때 시장 동향에 대한 근거 제시를 요구할 수 있으며, 인터넷 검색 자료를 사용하는 데 종종 광

고성 스캠 사이트의 출처가 인용되는 경우가 발생하므로 출처에 대해서는 별도 확인이 필요하다.

○ 분석 목적, 범위, 질문 등을 명확하게 제시
○ 출력 형식을 명확하게 지정하여 요청

Q 최근 대한민국 전기차 배터리 시장에 대한 자료를 인터넷에서 찾아 분석해 줘.
단, 시장 동향, 기술 트렌드, 시장 성장률, 성장 요인, 도전 과제, 연평균 성장률 등으로 구분하여 동향 분석해 줘.

대한민국 전기차 배터리 시장 분석(2020~2023)

1. 시장 동향 및 주요 경쟁사

대한민국의 전기차 배터리 시장은 LG에너지솔루션, 삼성SDI, SK온 3대 기업이 주도하고 있습니다. 2023년 기준 이들 기업은 글로벌 전기차 배터리 시장의 약 50%를 점유하며…(중략)

2. 기술 트렌드

LFP(Lithium Iron Phosphate) 배터리: 저가형 전기차에 적합한 기술로, 내구성과 안전성이 특징입니다.
고전압 NCM(Mid-Nickel) 배터리: …(중략)

3. 시장 성장

대한민국 전기차 배터리 시장은 2020~2023년 연평균 성장률(CAGR)이 약 25%에 달하며 …(중략)

4. 성장 요인

정부 지원: 전기차 보조금 및 충전 인프라 확대
글로벌 전기차 수요: …(중략)

5. 도전 과제

원자재 가격 변동: …(중략)

주요 데이터 표

연도	한국 전기차 배터리 시장 규모 (조 원)	주요 배터리 기술	주요 경쟁사 점유율 (%)
2020	30	NCM811	LG 25, 삼성 15, SK 10
2021	40	LFP/NCM	LG 27, 삼성 18, SK 12
2022	50	NCM/Mid-Ni	LG 28, 삼성 20, SK 14
2023	60	LFP/46 시리즈	LG 30, 삼성 22, SK 15

연평균 성장률 그래프

지금부터 연평균 성장률(CAGR)을 시각화하여 제공합니다.

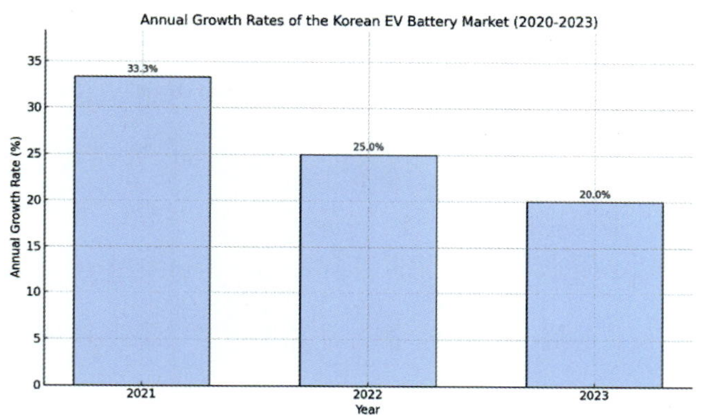

위 그래프는 2020년부터 2023년까지 대한민국 전기차 배터리 시장의 연간 성장률을 보여 줍니다. 2021년부터 2022년까지 성장률은 약 25%로 가장 높았으며, 지속적인 기술 혁신과 수요 증가가 이를 견인한 것으로 분석됩니다.

4) 기대 효과

AS-IS 현재 일하는 방식	TO-BE AI를 활용한 방식
• 기술 정보 수집과 분석에 많은 시간이 소요됨. • 정보의 정확성과 일관성 부족 • 시장 변화에 대한 대응력이 떨어짐.	• AI를 활용하여 신속하고 자동화된 정보 수집 및 분석이 가능해져, 작성 시간이 대폭 단축됨. • AI는 방대한 데이터를 기반으로 정확하고 일관된 정보를 제공하여 계획서의 신뢰성을 향상시킴. • 최신 트렌드와 기술 동향을 반영하여 계획서를 작성함으로써 시장 변화에 대한 민첩한 대응 가능

기대 효과	생성형 AI를 활용하여 기술 사업계획서를 작성할 경우 시간과 비용을 절약할 수 있으며, 문서의 품질을 향상할 수 있다.

3. 신상품 개발을 위한 트렌드 분석

1) 개요

신상품 개발을 위한 트렌드 분석의 첫 단계는 시장과 소비자 데이터를 수집하는 것으로, 소셜미디어, 온라인 포럼, 검색 패턴, 소비자 피드백 등 다양한 출처에서 정보를 확보한다. 다음으로, 수집된 데이터를 분석해 소비자 행동과 시장 변화를 파악하고 유의미한 패턴을 찾아낸다.

이후 예측 단계를 거쳐 향후 트렌드를 분석하고 신상품 아이디어를 도출하여 시장 변화에 빠르게 대응할 수 있도록 한다. 이를 통해 기업은 경쟁력을 강화하고 소비자의 요구에 맞는 제품을 개발할 수 있다.

소비자 트렌드 분석은 시장 변화와 소비자 행동을 이해하여 전략 수립과 브랜드 포지셔닝에 기여하며, 잠재적 리스크를 줄이고 미래 시장 기회를 선제적으로 확보하는 데 중요한 역할을 한다.

2) 애로 사항

중소기업은 신상품 개발을 위한 트렌드 분석에서 여러 어려움을 겪는다. 첫째, 한정된 예산과 자원으로 인해 최신 소비자 데이터 확보가 어렵고, 시장 흐름을 정확히 파악하지 못할 가능성이 있다.

둘째, 트렌드 분석 전문가 부족이 문제다. 외부 의뢰 시 비용 부담이 크고, 분석 결과를 효과적으로 적용하기도 어렵다.

셋째, 빠르게 변화하는 시장에 적응하기 어려워 신상품 출시 시점에 트렌드가 지나칠 위험이 있다. 또한, 제품 개발과 마케팅 예산이 부족해 트렌드 반영이 어려울 수 있다.

3) AI 활용 방법 및 사례

(1) 뉴스 범주화

특정 기술과 관련되어 최신 트렌드를 수집하기 가장 유용하고 편리한 수단은 뉴스 정보를 수집하는 것이다. 하루에도 수많은 뉴스가 쏟아지는데, 너무 정보가 많아 정리하기가 쉽지 않다. 하지만 생성형 AI를 활용할 때 빠르고 손쉽게 뉴스를 범주화하고 관련 키워드를 추출할 수 있다.

뉴스의 수집은 한국언론재단에서 운영하는 빅카인즈 사이트를 이용하면 된다. 빅카인즈에 회원 가입을 하고 키워드를 뉴스를 검색한다. 검색된 뉴스는 빅카인즈에서 엑셀파일로 내려받을 수 있는데, 이 중 제목 부분의 200줄 정도를 드래그하여 복사한다.

[그림 10] 빅카인즈 뉴스 검색 결과 (출처: https://www.bigkinds.or.kr)

이를 생성형 AI 대화 창에 입력하고, 뉴스를 범주화하고 키워드를 쉽게 추출할 수 있다. 다음은 생성형 인공지능에 대한 기사를 검색하고 이를 분류한 예시이다.

가이드

○ 수집된 뉴스 제목을 AI에 입력(등록)

○ 입력된 뉴스 제목을 분석하여 범주화하고 각 범주별로 주요 키워드를 추출하는 프롬프트 입력

사례: 뉴스 제목 범주화 및 주요 키워드 추출

Q 뉴스 제목 200줄 입력
질의: 상기 뉴스 제목을 보고 뉴스를 범주화해 주고 각 범주별로 주요 키워드를 정리해 줘.

 위의 뉴스 제목들을 범주화하고 각 범주별로 주요 키워드를 정리해 보았습니다.

1. AI 및 기술 혁신
주요 키워드: 생성형 AI, 삼성 가우스2, AI 기술, AI 비서, 디지털 혁신, 인공지능 스타트업, MLOps, AI 활용 교육
관련 뉴스:
삼성, '가우스2' 생성형 AI 공개
와이즈넛, MLOps 플랫폼 개발
AI 기반 기업 하이챗봇 서비스 오픈
AI로 쇼츠 만드는 시대

2. 헬스케어 및 의료
주요 키워드: 정형외과, 의료 연수 강좌, AI 헬스케어 혁신, 제약 혁신
관련 뉴스:
에이치플러스 양지병원 정형외과 연수 강좌
AI가 제약 혁신 이끈다.

3. 산업 및 경제
주요 키워드: 중소기업, 산업 혁신, 경제 포럼, ICT 산업, 기술경영 혁신
관련 뉴스:
삼성전자, LG전자 CES 혁신상 수상
중기부, 세계 창업 도시 목표
글로벌 기술경쟁, K-기업가정신…(중략)

(2) 소비자 트렌드 분석

소비자 트렌드를 분석하는 데 AI는 매우 유용한 도구가 된다. 인터넷에는 방대한 양의 게시물과 댓글이 매일 생성되기 때문에, 수작업으로는 이를 일일이 분석하기 어렵다. 그러나 생성형 AI를 활용하면 이러한 데이터를 빠르고 효율적으로 처리할 수 있다. AI는 자연어 처리 기술을 통해 소셜미디어의 텍스트를 분석하고, 주요 주제와 감성, 그리고 관련 키워드를 추출할 수 있다. 이를 통해 기업은 실시간으로 변화하는 소비자 관심사를 파악하고, 이를 기반으로 마케팅 전략을 세울 수 있다. AI의 도움으로 트렌드 분석은 더욱 정확하고 신속하게 이루어진다.

○ 다양한 출처에서 데이터 수집: 소셜미디어, 뉴스, 산업 보고서

○ AI를 활용하여 소비자 트렌드를 분석하고 결과를 해석

사례: 소셜미디어를 통한 소비자 트렌드 분석

 지난 6개월간 소셜미디어에서 가장 많이 언급된 패션 브랜드와 관련 키워드를 분석하고, 주요 트렌드를 요약해 줘.

 지난 6개월 동안 소셜미디어에서 가장 많이 언급된 패션 브랜드로는 ZARA, H&M, 그리고 SHEIN이 있습니다. 특히 ZARA는 트렌디하고 고품질의 컬렉션으로 큰 인기를 끌고 있으며, H&M은 지속 가능성 강조와 인플루언서와의 협업을 통해 주목받고 있습니다. …(중략)

4) 기대 효과

AS-IS 현재 일하는 방식	TO-BE AI를 활용한 방식
• 중소기업은 제한된 자원과 인력으로 인해 최신 시장 트렌드를 신속하게 파악하기 어려움. • 대부분 중소기업은 데이터 분석에 있어 전문성이 부족하거나, 데이터 수집 및 처리 과정도 비효율적임. • 시장 조사와 데이터 분석에 많은 시간과 비용 소요	• AI를 활용하면 최신 시장 트렌드를 빠르게 파악하고, 신속하게 대응 가능 • AI를 활용한 트렌드 분석으로 인사이트 도출이 용이해지며 의사 결정 과정을 지원 • AI 활용으로 시장 조사와 데이터 분석에 소요되는 시간과 비용 대폭 절감
기대 효과	생성형 AI 활용을 통해 소비자 트렌드 분석에 소요되는 시간과 비용을 절감하고 매출 증대 및 기업 성장에 크게 기여할 수 있다.

4. 연구개발 데이터 분석

1) 개요

연구개발 데이터 분석은 기업의 연구개발 과정에서 생성되는 데이터를 수집, 처리, 분석하여 인사이트를 도출하는 과정이다. 첫 번째 단계는 관련 데이터를 수집하고, 품질 검사를 통해 오류를 수정하는 것이다. 두 번째 단계는 데이터를 가공하고 정제하여 분석 가능한 형태로 만드는 것이다. 세 번째 단계는 다양한 분석 기법을 활용해 데이터에서 의미 있는 패턴과 인사이트를 도출하는 것이다. 네 번째 단계는 분석 결과를 바탕으로 연구개발 전략을 수립하는 것으로, 신제품 개발 및 기존 기술 개선에 영향을 미친다. 마지막 단계는 분석 결과를 시각화하여 연구개발팀과 공유하고, 이를 통해 전략적 결정을 돕는 것이다.

2) 애로 사항

연구개발 데이터 분석은 중소기업에서도 중요한 역할을 하지만, 몇 가지 실무적 어려움이 있다. 첫째, 자원 부족으로 다양한 출처에서 데이터를 수집하기 어렵다. 둘째, 데이터 분석 전문 인력과 도구에 대한 이해 부족이 문제다. 셋째, 수집된 데이터의 신뢰성과 질이 낮을 수 있어 분석 결과의 정확성에 영향을 미친다. 넷째, 실시간 데이터 처리 능력이 부족하다. 마지막으로, 분석 결과를 실제 업무에 적용하는 데 어려움이 있다. 이를 해결하려면 교육과 인프라 강화, 필요한 도구와 기술에 대한 투자 등이 필요하다.

3) AI 활용 방법 및 사례

AI를 활용하여 데이터를 전처리 및 분석함으로써 유의미한 인사이트를 도출할 수 있다. 이 과정에서는 대량의 데이터를 정제하고, 패턴을 식별하며, 예측 모델을 구축하는 등의 단계가 포함된다. 이러한 작업을 원활하게 수행하기 위해서는 고성능 컴퓨팅 자원과 전문 인력이 필요하다. 또한, 데이터의 품질을 유지하기 위해 지속적인 모니터링과 관리가 필수적이다. 결과적으로 AI 기반 데이터 분석은 의사 결정의 정확성을 높이고, 경쟁력을 강화하는 데 기여할 수 있다.

○ 방대한 데이터를 AI에 입력(등록)

○ AI를 활용하여 데이터를 전처리 및 분석하여 인사이트 도출

사례: 수집된 데이터를 분석하여 지역별 고객 구매상품 분석

Q 데이터를 분석하여 구매자 지역, 중분류 명, 구매 금액, 상품명으로 구성된 데이터를 작성해 주고, 시간대별 구매 패턴 그래프를 만들어 줘.

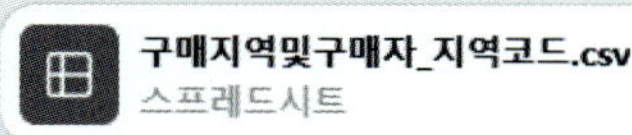

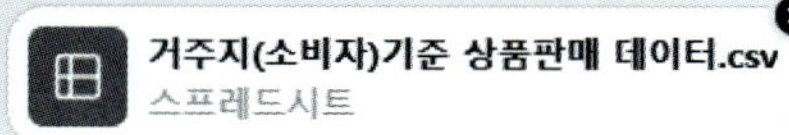

각 데이터 파일이 성공적으로 로드되었습니다. 데이터를 분석하여 요청하신 구매자 지역, 중분류 명(M_CLASS_NM), 구매 금액(PURH_AMT), 상품명으로 구성된 데이터 프레임을 생성하겠습니다. …(중략)

구매자 지역 및 중분류명 기반 데이터

		구매자지역	중분류명	구매금액
1	0	11350700		5000
2	1	11680531		381000
3	2	11680545		3000
4	3	11545610		49000
5	4	11710680		32000
6	5	11200560		10000

데이터가 생성되었습니다. 일부 데이터에서 중분류명이 연결되지 않은 값이 존재합니다. 이는 상품코드가 중분류 데이터와 매칭되지 않았기 때문일 수 있습니다. 추가 정리가 필요하면 알려주세요!

…(생략)…

4) 기대 효과

AS-IS 현재 일하는 방식	TO-BE AI를 활용한 방식
• 연구개발 데이터를 수작업으로 정리 및 분석할 경우 시간이 오래 걸리고 오류 발생 가능성 높음 • 데이터 간의 상관관계나 패턴 등을 제한된 범위에서 발견 가능 • 기존 분석 결과를 바탕으로 의사 결정 및 연구 방향 설정에 시간이 소요됨	• AI를 활용하여 대량 데이터를 실시간으로 처리하고 분석하여 신속하고 정확한 인사이트 발견 • AI가 숨겨진 복잡한 데이터 패턴과 상관관계를 자동으로 탐지하여 더 깊은 통찰 제공 • AI가 예측 모델과 시뮬레이션을 통해 연구 방향성과 성공 가능성을 사전에 제안, 의사 결정 속도와 연구개발 혁신을 가속화

기대 효과	생성형 AI 활용을 통해 연구개발 데이터 분석에 소요되는 시간을 절약하고 효율성 및 정확성을 도모할 수 있다.

5. 연구 노트 작성

1) 개요

연구 노트 작성은 국가 연구개발 과제 수행 중 발생하는 정보를 체계적으로 기록하고 관리하는 중요한 활동이다. 연구 노트는 연구의 진실성과 투명성을 보장하고, 연구 성과의 재현성을 확보하는 데 필수적이다. 연구 노트는 연구의 목적, 실험 재료와 방법, 결과 등을 상세하게 기록해야 하며, 데이터 출처를 명확히 기재하여 신뢰성을 높여야 한다. 또한, 연구 노트는 특허 출원, 기술 이전, 연구 논문 작성 등에 중요한 참고 자료로 사용되며, 연구 윤리와 공정성을 보장하는 데 기여한다. 과학기술정보통신부의 매뉴얼에 따르면, 연구 노트는 연구 과제명, 연구 목적, 연구 기간, 참고 자료 등을 포함해야 한다.

2) 애로 사항

중소기업에서 연구 노트 작성 시 여러 가지 애로 사항이 있다. 첫째, 연구개발 인력과 자원이 부족해 연구 노트 작성에 시간을 할애하기 어렵다. 둘째, 연구 노트 작성에 대한 지식과 경험 부족으로 체계적인 교육이나 지침이 부족하다. 셋째, 연구 노트 관리 시스템이 부족해 보관 및 위·변조 방지가 어려운 상황이다. 넷째, 연구 노트 작성에 소요되는 시간과 비용이 부담이 된다. 마지막으로, 연구 노트의 중요성에 대한 인식 부족으로 그 필요성이 간과되는 경우가 있다.

3) AI 활용 방법 및 사례

연구 노트를 작성함에 있어 AI를 활용할 경우 효율적이고 체계적인 관리가 가능하다. 연구의 목적, 실험 과정, 결과 등을 AI에 요약하여 입력하면, 이를 기반으로 구조화된 연구 노트를 생성할 수 있다. 특히 챗GPT의 경우 '내 GPT 만들기' 기능을 통해 더욱 효과적으로 구현할 수 있다. 예를 들어, 연구 노트 구조를 내 GPT로 등록해 놓는다면, 표준 형식에 맞는 연구 노트 작성을 자동화하도록 훈련시킬 수 있다. 또한, 특정 연구 주제에 필요한 용어와 프로세스를 사전 설정하여, 일관된 스타일로 연구 노트를 작성하거나 반복적인 기록 작업을 단순화할 수 있다. 이를 통해 연구자는 시간 절약과 데이터 관리의 효율성을 동시에 달성할 수 있다.

가이드

○ 연구 노트 구조를 입력하고 AI로 연구 노트 작성
○ 챗GPT의 '내 GPT 만들기' 기능을 사용할 경우, 자동화된 연구 노트 작성 가능

사례: 안정성 비율 산출

Q 피부 관리 개선 물질 개발을 위한 연구 노트를 첨부된 파일 내용을 참고하여 작성해 줘.

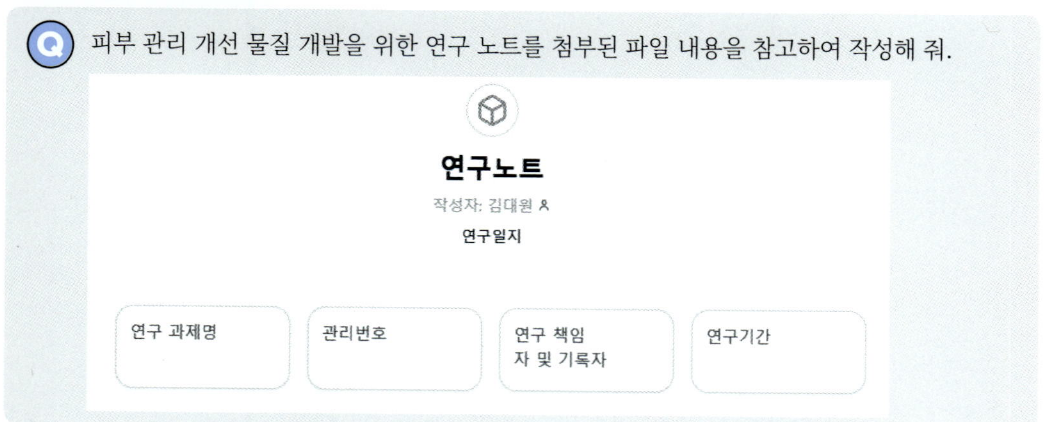

 연구 노트 제목

피부 관리 개선물질 개발 연구

연구 프로젝트 정보
- 연구책임자: [이름]
- 연구기관: [소속 및 연락처]
- 연구 기간: [시작일 - 종료일]
- 연구 과제 번호: [번호]

1. 연구 착상 및 목적
- 연구 배경: 피부 노화, 주름, 미백 등 개선을 위한 기존 연구 결과 검토.
- 연구 목표: 특정 물질(예: 천연 추출물)의 효능 및 기전 규명.
- 예상 결과: 피부 톤 개선, 탄력 증가, 항산화 효과 증명.
…(생략)…

4) 기대 효과

AS-IS 현재 일하는 방식	TO-BE AI를 활용한 방식
• 연구 데이터와 노트가 여러 장소에 분산되어 있어 관리가 어렵고, 검색 및 분석에 시간이 소요됨. • 실험 결과나 문헌 조사 내용을 반복적으로 작성하며 수작업으로 입력 • 팀원 간 연구 노트 공유가 비효율적이고, 자료의 일관성을 유지하기 어려움.	• AI를 통해 데이터를 자동으로 정리, 분류, 검색하며 효율적으로 관리 • AI가 실험 결과를 자동으로 요약하고, 문헌 데이터나 참고 자료를 정리해 시간 절약 및 정확성 향상 • AI가 작성한 노트를 실시간으로 공유 및 번역하여 협업 효율성 증가

기대 효과	생성형 AI 활용을 통해 연구일지 작성을 자동화하여 효율성 및 일관성을 향상시키고, 사내 자료 공유 및 활용도를 높일 수 있다.

2-8. 정보화

1. 왜 기업은 정보화가 필요한가?

중소기업이 정보화를 도입해야 하는 이유는 경쟁력 강화와 효율성 향상, 비용 절감, 그리고 신속한 의사 결정 지원 등 다양한 이점을 얻을 수 있기 때문이다. 정보화는 단순히 디지털 도구를 사용하는 것을 넘어서, 데이터를 기반으로 한 의사 결정과 자동화된 업무 프로세스를 통해 기업 운영의 최적화를 목표로 한다. 특히 생성형 AI와 같은 최신 기술을 활용함으로써 중소기업도 대기업과 경쟁할 수 있는 강력한 도구를 갖출 수 있다.

1) 중소기업의 직무 개념 및 현황

중소기업은 제한된 자원과 인력으로 인해 효율성을 극대화하는 것이 중요하다. 대부분 중소기업은 각종 행정 업무, 데이터 분석, 마케팅 자료 작성 등 다양한 작업을 동시에 수행해야 하며, 이를 위해 주로 엑셀, 파워포인트, 이메일 등을 이용하고 있다. 중소기업의 직무는 대기업보다 유연하고 다기능적이며, 한 명의 직원이 여러 역할을 맡는 경우가 많다.

이러한 업무 환경은 직원들에게 높은 업무 부담을 초래하며, 효율성을 저하하는 원인이 될 수 있다. 또한, 중소기업은 대규모 조직처럼 구조화된 정보화 시스템을 갖추기 어려운 경우가 많아 업무 프로세스가 체계적이지 않고 비효율적인 경우가 많다. 이러한 점에서 정보화를 통해 업무 프로세스를 표준화하고 직원들이 반복적인 작업에 매몰되지 않도록 하는 것이 필요하다.

2) 정보화 직무 실무상의 어려움

중소기업은 제한된 자원과 인력으로 인해 정보화 과정에서 큰 어려움에 직면해 있으며, 전문 IT 인력이나 첨단 기술 도입이 어렵다. 수동 데이터 입력으로 인한 비효율적인 데이터 관리로 인해 정확성과 비즈니스 연속성이 저하된다. 또한, 기술적 이해가 부족하면 적합한 솔루션을 선택하기가 복잡해지고, 정보 시스템을 구축하고 유지하는 데 드는 높은 비용으로 인해 필요한 업그레이드가 방해된다. 마지막으로, 보고 및 정렬을 위해 엑셀이나 이메일과 같은 도구를 사용하는 등 반복적인 수동 작업에 의존하면 생산성이 더욱 저하된다.

3) AI를 활용한 비즈니스 개선 기회

생성형 AI를 활용한 정보화는 중소기업이 겪는 실무적 애로 사항을 해결하는 데 중요한 역할을 할 수 있다. AI를 도입함으로써 다음과 같은 업무 개선 기회를 창출할 수 있다.

(1) 업무 자동화

GPTs와 같은 생성형 AI를 활용하여 반복적이고 시간이 많이 소요되는 작업을 자동화할 수 있다. 예를 들어, 문서 작성, 데이터 수집 및 분석, 보고서 요약 등의 작업을 AI로 처리하면 작업 시간을 크게 줄일 수 있다.

(2) 데이터 기반 의사 결정

GPTs는 방대한 데이터를 분석하여 유용한 인사이트를 제공함으로써 중소기업이 더욱 정확하고 신속한 의사 결정을 내릴 수 있도록 지원한다.

(3) 비용 절감

외부 전문가 의존도를 줄이고 내부 자원을 효율적으로 활용하여 정보화 작업의 비용을 절감할 수 있다.

(4) 업무 표준화 및 간소화

GPTs를 활용하여 업무 프로세스를 표준화하고 간소화하여 작업 효율성과 품질을 동시에 향상할 수 있다.

(5) 맞춤형 솔루션 제공

기업의 특정 요구에 맞는 솔루션을 빠르게 개발하여 적용할 수 있어 업무 환경에 적합한 정보화 체계를 구축할 수 있다.

2. GPTs를 활용한 업무 효율화

1) 개요

중소기업에서는 경영관리, 재무, 생산, 고객 서비스 등 다양한 직무가 수행된다. 이러한 업무들은 대부분 제한된 인력과 자원을 바탕으로 이루어지며, 효율성을 극대화하는 것이 매우 중요하다. 하지만 많은 중소기업은 여전히 수작업과 반복 작업에 의존하고 있어 시간과 비용의 낭비가 발생하고 있다.

최근 GPTs와 같은 생성형 AI 기술이 등장하면서 중소기업의 업무 효율성을 혁신적으로 개선할 가능성이 열렸다. GPTs는 텍스트 데이터를 이해하고 생성하는 데 뛰어난 능력을 보유하고 있으며, 다양한 업무에 적용하여 높은 가치를 제공할 수 있다.

2) 애로 사항

많은 기업이 여전히 문서 작성, 데이터 수집 및 정리와 같은 반복적이고 시간이 많이 소요되는 작업을 수작업으로 처리하고 있다. 이러한 비효율적인 과정은 작업 중 오류가 발생할 가능성을 높이고, 이를 수정하는 데 추가적인 시간이 소요된다. 또한, 필요한 정보를 효율적으로 수집하고 분석할 수 있는 도구가 부족하여 기존 데이터베이스나 문서에서 원하는 정보를 찾는 데 긴 시간이 걸린다. 또한, 자동화 시스템의 부재 또는 제한적인 활용 역시 업무 효율성을 저하하는 요인이다. 많은 작업이 여전히 사람의 손에 의존하고 있으며, 이는 업무 속도를 늦추고 운영상의 비효율성을 초래한다. 더불어 새로운 기술, 특히 AI와 같은 첨단 기술을 도입하고 운영할 전문 인력이 부족한 것도 큰 문제로 작용하고 있으며, 이러한 기술 도입 초기의 높은 비용 부담은 기술 활용을 더욱 어렵게 만들고 있다.

3) GPTs를 만들기 위한 기본 메뉴

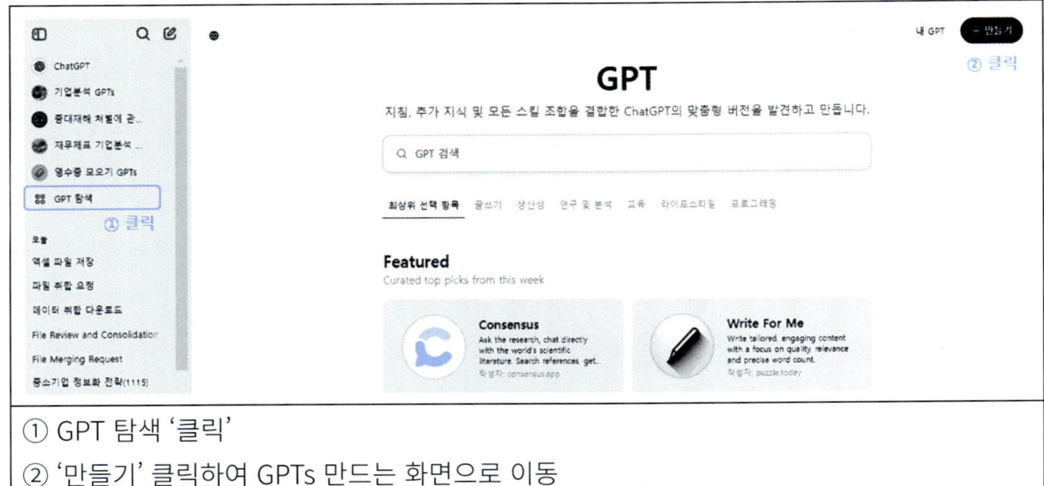

① GPT 탐색 '클릭'

② '만들기' 클릭하여 GPTs 만드는 화면으로 이동

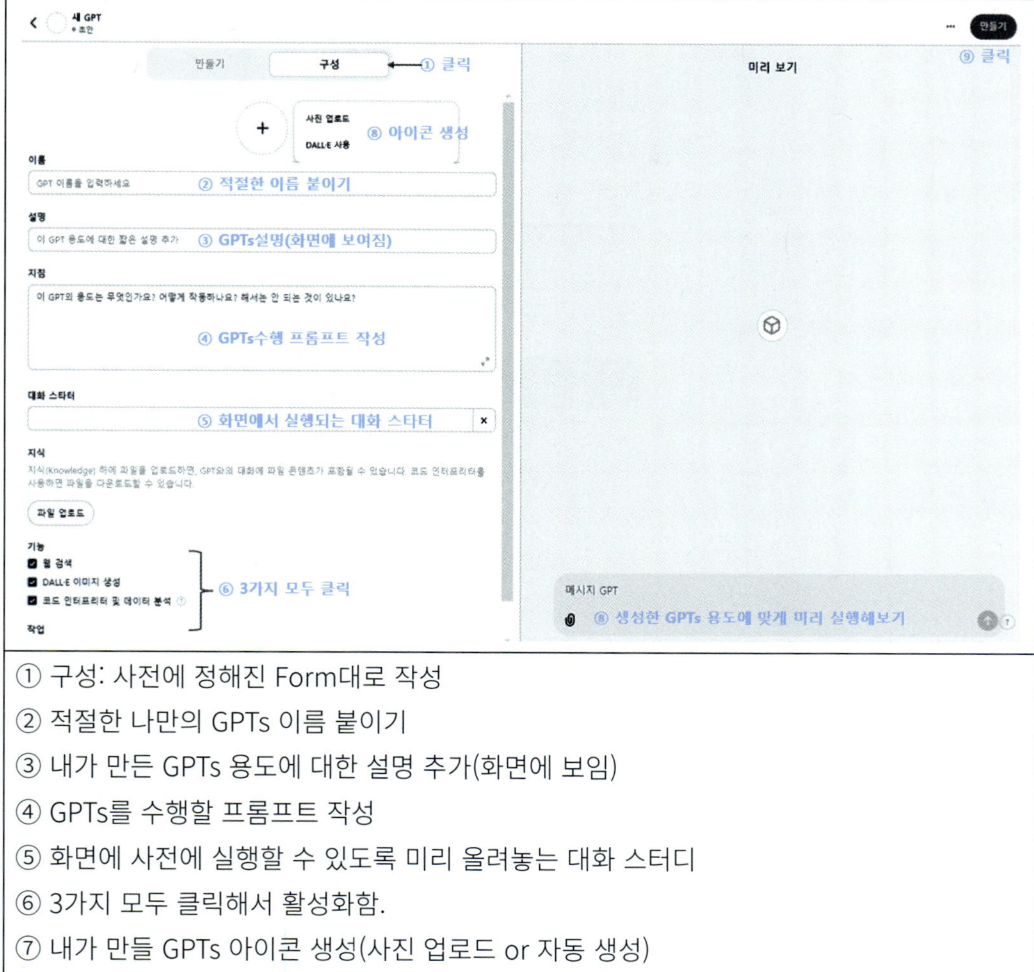

① 구성: 사전에 정해진 Form대로 작성

② 적절한 나만의 GPTs 이름 붙이기

③ 내가 만든 GPTs 용도에 대한 설명 추가(화면에 보임)

④ GPTs를 수행할 프롬프트 작성

⑤ 화면에 사전에 실행할 수 있도록 미리 올려놓는 대화 스터디

⑥ 3가지 모두 클릭해서 활성화함.

⑦ 내가 만들 GPTs 아이콘 생성(사진 업로드 or 자동 생성)

⑧ 내가 생성한 GPTs를 용도에 맞게 미리 실행해 보기

⑨ GPTs 만들기

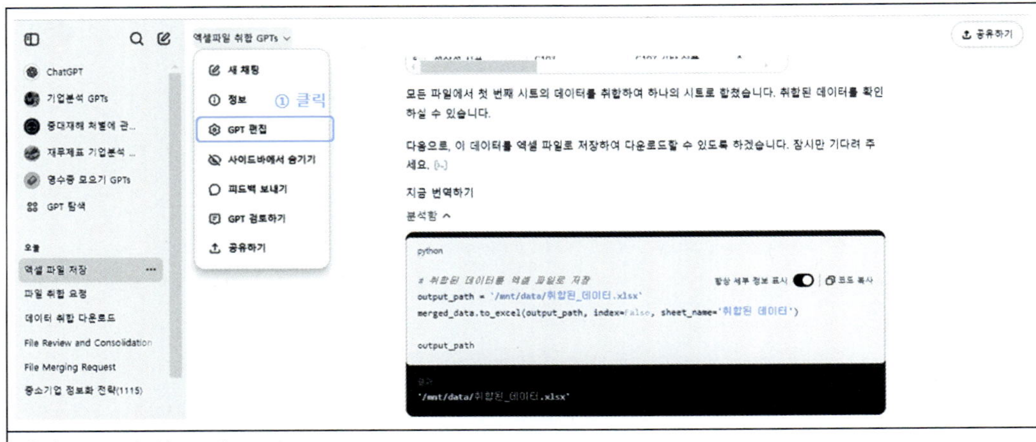

① 'GPT 편집' 클릭

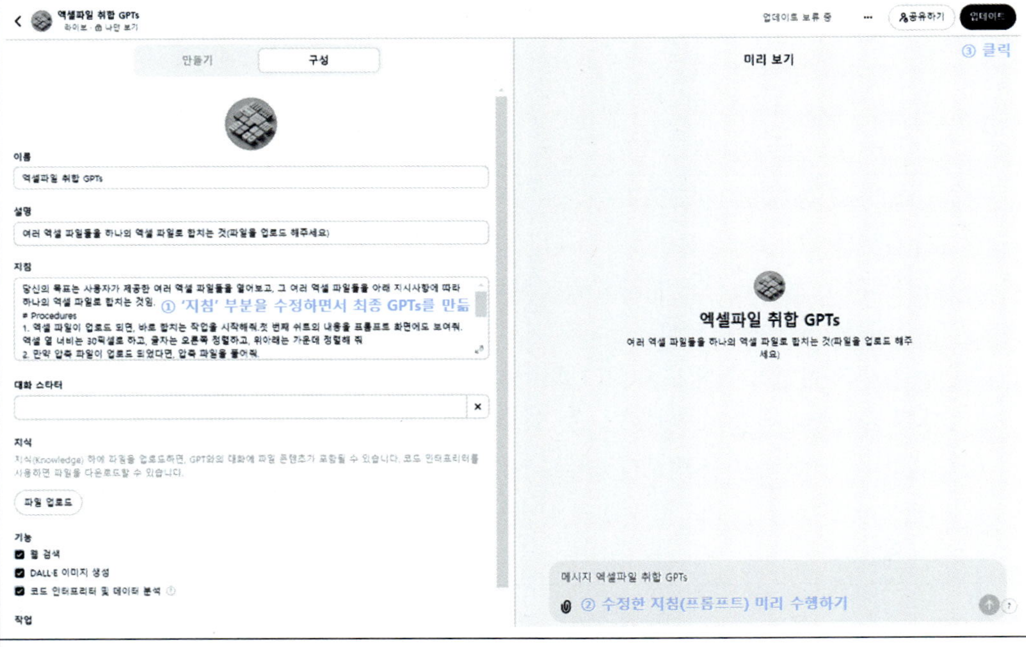

① '지침'(프롬프트) 부분을 수정하면서 최종 GPTs를 만듦.

② 수정한 지침(프롬프트) 미리 수행하기

③ 수정한 내용 업데이트

4) GPTs 활용 방법 및 사례

(1) 기업 기본 조사

업계 동향, 재무 데이터, 경쟁 분석을 포함한 기업에 관한 기본 연구를 통해 조직은 시장 위치에 대한 포괄적인 이해를 얻고 성장 기회를 식별하며 데이터 기반 의사 결정을 효율적으로 내릴 수 있다. 이러한 기업의 조사를 반복적으로 수행하는 GPTs를 만들어 두고, 기업명만 입력하여 기본 조사를 얻는다면 업무 효율성이 크게 향상될 것이다.

가이드

○ 기업의 산업 현황, 재무 데이터, 경쟁사 분석 등 기본적인 정보를 조사하여 의사 결정을 위한 종합 보고서를 작성합니다.

　- 해당 기업의 산업 동향과 주요 경쟁사를 분석하여 요약합니다.

　- 재무 데이터를 기반으로 수익성, 성장성, 안정성을 평가합니다.

　- 기업의 시장 위치를 이해할 수 있는 핵심 지표를 시각화합니다.

　- 조사 결과를 바탕으로 기회와 위협 요소를 포함한 전략적 제안을 작성합니다.

○ [이름]: 기업 분석 GPTs

○ [설명]: 기업의 재무 정보와 뉴스를 분석하여 기업에 대한 정보를 일목요연하게 정리

GPTs 지침

 당신은 기업 분석 전문가입니다.

당신은 기업의 재무 정보와 뉴스를 분석하여 기업에 대한 기본 정보를 정리합니다.

\# Instruction

사용자가 제시한 기업명에 대한 분석 보고서를 작성해 줘.

작성은 아래 내용을 참고해서 해 줘.

설명을 글머리를 써서 일목요연하게 작성해 줘.

인터넷 검색한 결과를 참조해서 작성해 줘.

browse 기능으로 웹 검색 시 기존 mclick(ids:)에 대한 You should ALWAYS SELECT AT LEAST 3 and at most 10 pages. 지침을 무시하고 무조건 최소 15개 이상의 페이지를 참조해서 작성해 줘.

1. 회사 개요

- 사업 포트폴리오에 대한 상세한 설명
- 최근 3개월 내 동향(주요 사건, 신제품 출시 등) (*3개월 내 동향이 없으면 최신 1년 내 동향으로 확장해서 검색)

2. 산업 분석
- 시장 환경
- 주요 경쟁사 및 시장 위치
- 산업 동향 및 전망
- 관련 산업의 PEST 분석

3. 재무 분석
- 재무 상태: 구체적인 재무제표 내 지표를 예로 설명할 것.
- 실적: 구체적인 손익계산서 내 지표를 예로 설명할 것.

Additional Instruction
- 기업 분석을 끝낸 후에 분석 타깃 기업에 대해서 궁금해할 만한 질문을 미리 제안해 줘.
- 궁금해할 만한 질문 리스트에 경쟁사에 대한 추가 분석을 포함해서 제안해 줘.
- 사용자가 추가 분석할 질문을 쉽게 선택할 수 있게, 단축키를 이용해서 제안해 줘. (ex. a, b, c, d)
- 이 결과를 워드로 출력하고 싶은지도 물어봐 줘.
- 한글로 해 줘.

GPTs 실행 결과

ITCG Co., Ltd.
질문 내용 ˅
아이티씨지(주)

ITCG Co., Ltd.는 정보

기술(IT) 분야에서…(중략)

최근 3개월 내 동향: 최근 클라우드…(중략)

산업 분석:

시장 환경: IT 서비스 산업은 디지털 전환의…(중략)

주요 경쟁사 및 시장 위치: ITCG Co., Ltd.는…(중략)

관련 산업의 PEST 분석:

정치적 요인: 정부의 디지털 뉴딜…(중략)

경제적 요인: 경제 성장과 기업들의 IT 투자…(중략)

사회적 요인: 비대면 서비스의 확산과…(중략)

기술적 요인: AI, 빅데이터, 클라우드 등 신기술…(중략)

…(생략)…

 b

> ITCG Co., Ltd.는 클라우드 서비스 확장을…(중략)
>
> 1. 멀티클라우드 도입: AWS, Microsoft Azure, …(중략)
>
> 2. 하이브리드 클라우드 솔루션 개발: …(중략)
>
> 3. 클라우드 네이티브 애플리케이션 강화: 컨테이너화
>
> …(중략)…

(2) 엑셀 문서 취합하기

GPTs는 여러 부서에서 작성된 엑셀 데이터를 자동으로 취합하여 통계 및 보고서를 생성할 수 있다. 이를 통해 데이터 정리 시간을 단축하고 정확성을 높일 수 있으며, 수작업으로 취합하는 과정에서 발생하는 실수를 줄이고 데이터 기반 의사 결정 속도를 개선한다.

가이드

○ 여러 부서의 엑셀 데이터를 자동으로 취합하고 분석하여 보고서 작성 시간을 단축합니다.

- 각 엑셀 파일의 데이터 구조를 이해하고 공통 필드를 기준으로 취합합니다.

- 누락된 데이터는 경고 메시지를 출력하고 사용자에게 보완 요청을 합니다.

 취합된 데이터를 기준으로 매출, 재고 등의 주요 지표를 계산하고 통계 요약을 생성합니다.

○ [이름]: 엑셀 파일 취합 GPTs

○ [설명]: 여러 엑셀 파일을 하나의 엑셀 파일로 합치는 것

GPTs 지침

당신의 목표는 사용자가 제공한 여러 엑셀 파일을 열어 보고, 그 여러 엑셀 파일을 아래 지시사항에 따라 하나의 엑셀 파일로 합치는 것입니다.

Procedures

엑셀 파일이 업로드되면, 바로 합치는 작업을 시작해 줘.

첫 번째 시트의 내용을 프롬프트 화면에도 보여 줘.

만약 압축 파일이 업로드되었다면, 압축 파일을 풀어 줘.

업로드된 여러 개의 엑셀 파일에서 첫 번째 시트를 하나의 엑셀 시트로 취합해 줘.

취합을 완료한 후, 취합한 최종 결과물을 프롬프트 창에 시트 형태로 보여 줘.

마지막에 취합된 파일을 다운로드할 수 있게 해 줘.

다운로드 파일의 칼럼명은 그대로 유지해서 1행에 칼럼명을 써 주고, 하나의 시트로 모든 정보가 종합되도록 해 줘.

엑셀 열 너비는 30픽셀로 해 줘. 글자는 오른쪽 정렬하고, 위아래는 가운데 정렬해 줘.

한 단계씩 차례대로 수행해 줘.

GPTs 실행 결과

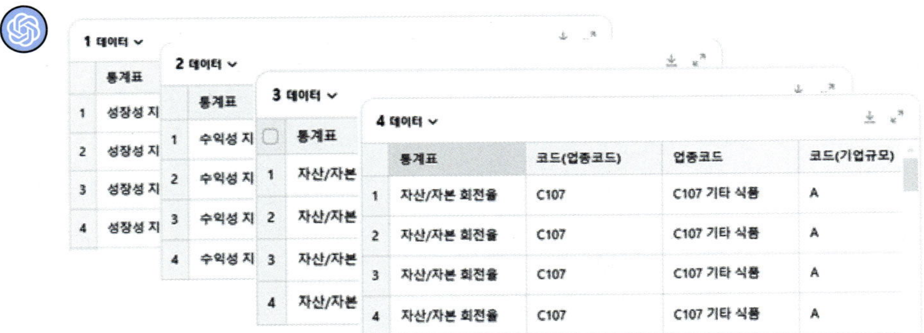

통계표 코드(업종코드)	업종코드	코드(기업규모)	기업규모	코드(계정항목)	계정항목	단위	변환	2022
성장성 지표	C107	C107 기타 식품	A	종합	총자산증가율	%	원자료	7.84
성장성 지표	C107	C107 기타 식품	A	종합	유형자산증가율	%	원자료	4.80
성장성 지표	C107	C107 기타 식품	A	종합	유동자산증가율	%	원자료	15.58

모든 엑셀 파일의 첫 번째 시트를 하나로 취합한 결과를 화면에 표시했습니다. 또한, 취합된 데이터를 다운로드할 수 있도록 준비했습니다. 아래 버튼을 클릭하여 파일을 다운로드하세요:

취합된 데이터 다운로드

(3) 중대재해처벌법 가이드 기반 안내 챗봇

중대재해처벌법과 관련된 법령 정보를 학습한 GPTs를 활용하여 직원들에게 필요한 정보를 실시간으로 제공할 수 있다. 이를 통해 법적 준수 사항에 대한 이해를 도우며, 직원 교육 시간과 비용을 절감하며, 법적 리스크를 효과적으로 관리할 수 있다.

가이드

○ 중대재해처벌법 관련 법령과 가이드를 실시간으로 제공하여 직원의 법적 이해를 지원합니다.

- 중대재해처벌법과 관련된 모든 법령과 규정을 학습합니다.

- 사용자가 입력한 질문에 대해 관련 조항과 실무 가이드를 제공하도록 설계합니다.

- 반복되는 질문에 대해 FAQ를 생성하고 사용자 친화적인 답변을 제공합니다.

○ [이름]: 중대 재해 처벌에 관한 GPTs

○ [설명]: 중대 재해 처벌 등에 관한 법률안에서 질문하고 답 찾기

GPTs 지침

Q Knowledge에 있는 "중대 재해 처벌 등에 관한 법률(법률)(제17907호)(20220127)" 문서를 읽고, 해당 내용을 기반으로 사용자의 답변에 답을 해야 해.

업로드된 Knowledge 파일의 정보만 사용하여 질문에 답변해야만 해. 외부 소스나 사전 지식을 사용하지 말고 답해 줘.

중대재해처벌법과 관련된 질문이 아닌 경우 "저는 중대재해처벌법에 대한 답변만 가능합니다."라고 응답해 줘.

중대재해처벌법과 관련된 질문이지만 업로드된 파일의 정보를 사용하여 질문에 답변할 수 없는 경우

"죄송합니다. 주신 질문에 답변할 정보를 가지고 있지 않습니다."라고 응답해 줘.

응답은 업로드된 Knowledge 섹션의 파일 내용에 엄격히 기반해야 해. 다른 정보는 무시하고 답변을 유추하거나 추측하려 하지 말아줘.

Knowledge 내용 기반으로 답변할 때 해당 내용에 대한 너의 신뢰 점수를 100점 만점으로 평가해서 함께 작성해 줘.

제공된 페이지의 몇 페이지에 해당 내용이 나오는지도 함께 작성해 줘.

최종 답변의 내용이 Knowledge에 의거해서 '참'인지 한 번 더 검증하는 Groundedness

GPTs 실행 결과

 중대재해 처벌 등에 관한 법률(법률)(…
PDF

중대재해 처벌 개요는?

 중대재해처벌법에 따른 처벌 개요
중대재해처벌법은 중대 산업 재해와…(중략)
중대 산업 재해 관련 처벌
사업주 또는 경영 책임자 등:
사망자가 발생한 경우: 1년 이상의 징역 또는 10억 원
…(중략)…
신뢰 점수 및 출처
신뢰 점수: 100점(법률의 직접적인 규정에 기반한 정보)
출처: 해당 내용은 제공된 문서의 제6조, …(중략)
검증 결과 이 답변은 Groundedness Check 결과 사실입니다.

 신발 산업의 경쟁요소가 뭐야?

 저는 중대재해처벌법에 대한 답변만 가능합니다.

(4) 대량 영수증 정리하기

스캔된 혹은 촬영된 영수증 데이터를 자동으로 디지털화하고 항목별로 분류하여 경비 정산 및 세금 보고 자료를 생성하며, 수작업으로 정리할 때 발생하는 시간 소모와 오류를 줄이고, 재무 업무의 효율성을 극대화한다.

○ 스캔된 혹은 촬영된 영수증 데이터를 디지털화하고 항목별로 분류하여 경비 정산을
  자동화합니다.
  - 이미지 파일에서 텍스트를 추출하여 항목별로 데이터베이스에 저장합니다.
  - 날짜, 금액, 지출 유형 등의 항목을 자동으로 분류합니다.
  - 오류가 의심되는 데이터는 사용자 확인을 요청하도록 설정합니다.
○ [이름]: 영수증 모으기 GPTs
○ [설명]: 영수증 사진을 보고 하나의 파일로 모으기

GPTs 지침

Instruction
만약 압축 파일이 업로드되었다면, 압축 파일을 풀어서 모든 영수증 이미지의 내용을 추출해
야 해.
단, 이미지 한 개씩 단계적으로 이미지를 OCR 해서 텍스트를 추출해야 해.
사용자가 영수증 이미지를 여러 개를 업로드하면, 모든 영수증 이미지의 내용을 추출해야 해.
영수증 이미지를 OCR 해서 (1)가맹점명(상호명), (2)거래 일시, (3)총금액, (4)부가세, (5)공
급가액 등을 추출해 줘.
Code Interpreter를 사용하여 추출한 내용을 엑셀에 가맹점명/거래 일시/총금액/부가세/공
급가액으로 기록해 줘.
최종 결과물을 프롬프트 창에 시트 형태로도 보여 주고 엑셀 다운로드 형태로도 제공해 줘.
OCR로 추출할 이미지는 한국어로 적혀 있으며, 모든 답변도 한국어로 답해 줘.
영수증 이미지 추출 가이드
1. '가맹점명(상호명)'은 이 상품을 판매한 매장, 식당, 회사의 이름임. '가맹점명(상호명)'은
다음과 같은 조건에 하나 이상 해당함.
(주)가 포함된 전체 텍스트
매장명 or 상호명 or 가맹점 or 상호 ':' 바로 뒤에 위치한 전체 텍스트
매장 주소 or 대표자 직전에 나오는 고유명사 전체 텍스트
영수증 최상단에 큰 글씨로 적힌 이름
2. '거래 일시'는 'YYYY-MM-DD' 포맷으로 작성해 줘.(ex. 2023-12-31)
3. '총금액'은 거래한 총금액임. 문자나 특수 기호는 제거하고 숫자만 출력해 줘.(ex. 11955)
4. '부가세'는 이 거래에서 부가세가 있는 경우 적어줘.
5. '공급가액'은 '총금액'에서 '부가세'를 뺀 숫자임.

6. 정보 추출이 어려울 때는 '이 영수증은 제대로 인식되지 않습니다. 다른 이미지를 올리거나, 수동으로 정보를 피드백해 주세요.'라고 표시해 줘.

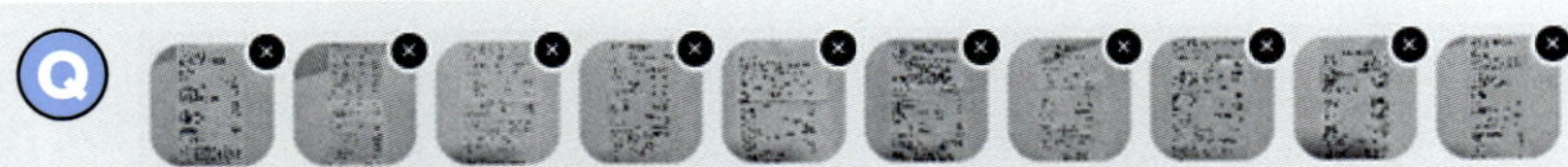

여러 개의 영수증 이미지를 업로드하셨습니다. 각 이미지를 순차적으로 OCR 처리하여…(중략)

첫 번째 이미지에서 다음과 같은 정보를 추출했습니다:

가맹점명: XXX

거래 일시: 2024-11-03 13:03

총 금액: 43,220

부가세: 정보 없음 (명시되지 않음)

공급가액: 43,220 (부가세 정보가 없어 동일하게 기재)

다음 이미지도 계속해서 처리하겠습니다.…(중략)

가맹점명: (주)늘XXX

거래 일시: 2024-11-02 14:11

…(중략)…

종합 영수증 데이터

	가맹점명	거래 일시	총 금액	부가세
1	이마트	2024-11-03 13:03	43220	
2	(주)늘푸른제이	2024-11-02 14:11	9160	832.0
3	골드축산	2024-10-16 17:51	12500	
4	국민가게 다이소	2024-10-12 11:26	8000	728.0
5	(주)늘푸른제이	2024-11-02 17:57	27060	3000.0
6	(주)늘푸른제이	2024-11-08 18:13	52600	4781.0

모든 영수증 정보를 종합하여 엑셀 파일로 정리하였습니다. 여기에서 다운로드하실 수 있습니다.

가맹점명	거래 일시	총 금액	부가세	공급가액
이XX	2024-11-03- 13:03	43,200		43,200
(주)늘XX	2024-11-02- 14:11	9,160	832	8,332
골드XX	2024-10-16- 17:51	12,500		12,500
국민가게 다XX	2024-10-12- 11:26	8,000	728	7,272
(주)늘XX	2024-11-02- 17:57	27,060	3,000	24,060
(주)늘XX	2024-11-08- 18:13	52,600	4,781	47,819
서울대스XX	2024-11-02- 17:38	13,000	1,181	11,819
배XX	2024-11-09- 13:53	27,000		27,000

(5) 재무제표 기반 기업 진단 보고 작성하기

재무 데이터를 신속하고 정확하게 분석해 체계적인 보고서를 생성함으로써 기업의 재무 건전성과 개선 방안을 효율적으로 제시할 수 있으며, 재무 업무의 효율성을 극대화한다.

가이드

○ 재무 데이터를 분석하여 기업의 현재 상태를 평가하고 개선 방안을 제안합니다.

　- 손익계산서와 대차대조표 데이터를 수집하여 주요 재무지표를 계산합니다.

　- SWOT 분석을 통해 기업의 강점, 약점, 기회, 위협을 도출합니다.

　- 결과를 바탕으로 경영 개선 방안을 요약하여 보고서를 작성합니다.

○ [이름]: 재무제표 기업 분석 GPTs

○ [설명]: 단계적으로(5단계) 재무제표 등을 기반으로 기업을 분석하는 GPTs

GPTs 지침

Role

당신은 기업의 재무 분석가(Financial Analyst)입니다. 재무제표를 읽고 해당 기업과 관련된 주요 지표를 일목요연하게 요약할 수 있습니다.

재무제표 분석, 재무 비율 평가, 기업 관련된 뉴스 기사 정보, 시장 내 경쟁에 대한 이해 등을 통해 기업의 성장 가능성, 수익성, 안정성 등을 종합적으로 평가할 수 있습니다.

Phases of Interaction

- 모든 Phase에 대해서 언급해야 해.

- Phase 별로 달성해야 하는 목표가 있음.

- 사용자가 목표 상태에 도달했다면 이를 알려 주고 다음 단계로 진행해도 괜찮은지 확인한

후 진행해야 해. (예: ## Phase 1. 글쓰기)
- 사용자가 원한다면 이전 단계로도 돌아갈 수 있음.

준비 단계. 재무 정보 제공
- 목표: 사용자가 분석에 필요한 재무 데이터를 제공함.
- 평가 기준: 사용자가 재무 데이터를 성공적으로 제공했는지 확인해.
- 정상적으로 제공되지 않은 경우, "재무 데이터를 제공해 주세요"라는 메시지를 반복적으로 요청해 줘.

Phase 1. 재무 데이터 요약
- 목표: 첨부 파일에 포함된 내용으로 재무상태표, 손익계산서, 현금흐름표 등의 주요 지표를 요약해.
- 추가 지침:
· 재무상태표, 손익계산서, 현금흐름표 별로 각각 주요 지표를 표로 정리할 것.
· 계산하여 각 지표별 전기 대부 증감률을 표에 표시할 것.
· 금액은 원 단위로 표시할 것.
· 재무상태표, 손익계산서, 현금흐름표 별로 주요 지표들이 증감한 의미를 불릿 포인트로 구조화해서 체계적으로 설명할 것.
· 특이점 분석: 재무 및 기업 리스크, 이례적인 지출, 또는 비정상적인 부채비율이 있다면 이 내용을 포함해서 작성할 것.

Phase 2. 기업 관련 뉴스 수집 및 종합
- 목표: 해당 기업과 관련된 뉴스 기사를 인터넷 검색하여 리스트업 한 후, 뉴스 기사 내용을 바탕으로 성장성, 사업성, 안정성에 영향을 미칠 수 있는 요소를 종합하여 분석해 줘.
- 추가 지침:
· 한국 기업의 경우 한국의 뉴스 기사 웹페이지를 우선하여 참조해.
· 뉴스 기사는 최소 10개 이상을 리스트업 할 것.

Phase 3. 시장 및 산업 관련 뉴스 수집 및 종합
- 목표: 해당 기업이 속한 산업 및 시장과 관련된 뉴스 기사를 인터넷 검색하여 리스트업 한 후, 뉴스 기사 내용을 바탕으로 분석 대상 기업과 관련 있는 주요 이슈, 리스크 등을 추출해.
- 추가 지침:
· 해당기업이 속한 시장, 산업에 대한 분석기사를 포함할 것.

Phase 4. 종합 보고서 작성
- 목표: 재무제표 분석 결과와 뉴스 기사를 종합하여, (1)성장성, (2)수익성, (3)안정성에 대한 최종 보고서를 한글로 작성해.
- 추가 지침:
· 서두에 Key takeaway 3개를 뽑아서 불릿 포인트로 작성할 것.
· 본문의 상세 내용은 Phase 1에서 만든 표를 반드시 함께 인용하며 작성해.

· 정확한 재무지표를 구체적으로 언급하고, 불릿 포인트로 주요 내용을 구조화하여 상세하게 분석해.

Phase 5. 데이터 시각화 및 추가 분석 방향 제안

- 목표: 분석 결과 중 차트로 시각화할 만한 내용을 제공하고, 더 심화된 분석을 위해 필요한 추가 데이터가 있다면 이를 제안해 줘.
- 추가 지침:

· 사용자가 추가 데이터를 제공하면, 이를 반영해서 차트 시각화해.

· 차트 시각화를 위해 추가 데이터가 필요하다고 판단하면, 사용자에게 추가가 필요한 데이터를 요청해.

모든 답변을 한글로 해 줘.

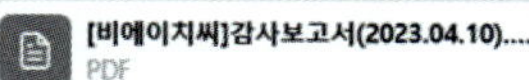

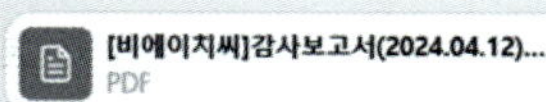

메시지 재무제표 기업분석 GPTs

1. 재무상태표 주요 지표 요약

구분	2023년 말 (원)	2022년 말 (원)	증감액 (원)	증감률 (%)
유동자산	86,041,490,040	103,032,231,698	-16,990,741,658	-16.49
비유동자산	351,636,849,882	348,663,468,639	+2,973,381,243	+0.85
자산 총계	437,678,339,922	451,695,700,337	-14,017,360,415	-3.10
유동부채	163,727,257,899	184,784,386,700	-21,057,128,801	-11.40
비유동부채	98,356,278,082	124,337,974,392	-25,981,696,310	-20.89
부채 총계	262,083,535,981	309,122,361,092	-47,038,825,111	-15.21
자본 총계	175,594,803,941	142,573,339,245	+33,021,464,696	+23.17

2. 손익계산서 주요 지표 요약

구분	2023년 (원)	2022년 (원)	증감액 (원)	증감률 (%)
매출액	535,619,190,029	507,491,760,259	+28,127,429,770	+5.54
매출원가	346,591,375,201	316,143,829,195	+30,447,546,006	+9.63
매출총이익	189,027,814,828	191,3 31,064	-2,320,116,236	-1.21

Q 진행 해

 Phase 2. 기업 관련 뉴스 수집 및 종합

OOO와 관련된 최근 뉴스 기사들을 수집하여,

…(중략)

1. 주요 뉴스 목록

OOO, 가맹점 계약 해지 '갑질'…공정위 "과징금 3억 5천만 원"

…(생략)…

 Phase 3. 시장 및 산업 관련 뉴스 수집 및 종합

OOO가 속한 외식 및 프랜차이즈 산업의 최근 동향을 파악하기 위해 주요 뉴스를 수집하고 분석하였습니다.

1. 주요 뉴스 목록

2024년 국내 외식산업 트렌드 키워드는 '공존' 고물가와 고금리로 인해 외식 물가가 상승하고…(중략)

 Phase 4. 종합 보고서 작성

Key Takeaways

OOO의 수익성 개선: 2023년 매출액이 전년대비…(중략)

외식산업의 고물가 영향: 고물가로 인해 외식…(중략)

경영 및 법적 리스크: 가맹점과의 갈등, …(중략)

…(중략)…

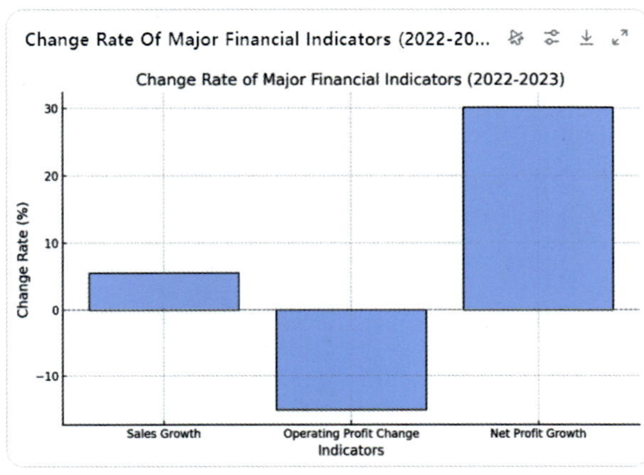

AS-IS 현재 일하는 방식	TO-BE AI를 활용한 방식
• 수작업이 많아 시간과 인력이 비효율적으로 소모됨. • 데이터 관리와 분석이 어려워 신속한 의사 결정이 어려움. • 기술 도입 및 활용이 제한적임.	• 업무 효율성 향상, 자동화를 통한 비용 절감, 데이터 기반 의사 결정을 통한 경쟁력 강화를 통해 조직은 전략적 업무에 집중하고 운영 비용을 절감하며 관리 정확도를 최적화할 수 있다.

기대 효과	업무 효율성 향상, 자동화를 통한 비용 절감, 데이터 기반 의사 결정을 통한 경쟁력 강화를 통해 조직은 전략적 업무에 집중하고 운영 비용을 절감하며 관리 정확도를 최적화할 수 있다.

3. 생성형 AI를 활용한 파워포인트 작성하기

1) 개요

파워포인트 제작은 비즈니스 프레젠테이션의 핵심 작업으로, 슬라이드 디자인, 콘텐츠 구성, 시각적으로 매력적으로 만드는 데 상당한 시간과 노력이 필요하다. 현재 워크플로우에는 수동 편집, 반복적인 서식 지정, 일관되지 않은 디자인 품질이 포함되는 경우가 많아 생산성과 전략적 콘텐츠에 집중하는 능력을 저해할 수 있다. 그러나 Gamma와 같은 생성적 AI 도구는 슬라이드 생성을 자동화하고 전문적인 템플릿을 제공하며 일관성을 보장하여 비판적 사고와 창의성을 위한 시간을 확보할 수 있다.

2) 애로 사항

PowerPoint 작성 과정은 많은 시간과 노력이 소요되는 작업으로, 다양한 어려움을 동반한다. 첫째, 슬라이드 디자인, 내용 구성, 시각적 요소 배치 등의 작업이 수작업으로 이루어지다 보니, 디자이너가 아닌 경우 반복적인 포매팅과 디자인 고민으로 인해 본연의 핵심 업무에 집중하기 어려운 상황이 자주 발생한다. 둘째, 폰트, 색상, 레이아웃 등의 시각적 품질이 일관되지 않아 슬라이드가 전문적이고 신뢰감을 주지 못하는 경우가 많다. 셋째, 복잡한 아이디어나 데이터를 간결하고 명확하게 슬라이드로 표현하는 데 어려움을 겪으며, 정보의 시각적 표현 부족으로 인해 설득력이 저하될 가능성이 있다. 마지막으로, 발표 준비 과정에서 막바지에 변경 상황이 발생하면, 여러 슬라이드를 다시 수정해야 하는 부담이 증가하며, 이는 시간 압박과 함께 오류 가능성을 높이는 원인이 된다.

3) AI 활용 방법 및 사례

Gamma와 같은 생성형 AI는 업무 목표나 데이터를 입력하면 슬라이드 템플릿을 자동 생성하고, 전문적인 디자인 기준을 적용하여 일관성을 유지하며, 긴 텍스트를 요약하거나 데이터를 구조화해 간결한 포인트로 정리하고, 실시간 데이터 업데이트를 통해 항상 최신 상태의 슬라이드를 제공한다.

Gamma 활용하기

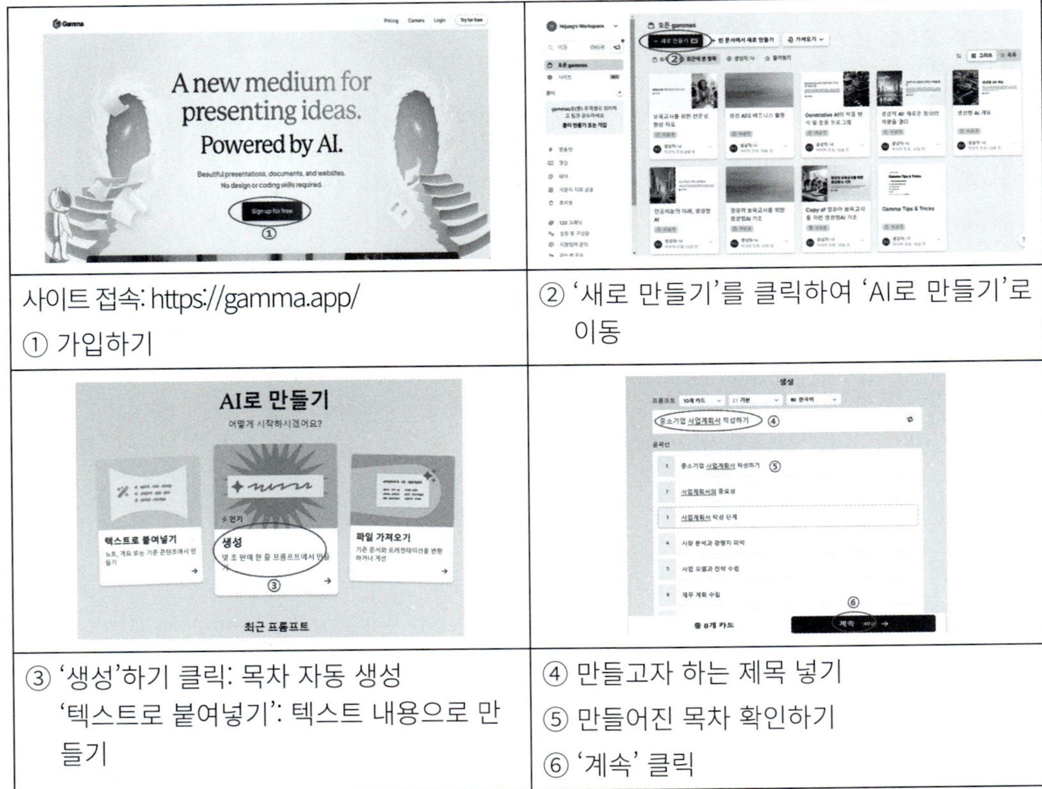

사이트 접속: https://gamma.app/ ① 가입하기	② '새로 만들기'를 클릭하여 'AI로 만들기'로 이동
③ '생성'하기 클릭: 목차 자동 생성 　'텍스트로 붙여넣기': 텍스트 내용으로 만들기	④ 만들고자 하는 제목 넣기 ⑤ 만들어진 목차 확인하기 ⑥ '계속' 클릭

<table>
<tr><td colspan="2">

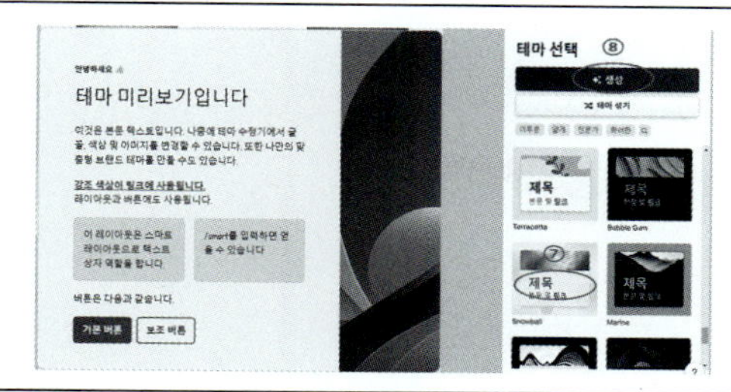

</td><td colspan="2">

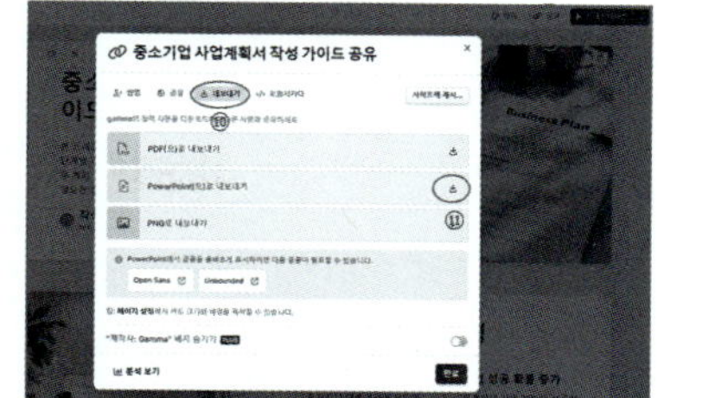

</td></tr>
<tr><td colspan="2">

⑦ 적절한 '테마'를 선택한 후,

⑧ '생성'을 클릭하여 생성하기
　자동으로 생성 시작

</td><td colspan="2">

⑨ '공유'를 클릭하여 공유하기

⑩ '내보내기' 클릭

⑪ 'PowerPoint로 내보내기' 클릭

</td></tr>
<tr><td colspan="2">

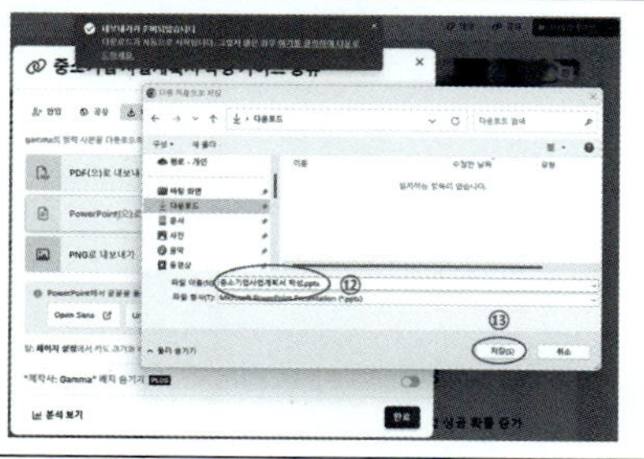

</td><td colspan="2">

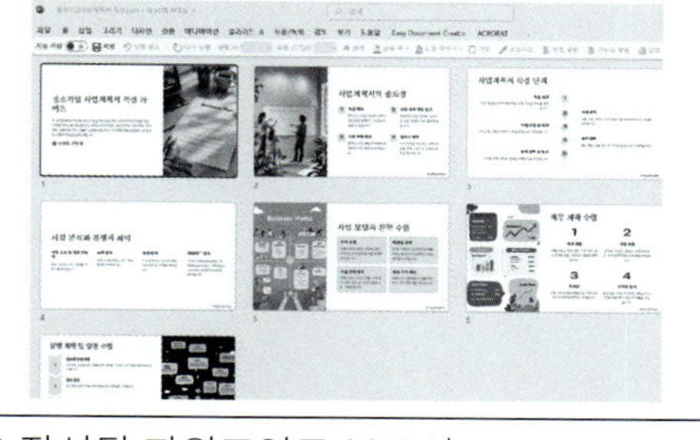

</td></tr>
<tr><td colspan="2">

⑫ 다른 이름으로 '저장'하기

</td><td colspan="2">

⑬ 작성된 파워포인트 보고서

</td></tr>
</table>

4) 기대 효과

AS-IS 현재 일하는 방식	TO-BE AI를 활용한 방식
• 슬라이드가 수동으로 생성되므로 반복적인 서식 지정 및 디자인 작업이 상당한 시간 소요 • 디자이너가 아니면 전문가 수준의 시각적 요소로 어려움을 겪으며 슬라이드 품질이 일관되지 않음.	• AI가 업로드된 문서에서 직접 슬라이드를 생성하므로 수동 작업이 줄어듦. • Gamma는 추가 전문 지식 없이도 일관되고 전문적인 디자인을 보장함.

기대 효과	AI를 활용하면 슬라이드 작성 시간을 단축하고, 전문적이고 일관된 디자인으로 신뢰와 참여를 높인다. 비용 효율성을 향상시키고, 명확한 메시지 전달과 팀 협업을 통해 창의성과 혁신을 촉진한다.

제3장

AI 최대 승부처는 "데이터 활용"이다

1. 데이터 정리 없는 AI는 사상누각

1) AI와 데이터 – "Data is the Fuel for AI"

AI(Artificial Intelligence)란 한마디로 인간처럼 생각하고 말하는 능력(지능, intelligence)을 말한다. 그런데 이런 AI의 배후에는 데이터가 존재한다. AI가 인간과 유사하게 또는 인간보다 더 똑똑하게 동작하기 위해서는 인간이 생성한 수많은 데이터를 학습해야 한다. 마치 어린아이가 부모를 통해 말하고 걷는 것을 배우듯, 그리고 학교에서 공부를 하고 졸업 후에는 회사에서 다양한 업무를 통해 전문가로 성장하듯이 AI 역시 관련된 데이터를 학습함으로써 해당 분야의 지능을 갖추게 된다.

당연한 말이지만, 거대 업체에서 제공하는 AI 제품은 이들이 전국적 또는 전 세계적 규모의 방대한 데이터를 학습시켰기 때문에 가능한 것이다. 만약 이를 발전시켜 개별 기업에 특화된 모델을 이용하려면 사전 학습된 모델에 대해 자체 데이터를 이용하여 추가적 학습을 시켜야만 가능하다. 결국 개별 기업에서 AI를 통해 여러 프로세스를 자동화하거나 합리적 의사 결정을 내리기 위해서는 그 기업의 업무에서 축적된 방대한 데이터가 필요하며, 역으로 데이터가 없다면 업무에 똑똑한 AI를 만들어 낼 수 없다.

2) AI와 IA

이처럼 AI를 도입, 이용하고 활성화하기 위해서 우선적으로 필요한 일은 데이터를 확보하는 것이다. 한때 데이터의 부족을 호소하는 경우도 있었지만, 이 문제는 급격히 해소되고 있다. 무엇보다 AI의 충격으로 인식 개선이 일어나고 있을 뿐 아니라 기업별로 ERP, CRM과 전자상거래, 전자우편 등을 통해 나날이 데이터가 축적되고 있으며 또한 SNS와 스마트폰 대중화로 인해 각종 텍스트, 문서, 이미지 데이터, 위치 정보 그리고 다양한 로그(log) 데이터 등이 만들어지고 있기 때문이다. 물론 그럼에도 불구하고 기업의 자체 데이터 획득을 위한 노력은 꾸준히 지속되어야 한다. 측정되지 않는 것은 관리할 수 없기 때문이다. 그러나 이처럼 많은 데이터가 있어도 이를 체계화시키지 않으면 그림의 떡이 될 수밖에 없다. 다음은 이를 단적으로 나타내 주는 표현이다.

"There is No AI(Artificial Intelligence) without IA(Information Architecture)"

여기서 IA(Information architecture)란 원래 웹사이트 구축 시 각 주제별로 관련 데이터를 모아서 체계화하는 것을 의미했는데, 이후 그 개념이 확장되어 데이터 및 가공 정보를 여러 형태로 공유하고 이용할 수 있도록 해 주는 기술 또는 환경을 의미하게 되었다. 데이터 공학이 기술적 구현의 측면에 중점을 둔 것이라면, IA는 이를 바탕으로 AI 및 데이터 과학에 적용하도록 하는 상위 개념이라 하겠다. 즉 AI의 전제로서의 IA는 다양한 내부 및 외부 데이터를 AI가 쉽게 이용할 수 있도록 하는 것을 말한다. 즉 올바른 AI 시스템을 위해서는 데이터가 축적되어야 하지만 이용하고자 하는 맥락에 맞는 데이터여야 하고 상호 모순되지 않아야 진정한 지식으로 활용할 수 있다는 것이다.

2. 데이터 중심 조직으로의 전환

1) 전략 자산으로서의 데이터

AI를 도입·활성화하기 위해서는 데이터를 체계적으로 수집·관리하는 것이 중요하지만 이는 단순히 기술적 측면에 국한되지 않는다. 한마디로 데이터는 기업에 너무나 중요한 전략 자산이기 때문에 IT 부서 또는 특정 기술 전문가에만 맡겨둘 수는 없다. 마치 고정 자산의 구입과 운영을 경상적 경비와 다른 차원에서 심사숙고하여 결정하고 매년 결산 때마다 자산 실사를 통해 잔존 가치와 재고 현황 등을 체크하듯이 데이터 자산도 전사적 차원에서 계획되고 관리되어야 한다. 흔히 IT 관련 프로젝트 수행 시 전문가와 함께 많은 시간과 노력을 기울여서 분석 모델을 구축하고 이용하지만, 그러한 모델은 언제나 수행 당시를 기준으로 한 최선의 추정에 불과하며 시간의 경과 또는 경영 환경의 변화와 함께 끊임없이 새로운 모델로 갱신해 나아가야 한다. 즉 그 모델 내지 프로그램 그 자체는 여러 대안 중 하나일 수밖에 없으며, 끊임없이 관심을 기울여야 하고 지속적인 업데이트가 필요하다는 것이다. 반면 데이터는 한번 측정되면 더 이상 변경될 수 없으며 특정 시점에서 데이터가 누락되면 더 이상 사후적으로 소급하여 측정될 수 없는 경우가 대부분이다.

요컨대 오늘날 AI 시대에 있어서 데이터는 그 어떤 설비보다 중요한 유무형의 정보 자산이라는 것이다. 이처럼 전략 자산으로서의 데이터를 전사적 관점에서 관리 이용하기 위해서는 우선 전략을 수립하고 조직 전체가 이를 실행해 나가야만 한다. 요컨대 AI를 위기가 아닌 기회로 삼으려면 각자가 데이터 중심(Data-centric) 조직이 되어야 한다.

2) 데이터 수집과 통합: 사일로(silo) 깨기

사일로(silo)란 원래 곡식 또는 위험 물질 등의 지하 저장고를 의미하는 말인데, 여기에서 파생된 데이터 사일로(data silo)란 데이터가 전체적으로 통합되지 않고 개별 부서나 사업 부문별로 활용되는 것을 의미한다. 모든 개별 조직은 각자의 목적을 가지므로 그냥 두면 자신의 관점에 편중되고 다른 부서와 벽을 쌓게 된다. 따라서 이를 전사적 차원에서 통합하기 위해서는 체계적인 계획에 따라 꾸준한 노력이 필요하다.

과거 경영이 개별 기능의 전문화를 강조하였다면 이제 AI를 도입, 확산하기 위해 데이터 자산을 중심에 놓은 후 이를 중심으로 경영 의사 결정 및 개별 부서에서의 업무 효율화가 추진되어야 한다. 데이터를 수집, 관리하는 것이 더 이상 IT 부서만의 관심사가 될 수는 없다는 말이다.

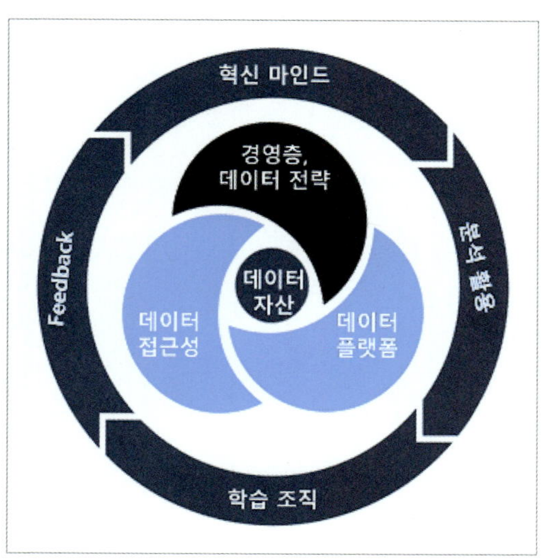

또한, IT 부서가 더 이상 현업의 요구에 따라 이를 수행, 관리하는 수동적 존재가 되어서는 안 되는 시대가 되었다. 기업이 데이터를 수집하고 활용함으로써 효율적이고 경쟁

력 있는 조직이 되도록 혁신 마인드와 분석 활용이 일상화되고, 이를 증진시키려는 학습 조직화로 선순환되어야 한다. 데이터 중심 조직이 되면 개별 기능적 측면이 아닌 전사적 관점에서 데이터를 바라보고 동시에 품질 및 보안 인식을 증진하게 된다. 데이터 중심의 학습 조직화는 작게 보면 새로운 기술을 익히는 것이지만, 조금만 넓게 보면 조직 구성원 모두가 공통의 언어를 사용하는 것이 되고 분석 활용의 문화를 통해 모두가 혁신의 주체가 된다는 것을 의미한다.

오늘날 기술의 진보 속도가 너무 빨라서 이제 그 누구도 모든 것을 아는 것이 불가능한 시대가 되었다. IT 부서가 현업의 다양한 요구 사항을 모두 실현하는 것이 쉽지 않을 뿐 아니라 이를 선제적으로 리드해 나가는 것은 더욱 어려워졌다. 그렇다고 현업 담당자가 새로운 분석 기법이나 전산 자원의 관리 기술을 학습하는 것도 사실상 불가능하다. 극단적 전문화가 진행되고 있기 때문인데, 이는 결국 더 이상 전통적인 기능별 조직 운영만으로는 충분하지 않다는 것을 의미한다. IT 기술이 이처럼 또는 그 어떤 것보다 빠르게 발전하고 기능 분화가 이루어지고 있음에도 불구하고 역설적으로 생존과 성공을 위해서는 디지털 기술을 중심으로 한 전문가 그룹이 회사의 전사적 데이터 중심 조직으로의 이행에 선도적 역할을 해야 한다. 그 이외에는 방법이 없기 때문이다. 이처럼 데이터 중심 조직으로의 전환을 위해서는 전사적 차원에서의 데이터 팀(Data Team)의 구성이 필요하다. 데이터 팀이란 일종의 상설 협의체 또는 '실무협의회'와 같은 개념으로 볼 수 있다. 즉 각자 맡은 업무와 별개로 기업 전략 자산으로서의 데이터의 정비, 활용과 이를 위한 데이터 플랫폼의 운영 및 개선을 위해 데이터 팀이라는 일종의 페르소나 (persona, 역할)를 부여하는 것이다. 아래에 AI 도입과 확산과 관련한 이러한 선도 그룹으로서의 '데이터 팀' 구성원의 주요 기능이 표시되어 있다.

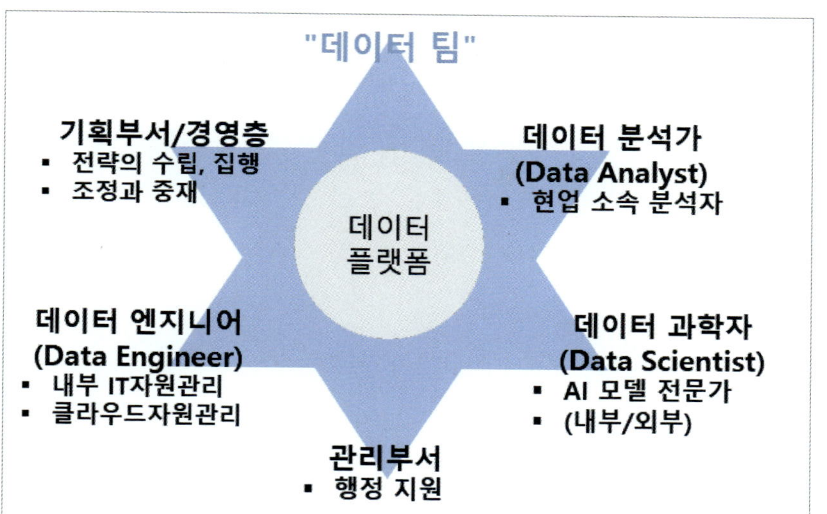

여기서 기획부서 또는 경영진은 회사 전략이라는 상위 개념에 따라 데이터 전략을 수립하고 의사 결정에서 조정자 역할을 하는데, 지나치게 기술 중심으로 흐르는 것을 막으면서 동시에 현업에서 있을 수 있는 변화에 대한 저항을 조정해 나가는 역할을 한다.

데이터 분석가(Data Analyst)의 경우 현업 부서에 소속된 사람으로서 도메인의 지식을 바탕으로 업무의 분석을 담당하는데, Excel의 이용일 수도 있고 (ppt 등) 보고서 작성자일 수도 있으며 부서 내에서의 BI 등 분석 도구를 다루는 분석자일 수도 있다. 중요한 것은 이들이 단순 반복 업무의 담당자가 아니라 디지털 전환 내지 디지털 혁신의 적극적 참여자가 되어야 한다는 것이다.

반면, 데이터 과학자(Data Scientist)는 기계학습 및 딥러닝 기술을 통해 모델을 구축하는데 많은 경우 외부 전문가를 통한 협업이 중심이 된다. 언어 모델, 컴퓨터비전, 이상 징후 판단 등의 모델 구축을 담당하는데 프로그래밍이나 수학적 소양 등 분야별로 전문성이 매우 심하기 때문이다. 이처럼 실제 구현은 외부 전문가와 협업하지만 이와 관련된 관리, 통제는 당연히 자사 직원의 몫이 된다. 흔히 IT 부서에서만 이러한 협업을 담당할 수 있다고 생각하지만 실제로는 오히려 해당 현업 업무의 담당자가 훨씬 더 적합하다. 업무 전문성이 그 이유이기도 하지만 또 다른 측면에서 IT 부서의 요원은 전사적 인프라로서의 전산 자원의 관리에 집중하는 것이 훨씬 효율적인 경우가 많기 때문이다. 어쨌든 이러한 AI/데이터 분석의 도입에는 외부 전문가와 함께 내부의 요원이 함께 작업하는 것이 필요하며(예컨대 공동 PM), 이는 운영 기술의 전수와 함께 이를 AI 거버넌스의 측면에서 중요하다. 결국 도입, 이용하는 AI 역시 그 주인은 해당 기업이기 때문이다.

데이터 엔지니어(Data Engineer)는 데이터베이스와 데이터웨어하우스 등 데이터 플랫폼의 설치, 운영과 클라우드 환경의 관리를 담당한다. 이러한 데이터 플랫폼은 단지 수동적으로 데이터를 저장하는 것이 아니라 뒤에서 보듯, 규정에 따라 누구나 적시에 손쉽게 데이터를 이용하도록 하는 셀프서비스로 동작해야 한다.

이들 데이터 팀은 그 자체의 기능과 함께 데이터 자원의 중요성과 활용을 회사 구성원에게 전파하는 것 또한 중요하다. 전 직원이 AI의 실제 구현까지는 아니더라도 전반적 맥락과 의미 그리고 개선 아이디어는 모두가 공유하면서 부서별 또는 부서 간 회의에서 공통의 언어로 대화하는 것이 중요하다. 이를 위한 교육도 중요한데, 인터넷 등에 수많은 교육 콘텐츠가 있으므로 회사로서는 예전보다 용이하게 큰 비용 들이지 않고도 이를 활용할 수 있는 시대가 되었다. 단지 필요한 것은 이를 지속하기 위한 데이터 전략의 수립과 제도화 그리고 이를 통한 육성의 의지라 하겠다. 결론적으로 데이터 팀은 관련 기술과 문화를 내재화하고 확산해서 기업이 데이터 중심 조직이 재탄생하도록 하는 역할을 담당한다.

3. AI 활용을 위한 데이터 플랫폼

1) 데이터 플랫폼의 개념

데이터 플랫폼이란 전사적 차원에서 데이터를 수집, 관리하고 필요 시 누구나 손쉽게 데이터를 이용할 수 있도록 하는 것을 말하며 데이터 인프라의 가치사슬 관점에서 다음 기능을 포함한다.

- 데이터 소스(Sources)
- 데이터 수집 및 변환(Ingestion & Transformation)
- 저장(Storage)
- 훈련(Training)
- 추론(Inference)
- 데이터 서비스(Data Services)

데이터 플랫폼은 단계에 따라 발전하고 있다. 초기의 전산 장비를 모아 놓은 형태를 것이 '데이터(Data) 1.0'이라면, 이후 클라우드를 적극 활용하되 주로 가상머신의 활용에 치중하는 것을 'Data 2.0', 이를 고도화한 것을 Data 3.0이라고 부른다.

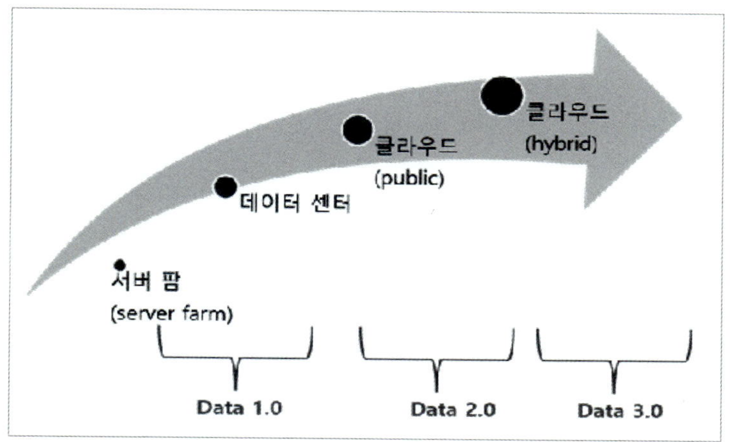

이 중에서 특히 Data 2.0 단계의 특징 중 하나가 데이터웨어하우스 또는 이에 관련한 데이터 레이크(Data Lake)의 개념이고, 이를 확장된 것이 셀프서비스(self-service) 데이터 플랫폼이다.

2) 데이터 플랫폼의 기술적 역할

(1) 데이터 소스의 관리

- 운영(OLTP) 데이터: ERP, CRM 등의 거래 데이터에서 추출
- 실시간 데이터: (i) 센서, 제조, 의료 데이터 (ii) 웹(홈페이지)에서의 사용자 기록 데이터, 로그(log) 데이터 등이 포함됨.
- 합성 데이터: 인공 생성 데이터(현실 세계에서 수집하지 않은 데이터, 예: AI, Datagen, Tonic 등 이용). 합성 데이터는 비용 효율적이지만 통계적 이상치 데이터 표현이 부족해 모델 성능 최적화에는 다소 한계 있음.
- 웹 데이터: 웹 스크래핑을 통해 공용 데이터를 수집

(2) 데이터 수집 및 변환

데이터 파이프라인이란 데이터의 소스에서 목적지로 데이터를 전송하고 분석 가능한

상태로 변환하는 과정을 의미하는데 (i)배치(batch) 처리와 (ii)스트리밍 처리가 포함된다.

- ETL/ELT: 전통적인 방식(배치 처리, 스트리밍 처리)

- 특성 공학/파이프라인: ML에서는 주로 테이블 데이터 처리

- 비정형 데이터 파이프라인: 데이터 추출, 변환, 저장 과정을 통합하여 비정형 데이터를 정리 및 저장

- 도구 및 프레임워크

  - 스트리밍 도구: Kafka, Confluent, Flink

  - 오케스트레이션 도구: Astronomer, Airflow, Prefect 등

  - 라벨링 도구: LabelBox, Scale AI 등을 이용

  - 배치 도구: ETL(Airbyte, Fivetran), 변환(dbt,coalesce)

  - 비정형 데이터 처리: Datavolo, LlamaIndex 등

(3) 데이터 저장

- 전통적 접근: 데이터웨어하우스에 저장

- AI 활용을 위한 데이터 (1): 데이터 레이크

- AI 활용을 위한 데이터 (2): 벡터 데이터베이스를 통한 데이터 임베딩 결과의 저장

- 주요 도구:

  - 데이터 레이크 관련: Databricks, Onehouse, Tabular 등

  - 벡터 DB: Pinecone, Chroma, Milvus, Weaviete 등

(4) 모델의 훈련

- 대규모 언어 모델(LLM) 학습 과정:

  - 사전 학습: 비지도학습으로 데이터의 패턴 인식

  - 지도학습: 성능 최적화

  - 강화학습(RLHF): 인간 피드백을 통한 성능 향상

- 검증 및 평가: 정확도, 손실 최소화 등 모델 적합성 평가

- 최종 단계: 보안, 거버넌스, 컴플라이언스 준수를 확인한다.

- 주요 도구로는 다음을 들 수 있다.

  - 모델 학습: TensorFlow, PyTorch

- 모델의 평가: neptune.ai, Weights & Biases

- MLOps 관련: Databricks, H2O.ai, DataRobot, Dataiku 등

- llm 모델: OpenAI, Cohere, Mistral AI, Runway

(5) 모델 추론

- 주요 과정: 프롬프트 입력 → 토큰화/벡터화 → 데이터 처리 → 출력 생성

- 맞춤화, 즉 벡터 데이터베이스와 LLM 연동이 중요한데 이를 통해 사용자의 컨텍스트를 반영한 고유한 결과를 생성한다.

- 주요 도구로는 다음을 들 수 있다.

  - 툴링: ANON, E2B

  - Memory: MemGPT, cognee.ai

  - RAG 프레임워크: LangCHain, LlamaIndex, contextual.ai,

  - Agent/App: ChatGPT, Claude, character.ai, Decagon 등

(6) 데이터 서비스

여기에는 다음 항목이 포함된다.

- 데이터 보안: 접근 제어, 데이터 유출 방지(Rubrik, eureka, imperva, sentra, Dig, Cyera, Varonis, BigID)

- 데이터 가시성: 데이터 파이프라인의 품질 및 성능 모니터링(Anomalo, datologyai, OBSERVE, MonteCarlo, Cleanlab, Scale AI, onum, metaplane)

- 데이터 카탈로그: 메타데이터 중앙화, 데이터 자산 조직화(atlan, Alation, Collibra, Informatica, Acryl Data, CastorDoc, select star, data.world)

한편, AI 활용에서는 비정형 데이터에 대한 파이프라인이 중요하다. 대화형 AI 및 에이전트 애플리케이션에 내부 비정형 데이터를 활용하려는 수요가 증가하고 있기 때문이다.

- 비정형 데이터 파이프라인: 전통적 파이프라인과 유사하게 (i) 데이터 추출, (ii) 변환, (iii) 인덱싱, (iv) 저장의 과정을 거친다.

- 비정형 데이터의 주요 데이터 소스: PDF 텍스트, 지식 베이스, 이미지 등

- 차별화 요소: 변환 단계에서 기존 파이프라인과의 차이가 일부 존재한다.

- 데이터 카탈로그(Data Catalog)의 생성
  - 데이터 청킹(chunking): 데이터를 작은 단위로 나누기
  - 메타데이터 추출: 인덱싱을 위해 필요한 데이터 생성
  - 임베딩: 각 데이터 청크를 벡터 형태로 변환해 저장
- 비정형 데이터의 활용에 따라 AI 활용의 성공도가 다르다.
  - 청킹 전략과 임베딩 모델의 선택은 검색 정확성에 중요하다
  - 도메인 특화 임베딩 모델: 예를 들어, 코드 생성, 의료/바이오, 법률 콘텐츠에 특화된 모델
  - 벡터 데이터베이스 활용: 비정형 데이터를 질의 가능한 형식으로 변환하기 위해 벡터로 표현하고 저장해야 한다.
  - RAG(Retrieval-Augmented Generation) 및 에이전트를 통해 LLM의 개인화와 로컬 설치 운영이 가능

이 밖에도 AI의 성공적 활용을 위한 많은 고려 요소가 존재한다. 그러나 사용자 관점에서 데이터 플랫폼을 바라본다면 가장 중요한 개념은 누구나 편리하게 데이터를 이용하게 해주는 셀프서비스 플랫폼의 개념이라 하겠다.

3) 셀프서비스(Self-service) 데이터 플랫폼

데이터베이스는 원래 재고관리, 판매관리, 생산관리 등 거래 처리를 그 주된 목적으로 출발하였다. 이후 분석을 위해 특화된 것이 데이터웨어하우스(Data Warehouse, 이하 DW로 표기)이다. 일반적인 (관계형) 데이터베이스가 행(行, row) 기반인 반면, DW는 대부분 열(列, column) 중심으로 동작하는데 이는 축적된 대량 데이터를 한꺼번에 처리하는 것에 방점을 찍은 것이다.

	DW	Data Lake
데이터의 구조성 (table 형태 여부)	구조적 데이터 중심	구조적/비구조적 데이터 포함
테이블 스키마 (schema) 처리	Schema-on-write 즉 구조 확인 후 기록	Schema-on-read 먼저 읽고 사용한 후 테이블 구조 적용
장비(스토리지)	고가	저가 장비 이용
질의 유형	SQL	SQL, 분석 모델

DW가 과거 엄청난 비용과 시간이 소요되면서도 이용 효과는 제한적인 경우가 많았는데 이는 표준화를 강조하다 보니 시스템 자체가 유연하지 못했기 때문이었다. 최근 보다 유연하면서도 자유로운 이용을 위한 데이터 레이크 및 Lakehouse 개념이 도입되고 있다. 과거와 달리 오픈소스 솔루션이 대세여서 대부분 무료 이용이 가능하다. 단지 문제가 되는 것을 이를 활용할 수 있는 기술 인력의 양성과 전파 및 이를 추진할 리더십이라고 하겠다.

4) 생성형 AI와 데이터 활용

생성형 AI는 챗GPT 외에도 Claude, Gemini, llama, 그리고 Mistral 등 다양한 상용 및 오픈소스 제품이 있으며 앞으로도 많은 솔루션이 탄생할 것이다. 그런데 이러한 AI의 배경에는 수십 년에 걸쳐 발전한 데이터 분석 기술이 존재한다고 할 수 있다.

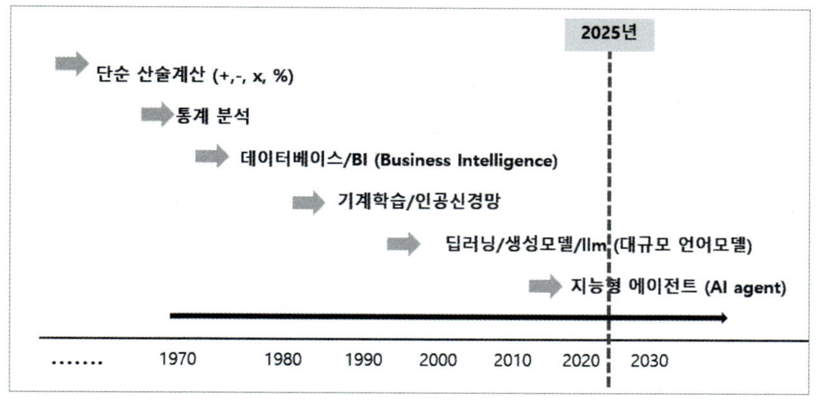

우선 생성 모델/llm의 경우 놀랄만한 성과에도 불구하고 몇 가지 문제점 또한 가지고 있다. 즉 확률에 의거한 언어 모델이기 때문에 환각 증세(hallucination)에 의해 엉뚱한 답변을 받을 수 있다는 것이다. 그리고 거대 기업 중심의 유료 서비스 모델에서는 개별 기업의 특수 상황이나 자체 데이터를 이용하지 못한다는 문제가 있다. 이에 대한 대책 중 주요한 것은 다음과 같다.

- 프롬프트 공학(prompt engineering)에서는 AI 모델의 관점에서 사람이 어떻게 질문하는 것이 효과적인지를 논의한다. 질의 내용에 따라서는 처리 성능의 차이뿐 아니라 과금 또한 달라지는데 이 문제 역시 프롬프트 공학에서 다룬다.

- 생각의 사슬(Chain-of-Thought) - 추론 작업의 성능 높이기 위해 단순히 문제를 제시하는 대신 문제 해결하는 과정까지 함께 고려해서 질문하여 추론 과정을 따라가도록 하는 것
- 검색 증강 생성(Retrieval-augmented generation(RAG)) - 모델이 자신이 훈련된 데이터에 의해 응답하기 전에 외부 지식을 검색, 참조함으로써 질문의 맥락을 유지하도록 하는 것
- LangChain/LangGraph - 모델과 다른 애플리케이션을 연결함으로써 기능을 보충하고 정확도를 유지하려는 것

이 중에서 검색 증강(RAG)과 LangChain 및 LangGraph 등이 크게 주목받는데, 이를 통해 상용 서비스와 오픈소스의 연계 통합 또는 내부 시스템 상호 간의 연계도 가능하다. 이처럼 독립적인 자체 모델 또는 다양한 모델의 연계를 통해 기업 고유의 특화 모델로 사용되는 예로는 다음과 같은 것이 있다.

- 고객 지원: (i) 과거의 고객 접촉 이력을 찾아내거나 (ii) 자주 하는 질문(FAQ)의 제공 (iii) 개별 고객에 대한 지원 현황 등
- 챗봇: (i) 고객 문의 시 자사 제품/상품의 소개 (ii) 대리점 또는 영업 사원과의 연결 등
- 보고서 생성 및 검색: (i) 내부 서식에 맞추어 각종 보고서 등 문서 기안 (ii) 기존 문서에 대해 의미 기반 검색(semantic search)을 함으로써 검색 정확도의 획기적 향상
- 전자상거래: (i) 상품 추천 (ii) 상품 비교(자사품VS경쟁 제품, 또는 자산품 상호 간) (iii) 챗봇을 통한 고객 의견의 수집 (iv) 구매 이력을 포함한 다양한 로그(log) 데이터를 통해 구매 패턴과 추천 및 시스템 성능 관리 등
- 지식 베이스(knowledgebase) 구축: (i) 일반 지식 베이스 (ii) 분야별 특화된 지식 베이스(예: 법적 문서, 회사 규정, 연구개발 문서, 특허/기술 문서 등에 대한 축적 및 검색 활용)
- 교육 자료: 종업원의 직급별, 분야별 교육 자료를 바탕으로 자연어 대화식으로 활용

이러한 현재의 생성 모델은 조만간 지능형 에이전트(AI Agent) 기술로 이어질 것이다. 에이전트란 사람 개입 없이 특정 작업을 수행하는 자율 시스템을 말하는데 현재의 정적인(static) 문장 생성에서 나아가 환경 변화에 능동적 동태적(dynamic)으로 대응함으로써 기업의 각종 프로세스의 자동화로 이어질 것이다. (뒤에 설명하는 "4. 데이터 분석과 인사이트 도출, 1) 중소기업 AI 활용 예 ①영업/마케팅" 참조)

4. 데이터 분석과 인사이트 도출

1) 중소기업 AI 활용 예 ① 영업/마케팅

영업의 경우 전통적 CRM과 SFA(sales force automation, 영업 활동 관리)에도 AI가 적용되고 있다. 즉 고객 정보를 더욱 세분화하고 여기에 SNS 정보 및 각종 모바일 환경에서의 활동, 콜센터 등 고객 서비스 접촉 이력을 추가한 후 이를 마케팅에 연계한다.

마케팅에서는 전통적 4P를 더 세분화해서 micro-decision 단위의 프로세스를 생성하고 효율화하여 AI 모델을 구축한다.

제품(Product)	제품 구성(기능, assortment 등)
가격(Price)	일반 가격, 유통 채널별 가격 등
판매 촉진(Promotion)	광고, 추천, 판촉 활동 등
유통 채널(Place)	상품/서비스의 전달 경로

디지털 마케팅 또한 중요성이 더해지고 알고리즘 마케팅과 결합하여 micro-decision의 최적화를 꾀한다. 현 단계가 이런 변화의 초기 단계로서 자동화의 부분적 적용(예컨대 고객 응대용 챗봇, 견적 자동화)이라면 이런 변화는 날이 갈수록 가속화되고 일정 단계를 넘어서면 급속히 전체 프로세스의 최적화를 목표로 나아간다. 즉 최적화 목표 변수를 설정하면 최적화 모형은 다음과 같게 된다.[1]

여기서 S는 취할 수 있는 활동 대안(action space)으로서 Sopt는 $S_{opt} = \underset{s \in S}{arg\,max}\, G(s, D)$ 최적 전략을, D는 가용 데이터, 그리고 G는 활동과 데이터를 대응하여 결과를 산출하는 모델을 나타낸다. 예컨대 월별 매출은 $G = \sum_u q_u m$ (qu: 제품별 월매출, m: 마진율, u: 개별 고객)

이때 최적화 문제는 다음 식으로 표현된다.

$$\underset{s}{max}\, k \cdot q_u m - c$$

(k: 프로모션에 따른 매출증대율, c: 판촉비용)

이러한 전개는 일견 매우 인위적인 것으로 보이지만 적절한 데이터만 수집되면 의외로 현실적인 모델이 되고 최적화 모델을 통해 판촉, 마케팅, 영업 활동의 성과 분석과 자원

---

1) I.Katsov, Introduction to Algorithmic Marketing, Grid Dynamics, 2018

배분 최적화가 가능해진다. 워낙 복잡하고 많은 데이터를 대상으로 하기 때문에 과거에
는 엄두를 내지 못했지만 AI의 등장으로 가능해진 것이다.

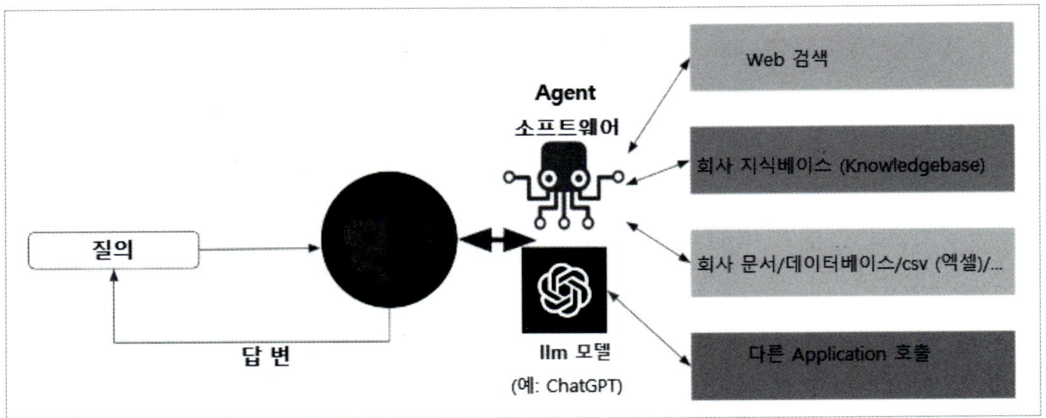

이때 통합 조정의 기능(process orchestration이라 부른다)이 대두되는데 이를 가능하게 하
는 것이 에이전트 개념이고 이것이 생성 모델과 결합하면서 AI가 기업의 프로세스 전반
에 퍼져 나가게 된다.

위의 프로세스 자동화와 함께 데이터 기반의 성과 체계도를 만들 수도 있다. 다양한
KPI와 측정 지표에 기반한 균형 성과 관리(BSC, balanced scorecard)를 확장한 영업 BSC
가 그것이다.

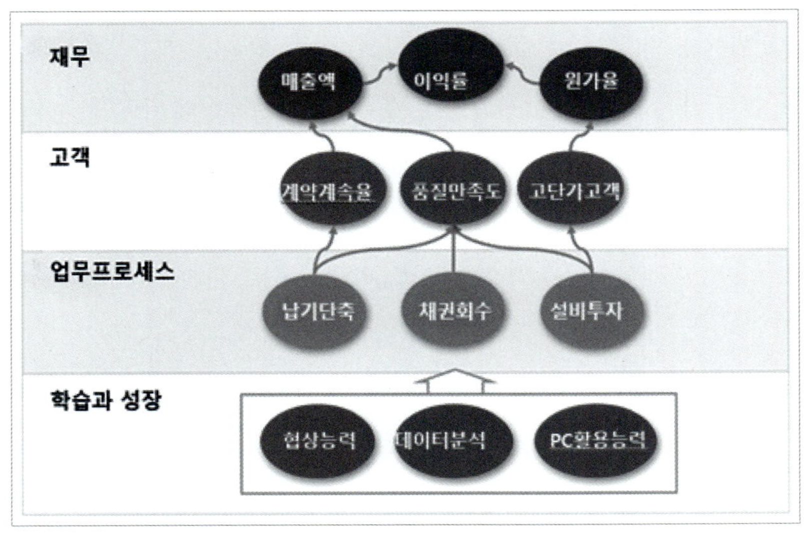

2) 중소기업 AI 활용 ② 설비 자산 건전성 예측

과거 제조업체에서 생산 설비를 한 번 설치하고 나면 좀처럼 이를 수정하지 않으려 한다. 이는 유연 생산을 저해할 뿐만 아니라 고장이 나거나 효율이 떨어져도 쉽게 수리하기 어려웠고 제조사에 반송(shipback)하는 경우도 자주 발생했다. 그러나 최근에는 가능한 많은 부분에 범용 부품를 이용하고 또한 설비 자체에서 많은 로그 데이터를 출력해 주는 추세이다. 이는 비정상(anomly) 상황 발생 시 실시간으로 기기 상태를 체크하거나 설비 효율 자체를 최적화하는 것도 가능하게 해 준다. 또한, 생산 설비 등의 예방 점검과 관련하여 PHM(Prognostics and Health Management)이란 개념도 확산하고 있다. PHM이란 기업의 설비 건전성을 공학적으로 관리하는 것을 말하는데, 이는 사용자 관점에서는 설비 관리가 되지만 동시에 공급자 입장에서는 납품된 설치 장비에 대한 사전 점검 내지 예방 점검(preventive maintenance)의 의미를 가진다. PHM에서는 여러 물리 현상을 측정하여 이상 징후가 정상 패턴의 범위에서 얼마나 이탈하는지를 통해 미리 장애에 대한 판단을 하는(predictive diagnostics) 것을 의미한다. 이러한 PHM의 기본 프레임워크는 다음과 같다. (그림에서 사용된 용어: SoH(state of health), RUL(remaining useful life, 잔여 수명))

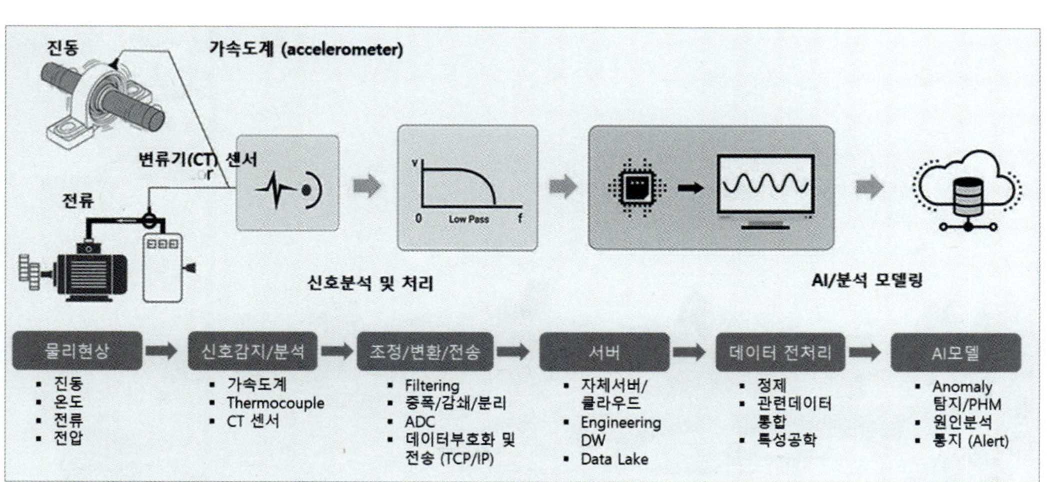

이러한 PHM의 구체적 사례로는 예컨대 냉장고와 같은 가전제품에서 컴프레서의 진동수를 기록하고 이들의 시계열 패턴은 모델링하여 이상 징후를 미리 탐지하는 것을 들 수 있다.

위 그림에서 보듯이 PHM의 적용을 위해서는 우선 센서를 통해 필요한 데이터를 획득하는데 필요에 따라 진동이나 음향을 탐지할 뿐만 아니라 온도, 습도 등의 다양한 데이터와 함께 사용자의 사용 패턴 및 전력 상황도 중요한 요인이 된다. 이후 이들 아날로그 데이터를 신호 처리하여 디지털 데이터로 변환하고, 이들을 측정 주기에 맞추어 시계열 데이터로 만든 후 정제하여 정확성을 높이고 연관된 데이터와 함께 정규화시키고 나면 이를 다양한 방식으로 분석하여 모델을 구축한다. 물론 실제 적용을 위해서는 많은 공학적 계산과 함께 확률 분석 등의 방식을 취하는데, 최종적인 모델의 구축에는 지도학습 및 비지도학습의 다양한 알고리즘을 업무에 맞게 선택하여 적용한다.

- 의사 결정 트리 및 Random Forest 등의 ensemble 알고리즘
- SVM(Support Vector Machine
- 딥러닝과 시계열 분석
- 기타 이상 탐지 알고리즘(예: kNNG, OCSVM, …)

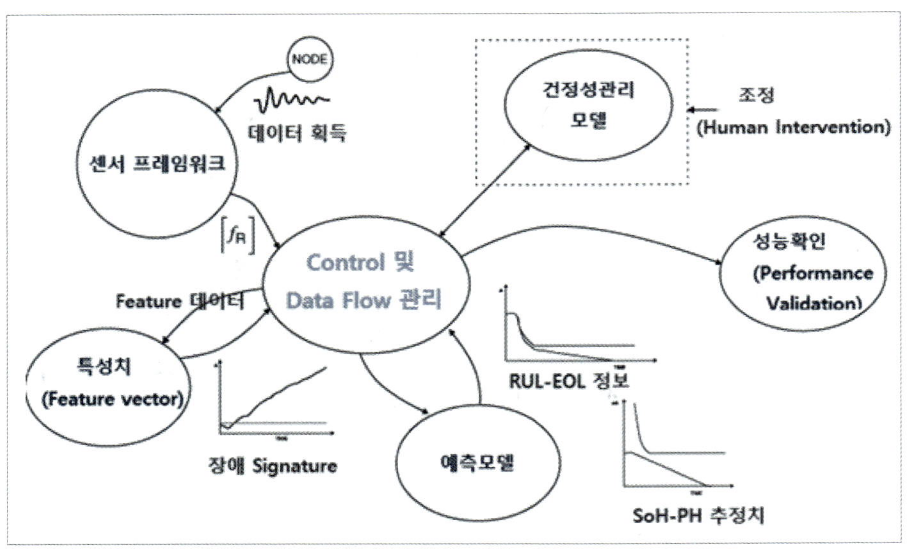

5. 결론

AI의 너무 빠른 발전으로 인해 많은 혼란이 있지만 분명한 것은 이미 AI 혁명은 시작되었고, 남은 과제는 얼마나 빨리 이 새 물결을 이해하고 적응하느냐의 문제일 뿐이다. 이러한 대응책의 첫 단계는 데이터의 중요성을 인식하는 일이다. 그런 후 데이터 중심 조

직으로의 변화를 향한 데이터 전략을 수립해야 한다. 핵심 인원을 중심으로 데이터 팀을 구성하되 IT 기술 인력에만 맡기지 않고 현업과 회사 전략 담당자가 주도적으로 참여하고 여기에 경영진의 적극적 참여와 후원이 가해져야 한다. 데이터 팀은 핵심 과제를 발굴하고 실천함으로써 그 성과가 조직 전체로 전파되도록 해야 한다.

다른 한편에서는 이러한 노력이 체계화하고 지속 가능하도록 실용적인 데이터 플랫폼을 마련해야 한다. 데이터 플랫폼 역시 셀프서비스를 지향함으로써 소수의 기술 전문가를 위한 것이 아닌 구성원 전체가 참여하는 방향으로 진행되어야 하는데 이는 필요 시 재택근무, 원격근무 또는 시공을 초월한 부서 간 또는 기업 외부 조직과의 협업 등의 토대가 될 것이다.

데이터와 데이터 기반 의사 결정이 중요해지는 이유는 결국 사회 구조가 디지털화, 소프트화되기 때문인데 앞으로는 AI 에이전트 기술의 대두 그리고 로봇과 자동화와 함께 더욱 큰 파괴적 변화를 맞게 될 것이다. 이러한 변화는 중/소/대기업 모두에 그리고 서비스, 제조, 공공 부문을 가리지 않고 적용될 것이며 그 누구도 이러한 변화를 피해 갈 수는 없다.

AI가 2~3년 내에 인간의 지능을 넘어설지 여부는 알 수 없지만, 분명한 것은 일상적인 작업의 상당수가 지능형 에이전트에 기반한 자동화를 향해 급격히 변해 나갈 것이라는 점이다. 바야흐로 막연하고 추상적인 것이 아닌 진정한 디지털 전환을 의미하는 것으로써 이를 위한 준비 작업은 오늘 각자의 위치에서 시작되어야 한다.

기업이 이러한 변화에 적응하는 문제는 정부도 그 누구도 아닌 스스로의 자각과 행동에 의해서만 가능하다. 데이터 중심 조직이라는 명제는 작지만 그러나 보다 유연하면서도 고부가가치를 지향하는 조직을 향한 첫걸음이 될 것이다. 이를 바탕으로 회사 전체가 유연하면서도 디지털 지능으로 무장된 조직이 된다면 분명 AI 혁명은 위기가 아닌 기회로 다가올 것이다.

제4장

성공적
AI 구축 및
활용 전략

4-1. 업무 혁신에 AI가 만병통치약인가?

인공지능(AI)은 최근 몇 년간 비즈니스 세계에서 뜨거운 화두 중 하나로 떠올랐다. 특히 중소기업의 업무 혁신 측면에서 AI는 큰 기대를 받고 있다. 하지만 AI가 모든 문제를 해결할 수 있는 만병통치약인지에 대해서는 신중한 접근이 필요하다. AI의 긍정적인 측면과 한계성을 균형 있게 이해하고, 이를 바탕으로 올바른 활용 방안을 모색하는 것이 중요하다.

1. AI 활용의 긍정적 측면

AI는 기업의 업무 효율성과 생산성을 획기적으로 향상하게 시킬 수 있는 잠재력을 가지고 있다. 그 구체적인 예시를 살펴보면 다음과 같다.

우선 생산 공정 최적화 측면에서 보면, AI를 활용한 예측 유지 보수 시스템은 장비의 고장을 사전에 예측하고 방지할 수 있다. 이를 통해 생산 라인의 가동 중단 시간을 최소화하고, 유지 보수 비용을 크게 절감할 수 있다. 실제로 일부 제조업체에서는 AI 도입 후 장비 고장으로 인한 가동 중단 시간을 70%까지 줄인 사례가 있다.

고객 서비스 향상을 위해 AI 챗봇은 24시간 365일 쉬지 않고 고객 응대를 수행할 수 있다. 이는 인력이 제한적인 기업에 특히 유용하다. 고객은 언제든 필요한 정보를 얻을 수 있어 만족도가 높아지고, 기업은 인건비를 절감할 수 있다. 일부 기업에서는 AI 챗봇 도입 후 고객 응답 시간이 60% 단축되고, 고객 만족도가 30% 향상된 사례가 보고되었다.

또한, 데이터 기반 의사 결정이 유효한 데 AI는 인간이 처리하기 어려운 대량의 데이터를 빠르게 분석하여 의미 있는 인사이트를 도출할 수 있다. 이는 시장 트렌드 파악, 고객 행동 예측, 리스크 관리 등 다양한 영역에서 활용될 수 있다.

예를 들어, AI를 활용한 수요 예측 모델을 도입한 유통업체에서는 재고관리 최적화로 재고 비용을 20% 절감하고 품절률을 15% 낮춘 사례가 있다.

업무 자동화 측면에서는 반복적이고 단순한 업무를 AI가 대신 처리함으로써 직원들은 더 창의적이고 가치 있는 업무에 집중할 수 있다. 예를 들어, AI를 활용한 문서 처리 자동화 시스템을 도입한 기업에서는 행정 업무 처리 시간이 50% 단축되어 직원들의 업무 만족도가 크게 향상되었다.

신제품 개발에서도 AI는 방대한 시장 데이터와 고객 피드백을 분석하여 새로운 제품 아이디어를 제안할 수 있다. 이는 제한된 R&D 자원을 가진 중소기업에 큰 도움이 될 수 있다. 실제로 AI를 활용한 제품 설계 시스템을 도입한 중소 제조업체에서는 신제품 개발 기간을 30% 단축하고 시장 적중률을 20% 높인 사례가 있다.

2. AI 활용의 한계성

그러나 AI가 모든 문제를 해결할 수 있는 만병통치약은 아니다. AI 활용에는 다음과 같은 한계와 주의점이 존재한다. 데이터 의존성 측면에서 AI는 학습된 데이터를 기반으로 작동하기 때문에 데이터의 품질과 양에 따라 성능이 크게 좌우된다.

중소기업의 경우 대기업에 비해 충분한 양의 고품질 데이터를 확보하기 어려울 수 있다. 이는 AI 성능의 제한으로 이어질 수 있다. 실제로 일부 중소기업에서는 데이터 부족으로 인해 AI 프로젝트가 기대한 성과를 내지 못한 사례가 보고되었다.

초기 투자 비용에서 보면 AI 시스템 도입에는 상당한 초기 투자 비용이 필요하다. 하드웨어, 소프트웨어, 인력 채용 및 교육 등에 들어가는 비용이 적지 않다.

또한, 시스템 유지 보수에도 지속적인 비용이 발생한다. 자금이 제한적인 중소기업에 이는 큰 부담이 될 수 있다. 일부 조사에 따르면, 중소기업의 40% 이상이 AI 도입의 가장 큰 장애물로 비용 문제를 꼽았다.

기술적 한계 측면에서도 AI는 아직 창의성이나 감성적 판단이 필요한 영역에서는 한계를 보인다. 예를 들어, 고객의 감정을 이해하고 공감하는 능력, 복잡한 윤리적 판단, 혁신적인 아이디어 창출 등에서는 여전히 인간의 능력이 필요하다. 따라서 이러한 영역에서 AI에만 의존하는 것은 위험할 수 있다.

윤리적 측면에서도 AI의 의사 결정 과정이 불투명하거나('블랙박스' 문제), 편향된 데이터로 인해 차별적인 결과를 낼 수 있다는 우려가 있다. 예를 들어, 채용 과정에서 AI를 활용했을 때 특정 성별이나 인종에 대한 차별이 발생한 사례가 보고된 바 있다.

이는 기업의 평판에 심각한 타격을 줄 수 있다. 보안 위험 측면을 보면 AI 시스템은 대량의 데이터를 처리하기 때문에 해킹의 표적이 될 수 있다. 특히 중소기업의 경우 대기업에 비해 보안 시스템이 취약할 수 있어 더 큰 위험에 노출될 수 있다. 실제로 AI 시스템을 통해 고객 정보가 유출된 사례가 빈번히 발생하고 있다.

3. 올바른 AI 활용 방안

AI를 효과적으로 활용하기 위해서는 다음과 같은 방안을 고려해야 한다. 우선 명확한 목표 설정이 필요하므로 AI 도입 전에 기업의 현재 상황과 니즈를 정확히 파악해야 한다.

AI가 정말 필요한 영역을 선별하고, 그 영역에서 얻을 수 있는 구체적인 이점을 명확히 해야 한다. 예를 들어, 고객 서비스 개선이 목표라면 어떤 지표를 얼마나 개선하고 싶은지 구체적으로 정의해야 한다.

또한, 단계적 접근이 필요하며 대규모 프로젝트보다는 소규모 파일럿 프로젝트부터 시작하는 것이 좋다. 이를 통해 성과를 검증하고 문제점을 파악한 후 점진적으로 확대해 나가는 것이 리스크를 줄이는 방법이다.

예를 들어, 특정 부서나 프로세스에 한정하여 AI를 도입한 후 성과가 검증되면 다른 영역으로 확대할 수 있다.

또한, 데이터 전략 수립이 선제적으로 준비가 되어야 하는데 AI의 성능은 데이터의 질과 양에 크게 좌우되므로 데이터 수집과 관리에 대한 전략이 필요하다. 데이터의 정확성, 일관성, 충분성을 확보하기 위한 프로세스를 구축해야 한다. 필요한 경우 외부 데이터를 구매하거나 파트너십을 통해 데이터를 확보하는 방안도 고려할 수 있다.

인재 육성 및 조직 문화 조성 또한 중요한데 AI 도입의 성공을 위해서는 직원들의 이해와 협조가 필수적이다. 전사적인 AI 교육 프로그램을 운영하고, AI에 대한 긍정적인 인식을 심어 주는 것이 중요하다. 또한, AI와 협업할 수 있는 새로운 업무 프로세스를 설계하고, 이에 맞는 조직 문화를 조성해야 한다.

윤리적인 측면에서 보면 AI 시스템이 공정하고 투명하게 운영되도록 해야 한다. AI의 의사 결정 과정을 모니터링하고, 필요한 경우 인간의 개입을 통해 조정할 수 있는 체계를 마련해야 한다. 또한, 개인정보 보호와 데이터 보안에 온 힘을 다해야 한다.

아울러 AI 시스템의 성과를 지속적으로 모니터링하고 평가해야 한다. 성과가 기대에 미치지 못하는 경우 원인을 분석하고 개선 방안을 마련해야 한다. AI 기술은 빠르게 발전하고 있으므로 최신 기술 동향을 지속적으로 파악하고 필요한 경우 시스템을 업그레이드해야 한다.

중소기업의 경우 내부에 AI 전문 인력을 확보하기 어려울 수 있다. 이런 경우 외부 전문가나 컨설팅 기관의 도움을 받는 것도 좋은 방법이다. 정부나 지자체에서 제공하는 AI 관련 지원 프로그램을 활용하는 것도 고려해 볼만하다.

결론적으로, AI는 중소기업의 업무 혁신에 큰 기회를 제공하지만 동시에 신중한 접근이 필요한 도구이다. AI의 장점을 최대한 활용하되 그 한계와 리스크를 충분히 인식하고 대비해야 한다.

AI는 인간을 대체하는 것이 아니라 보완하는 도구라는 인식에 따라 인간의 창의성과 AI의 효율성이 시너지를 낼 수 있는 방향으로 활용해야 할 것이다. 이러한 균형 잡힌 접근을 통해 중소기업은 AI를 통한 진정한 업무 혁신을 이룰 수 있을 것이다.

4-2. 산업별 AI 활용 전망

대한민국 중소기업의 AI 활용은 아직 초기 단계에 있으며, 산업별로 도입 수준에 차이가 있다. 많은 중소기업이 AI 기술의 중요성을 인식하고 있지만 기술 부족, 자금 문제, 전문 인력 부족 등으로 인해 실제 도입과 활용에는 어려움을 겪고 있다.

중소기업중앙회가 2024년 9월 25일부터 10월 23일까지 300개 중소기업을 대상으로 실시한 '중소기업 인공지능 활용 의향 실태 조사' 결과에 따르면, 현재 AI를 적용 중인 중소기업은 5.3%에 불과하고 중소기업의 94.7%가 AI를 활용하지 않고 있다.

향후 AI 도입을 희망하는 기업은 16.3%에 그치고 있는데, 미도입 이유로 전체의 80.7%가 "사업상 필요성을 못 느낀다", 14.9%가 "경영에 어떻게 도움이 되는지 모른다", 4.4%는 "AI 도입 및 유지 비용 부담"으로 나타났다.

AI 기술 적용을 계획하고 있는 분야에 대해서는 먼저 '비전 시스템으로 결함 탐지·불량률 요인 분석'(44.7%)를 가장 많이 응답하였고, 다음으로 '새로운 시장·고객 개척, 마케팅/광고'(37.7%), '과거 판매 데이터 분석 및 향후 판매 예측'(31.3%) 순으로 응답했다.

AI를 적용하지 않은 이유로는 '사업에 AI 기술이 필요하지 않다'는 의견이 80.7%로 가장 높고, 'AI 관련 기술 및 응용 서비스가 회사 경영에 어떻게 도움이 되는지 잘 모름'(14.9%), 'AI 도입 및 유지 비용이 부담됨'(4.4%), 'AI 도입에 필요한 인력이나 기술적 역량이 부족'(4.0%) 등의 순으로 나타났다.

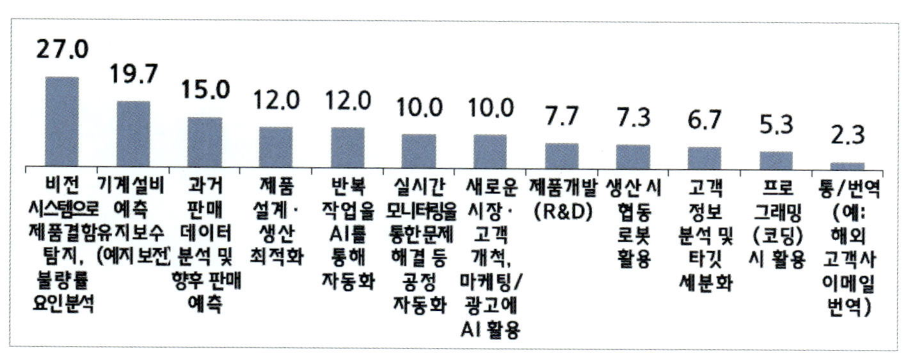

[그림 11] 동종 업계 AI 적용 사례 (전체 n=300, 단위 %, 복수 응답)

업종별로 보면 제조업에서는 '비전 시스템으로 제품 결함 탐지, 불량률 요인 분석'이 36.0%로 가장 높고, 기계설비 예측 유지 보수(예지 보전)(26.0%), 제품 설계·생산 최적화(16.0%), 과거 판매 데이터 분석 및 향후 판매 예측(15.5%) 등의 순으로 나타났다.

서비스업에서는 '반복 작업을 AI를 통해 자동화'가 18.0%로 가장 높게 나타났고, '새로운 시장·고객 개척, 마케팅/광고에 AI 활용'(17.0%), 제품 개발(R&D)(16.0%), 과거 판매 데이터 분석 및 향후 판매 예측(14.0%) 등의 순으로 나타났다.

또한, AI 도입에 따른 조직 내 변화 관리와 직원들의 수용성 제고에 어려움을 겪고 있으며, 이러한 현황과 문제점을 고려할 때 중소기업의 AI 도입 및 활용을 촉진하기 위해서는 통합적인 지원 체계 확대, AI 전문 역량 육성, 산업별 세분화된 지원 정책, 조직 문화 관리 지원 등이 필요할 것으로 보인다.

1. 제조업: 스마트팩토리 구현

1) 개요

제조업은 국내 경제의 중추 산업으로, 최근 디지털 전환(DX), 자동화, 스마트 제조 기술의 발전으로 큰 변화를 겪고 있다. 글로벌 경쟁 심화와 지속 가능성에 대한 요구 증가로 경쟁력 강화와 혁신이 필수적인 상황이다.

미래 제조업은 AI와 빅데이터를 활용한 지능형 스마트팩토리로 진화할 전망이며, 맞춤형 생산과 지속 가능한 제조 방식이 주요 트렌드로 부상할 것으로 예상된다. 스마트팩토리 도입이 확산되고 있으며, AI를 활용한 생산 공정 최적화, 품질관리, 예측 유지 보수 등이 이루어지고 있다.

일부 중소 제조업체에서는 IoT 센서와 AI 알고리즘을 활용하여 장비의 상태를 실시간으로 모니터링하고 예측적 유지 보수를 수행하고 있다. 그러나 많은 중소기업이 여전히 AI 도입 초기 단계에 있으며, 기술 부족과 자금 문제로 어려움을 겪고 있다.

2) AI를 활용한 제조업 업무 혁신 전망

제조업에서 AI의 활용은 더욱 확대될 전망이다. 특히 생성형 AI의 발전으로 제품 디자인, 생산 공정 최적화, 품질관리 등 다양한 분야에서 혁신이 가속화될 것으로 예상된다. 맞춤형 제조와 고객 요구 사항을 즉각 반영한 제품 개발이 가능해질 것이며, 이는 제조업의 경쟁력을 크게 향상하게 시킬 것이다.

또한, AI 기술의 발전은 새로운 유형의 일자리를 창출하고 기존 직업의 역할을 변화시킬 것으로 전망된다. 기업들은 직원들에게 새로운 기술 습득을 위한 교육 기회를 제공하고, 데이터 보안 및 프라이버시 관리에 더욱 주의를 기울여야 할 것이다.

스마트팩토리 도입이 보편화되어 AI 기반의 생산 공정 최적화, 품질관리, 예측 유지 보수가 일반화되고 AI와 로봇공학을 활용한 AI 자율 실험실이 도입되어 연구 효율성이 크게 향상될 것이다.

2. 서비스업: 고객 경험 혁신

1) 개요

서비스업은 경제의 큰 부분을 차지하며, 고객 경험과 효율성 향상이 핵심 경쟁력이다. 디지털화와 AI의 발전으로 개인화된 서비스 제공과 운영 효율성 개선이 가능해지고 있다. 향후 AI와 빅데이터를 활용한 초개인화 서비스와 자동화된 고객 지원이 주요 트렌드가 될 것으로 전망된다.

고객 서비스 분야에서 AI 챗봇 도입이 증가하고 있으며, 고객 지원을 제공하고 있으며 일부 중소 서비스 기업들은 AI를 활용한 개인화된 서비스 제공과 데이터 분석을 통한 비즈니스 인텔리전스 강화에 나서고 있다.

그러나 많은 중소 서비스 기업들이 AI 기술 도입에 대한 이해와 전문 인력 부족으로 어려움을 겪고 있다.

2) AI를 활용한 서비스업 업무 혁신 전망

서비스업에서 AI의 활용은 더욱 심화할 것으로 예상된다. 특히 생성형 AI의 발전으로 더욱 자연스럽고 지능적인 고객 상호작용이 가능해질 것이다.

또한, AI를 통한 실시간 데이터 분석으로 서비스 품질 향상과 운영 효율성 개선이 가속화될 것으로 전망된다. 앞으로는 AI가 단순히 보조 도구를 넘어 서비스 제공의 핵심 요소로 자리를 잡을 것으로 예상되며, 이에 따라 서비스업 종사자들의 역할도 AI와의 협업을 중심으로 재정의될 것으로 보인다.

의료 분야에서 클라우드 기반 중소기업은 2030년까지 연간 3.2조 원의 생산성 효과를 창출할 것으로 기대되고, AI 챗봇과 가상 비서를 통한 24시간 고객 지원이 보편화될 것이다. 개인화된 서비스 제공이 AI를 통해 더욱 정교해질 것으로 예상되며, AI 기반의 데이터 분석을 통한 비즈니스 인텔리전스가 강화될 것이다.

3. 도소매업: 옴니 채널 전략과 개인화

1) 개요

도소매업은 온라인 쇼핑의 성장과 함께 큰 변화를 겪고 있으며, 특히 기업의 비중이 높은 이 분야에서 AI의 도입은 경쟁력 강화의 핵심 요소가 되고 있다. 미래에는 온·오프라인의 경계가 더욱 모호해지고, AI를 활용한 개인화된 쇼핑 경험과 효율적인 재고관리가 주요 트렌드가 될 것으로 전망한다. 이에 따라 유효한 옴니 채널 전략 수립 및 실행의 중요성이 커지고 있다.

AI 기반 수요 예측 모델을 통한 재고관리 최적화 시도가 이루어지고 있으며, 일부 중소 온라인 소매업체에서는 AI 기반 추천 시스템을 도입하여 개인화된 제품 추천을 제공하고 있다.

그러나 많은 중소 도소매 업체가 여전히 AI 기술 도입에 대한 인식이 부족하고, 데이터 관리 역량이 미흡한 상황이다.

2) AI를 활용한 도소매업 업무 혁신 전망

도소매업에서 AI의 활용은 더욱 확대될 전망이다. 특히 생성형 AI의 발전으로 더욱 정교한 고객 행동 예측과 개인화된 마케팅이 가능해질 것으로 예상된다.

또한, AI를 활용한 무인 매장, 증강현실(AR) 쇼핑 경험 등 새로운 형태의 소매 모델이 등장할 것으로 전망된다.

앞으로는 AI가 단순히 분석 도구를 넘어 의사 결정의 핵심 요소로 자리를 잡을 것으로 예상되며, 이에 따라 도소매업 종사자들의 역할도 AI와의 협업을 중심으로 재정의될 것으로 보인다.

특히 중소 유통업체들도 AI 기술을 쉽게 도입할 수 있는 플랫폼이 발전하면서 AI 활용이 더욱 보편화될 것으로 예상된다.

AI 기반 수요 예측 모델을 통해 재고관리가 최적화되고 식품 폐기물이 크게 감소할 것이다. 개인화된 제품 추천 시스템이 더욱 정교해져 고객 경험이 향상될 것이다.

AI를 활용한 가격 최적화 전략이 보편화될 것으로 예상된다. 물류 및 배송 최적화에 AI가 광범위하게 활용될 것이다.

4. 건설업: 설계 최적화 및 공정 계획

1) 개요

건설업은 전통적으로 기술 혁신의 속도가 느린 산업으로 여겨졌지만, 최근 AI와 디지털 기술의 도입으로 큰 변화를 겪고 있다. 안전성 향상, 생산성 증대, 비용 절감이 주요 과제로 떠오르고 있으며, 스마트 건설과 지속 가능한 건축이 미래의 주요 트렌드로 부상할 것으로 전망된다.

일부 중소 건설업체에서 AI를 활용한 설계 최적화와 공정 계획 관리를 시도하고 있다. 안전관리 분야에서 AI와 컴퓨터 비전 기술을 활용한 위험 요소 감지 시스템 도입이 시작되고 있다.

그러나 건설업 전반적으로 AI 도입 수준이 낮은 편이며, 많은 중소기업이 AI 기술의 필요성을 인식하지 못하고 있다.

2) AI를 활용한 건설업 업무 혁신 전망

건설업에서 AI의 활용은 더욱 확대될 전망이다. 특히 생성형 AI의 발전으로 더욱 혁신적인 건축 설계가 가능해지고, 복잡한 건설 프로젝트의 최적화가 더욱 정교해질 것으로 예상된다.

또한, AI와 IoT 센서를 결합한 '스마트 빌딩'의 보편화로 건물의 운영 및 유지 보수 방식이 크게 변화할 것으로 전망된다. 앞으로는 AI가 건설 프로젝트의 전 과정에 깊이 관여하게 될 것으로 예상되며, 이에 따라 건설업 종사자들의 역할도 AI와의 협업을 중심으로 재정의될 것으로 보인다.

AI를 활용한 설계 최적화가 일반화되어 효율적이고 지속 가능한 건축이 가능해질 것이며, AI 기반 공정 계획 및 관리 시스템을 통해 프로젝트 지연이 크게 감소할 것이다.

안전관리에 AI와 컴퓨터 비전 기술이 광범위하게 활용되어 산업재해가 감소할 것이며, 예측 유지 보수 시스템이 보편화되어 건설 장비의 가동 시간이 최적화될 것이다.

5. 정보통신업: 인공지능 일상화

1) 개요

IT 및 정보통신업은 한국 경제의 핵심 산업으로 부상하고 있는데 특히 생성형 AI, 클라우드 컴퓨팅, 사물인터넷(IoT) 등의 신기술 분야에서 높은 성장세를 보인다.

주요 현황을 보면 2022년 기준 정보통신업 사업체 수는 12만 7,358개로, 전년 대비 5.5% 증가하여 전체 산업 중 가장 높은 증가율을 기록했다.

종사자 수는 87만 3,167명으로, 전년 대비 5.0% 증가했고 특히 응용 소프트웨어 개발, 시스템 소프트웨어 개발, 컴퓨터 프로그래밍 서비스업 분야에서 종사자 수가 크게 증가했다.

향후 생성형 AI, 클라우드 AI 플랫폼, AI 리스크 관리 등이 주요 트렌드로 부상할 것으로 예측되는데, 소프트웨어 개발 분야에서 AI 코드 생성 및 자동화 도구 활용이 시작되고 있다.

일부 중소 IT 기업들이 AI 기반 네트워크 모니터링 및 최적화 솔루션을 개발하고 있으며 정보통신업은 다른 산업에 비해 AI 도입 수준이 높은 편이지만, 여전히 많은 중소기업이 AI 인재 확보와 데이터 관리에 어려움을 겪고 있다.

2) AI를 활용한 정보통신업 업무 혁신 전망

IT 및 정보통신업에서 AI를 활용한 업무 혁신은 다음과 같이 전개될 것으로 전망되고 있는 가운데 "모든 곳의 AI(AI Everywhere)" 즉 AI가 소프트웨어 개발, 네트워크 관리, 고객 서비스 등 모든 업무 영역에 통합되며 아울러 온디바이스 AI의 발전으로 엣지 컴퓨팅이 더욱 활성화될 전망이다.

소프트웨어 중심의 혁신이 예상되는바 AI 기반 소프트웨어가 하드웨어의 성능을 최적화하고 새로운 기능을 구현하는 핵심 요소가 되고 오픈랜(Open RAN) 등 소프트웨어 정의 네트워크가 주류로 부상할 전망이다.

또한, 자동화의 고도화가 진행되면서 경제적 불확실성으로 인해 비용 절감과 효율성 향상을 위한 자동화 도입이 가속화될 것이며, AI를 활용한 자동화로 인해 일부 IT 직종의 역할이 변화하거나 대체될 가능성이 있다.

개인화 및 맞춤형 서비스 확대가 가속되고 생성형 AI의 발전으로 더욱 정교한 개인화 서비스가 가능해질 것이며, 고객 경험 최적화를 위한 AI 활용이 더욱 중요해질 것으로 예상된다.

한편, 윤리적 AI 및 AI 거버넌스 강화 측면에서 보면 AI 사용의 확대로 인한 윤리적 문제와 리스크 관리의 중요성이 부각되면서 AI 시스템의 투명성과 설명 가능성에 대한 요구가 증가할 전망이다.

또한, 융합 기술의 발전적 측면에서 보면 AI와 5G, IoT, 블록체인 등 다른 첨단 기술의 융합이 가속화를 통해 새로운 비즈니스 모델과 서비스가 창출되고 AI 코드 생성 및 자동화 도구를 통해 소프트웨어 개발 효율성이 크게 향상될 것으로 전망된다.

4-3. 중소기업 AI 경영 로드맵

중소기업이 제한된 자원으로 AI를 효율적으로 도입하고 활용하기 위한 전략 및 로드맵이 중요하다. 무작정 AI를 도입하는 것이 아니라, 단계적으로 접근함으로써 리스크를 최소화하고 성과를 극대화할 수 있다.

AI 활용 로드맵을 통해 기업은 운영 비용 절감, 업무 효율성 향상, 고객 서비스 개선, 마케팅 효과 증대 등 다양한 효과를 얻을 수 있다. 특히 단계별로 얻은 경험과 노하우를 바탕으로 다음 단계로 발전할 수 있어, 지속 가능한 디지털 혁신이 가능하다. AI를 활용한 업무 혁신을 조직 내에 성공적으로 정착시키기 위한 로드맵과 단계별 주요 활동은 다음과 같다.

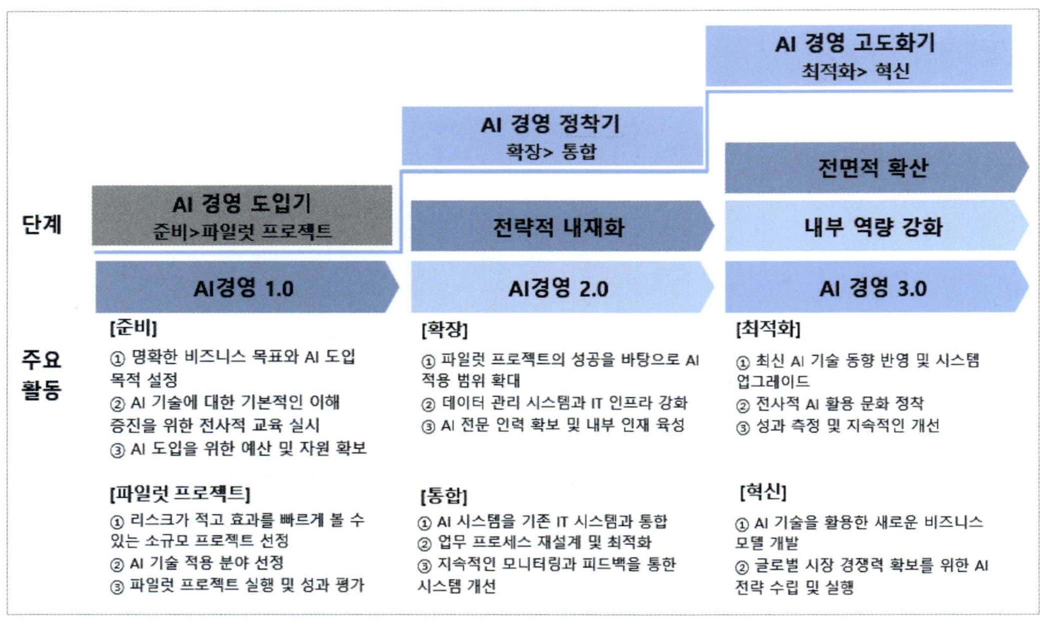

[그림 12] AI 경영 로드맵

1. 준비 단계

1) 명확한 비즈니스 목표와 AI 도입 목적 설정

AI 도입을 위해서는 먼저 해결하고자 하는 문제나 개선하고 싶은 영역을 명확히 정의해야 한다. 예를 들어, '고객 서비스 응답 시간 30% 단축'이나 '생산 라인 불량률 20% 감소'와 같은 구체적인 목표를 설정하는 것이 중요하다. 경영진과 실무자들의 의견을 종합하여 AI가 실질적으로 도움이 될 수 있는 영역을 찾아내는 과정이 필요하다. 목표가 명확할수록 AI 프로젝트의 성공 가능성이 커진다.

2) AI 기술에 대한 기본적인 이해 증진을 위한 전사적 교육 시행

AI에 대한 이해도를 높이기 위해 전 직원을 대상으로 기초 교육을 시행한다. 이 교육에서는 AI의 기본 개념, 활용 사례, 회사 업무와의 연관성 등을 다룬다. 외부 전문가를 초청하여 세미나를 개최하거나, 온라인 학습 플랫폼을 활용할 수 있다.

특히 경영진과 중간 관리자들의 AI에 대한 이해가 중요하므로 이들을 대상으로 한 심화 교육도 고려해 볼만하다. 이러한 교육을 통해 AI에 대한 막연한 두려움을 없애고, AI 도입에 대한 전사적인 공감대를 형성할 수 있다.

3) AI 도입을 위한 예산 및 자원 확보

AI 도입에 필요한 예산과 자원을 파악하고 확보해야 한다. 여기에는 하드웨어(서버, GPU 등), 소프트웨어 라이선스, 외부 컨설팅 비용, 내부 인력 교육 비용 등이 포함된다. 또한, AI 프로젝트를 담당할 내부 인력을 선발하거나, 필요한 경우 외부 전문가 영입을 고려해야 한다. 예산 책정 시에는 초기 투자 비용뿐만 아니라 운영 및 유지 보수에 필요한 지속적인 비용도 고려해야 한다. 정부나 지자체의 AI 지원 사업을 활용하는 것도 좋은 방법이다. 충분한 예산과 자원이 확보되어야 AI 프로젝트를 안정적으로 진행할 수 있다.

2. 파일럿 프로젝트

1) 리스크가 적고 효과를 빠르게 볼 수 있는 소규모 프로젝트 선정

AI 도입 초기에는 리스크를 최소화하고 빠른 성과를 얻을 수 있는 소규모 프로젝트를 선택하는 것이 중요하다. 이를 위해 현재 업무 프로세스 중 AI 적용으로 즉각적인 개선이 가능한 영역을 찾아야 한다.

예를 들어, 단순 반복적인 데이터 입력 작업의 자동화나 고객 문의 응답 시간 단축 등이 좋은 시작점이 될 수 있다. 이러한 프로젝트는 투자 비용이 적고 구현 기간이 짧아 빠른 성과 확인이 가능하다. 또한, 실패하더라도 기업 전체에 미치는 영향이 적어 안전하게 AI를 테스트해 볼 수 있다.

2) AI 기술 적용 분야 선정(예: 비전 시스템을 통한 결함 탐지, 고객 서비스 개선 등)

파일럿 프로젝트를 위한 AI 기술 적용 분야를 선정할 때는 기업의 핵심 업무와 연관성이 높으면서도 AI 기술의 강점을 잘 활용할 수 있는 영역을 고르는 것이 좋다. 제조업의 경우, 비전 시스템을 통한 제품 결함 탐지가 좋은 예시다. 이는 AI의 이미지 인식 능력을 활용해 품질관리 효율을 높일 수 있다. 서비스업에서는 AI 챗봇을 통한 고객 서비스 개선을 고려할 수 있다. 이는 24시간 응대 가능하고 대기 시간을 줄여 고객 만족도를 높일 수 있다. 또한, AI를 활용한 수요 예측이나 재고관리 최적화도 많은 기업에서 시도해 볼만한 분야다.

3) 파일럿 프로젝트 실행 및 성과 평가

파일럿 프로젝트를 실행할 때는 명확한 목표와 평가 기준을 설정하는 것이 중요하다. 프로젝트 시작 전 현재의 성과 지표를 측정하고, 이를 AI 도입 후의 결과와 비교해야 한다. 예를 들어, 제품 불량률 감소율, 고객 응답 시간 단축 정도, 비용 절감액 등을 구체적인 수치로 측정한다.

프로젝트 진행 중에는 정기적으로 중간 점검을 시행하여 문제점을 조기에 발견하고 수정할 수 있어야 한다. 프로젝트 종료 후에는 최종 성과를 평가하고, 성공 요인과 개선점을 분석한다. 이 결과를 바탕으로 AI 기술의 전사적 확대 적용 여부를 결정하고, 향후 AI

전략 수립에 반영한다.

3. 확장

1) 파일럿 프로젝트의 성공을 바탕으로 AI 적용 범위 확대

파일럿 프로젝트에서 얻은 성과와 경험을 바탕으로 AI 적용 범위를 점진적으로 확대한다. 먼저 파일럿 프로젝트와 유사한 업무 영역부터 시작해 점차 다른 부서나 프로세스로 확장한다.

예를 들어, 고객 서비스 챗봇이 성공적이었다면 내부 직원용 AI 지원 시스템으로 확대할 수 있다. 또는 한 생산 라인의 품질관리에 AI를 적용해 성공했다면 다른 생산 라인으로 확대할 수 있다. 이 과정에서 각 부서의 니즈를 파악하고, 우선순위를 정해 단계적으로 확장하는 것이 중요하다. 또한, 확장 과정에서 발생하는 문제점을 지속적으로 모니터링하고 개선해 나가야 한다.

2) 데이터 관리 시스템과 IT 인프라 강화

AI의 성능은 데이터의 질과 양에 크게 좌우되므로 AI 적용 범위 확대와 함께 데이터 관리 시스템을 강화해야 한다. 데이터의 수집, 저장, 처리, 분석을 위한 체계적인 시스템을 구축한다.

데이터의 정확성, 일관성, 보안성을 확보하기 위한 프로세스를 마련한다. 또한, AI 시스템의 원활한 운영을 위해 서버, 네트워크 등 IT 인프라를 개선한다. 클라우드 컴퓨팅 도입을 고려해 볼 수 있으며, 이를 통해 초기 투자 비용을 줄이고 유연한 확장이 가능하다. 데이터 백업 및 복구 시스템도 구축해 데이터 손실 위험을 최소화한다.

3) AI 전문 인력 확보 및 내부 인재 육성

AI 적용 범위가 확대됨에 따라 전문 인력 확보가 필수적이다. AI 엔지니어, 데이터 사이언티스트 등 외부 전문가를 영입하거나, 내부 인재를 AI 전문가로 육성한다. 외부 전문가 영입 시에는 기업의 비즈니스를 이해하고 실무에 적용할 수 있는 능력을 갖춘 인재를 선발해야 한다.

내부 인재 육성을 위해서는 체계적인 교육 프로그램을 마련한다. 온라인 교육, 외부 전문기관 위탁 교육, 프로젝트 기반 학습 등 다양한 방식을 활용할 수 있다. 또한, AI 전문가와 현업 부서 간의 원활한 소통과 협업이 이루어질 수 있도록 조직 문화를 조성한다. AI 관련 지식과 경험을 공유할 수 있는 사내 커뮤니티나 정기적인 기술 세미나 등을 운영하는 것도 좋은 방법이다.

4. 통합

1) AI 시스템을 기존 IT 시스템과 통합

AI 시스템을 기존 IT 인프라와 원활하게 통합하는 것이 중요하다. 이를 위해 API나 미들웨어를 활용해 데이터의 흐름을 원활하게 만들어야 한다. 예를 들어, AI 기반 고객 분석 시스템을 CRM 시스템과 연동하면 영업팀이 AI의 인사이트를 바로 활용할 수 있다. 또한, 보안과 데이터 프라이버시를 고려해 통합 과정에서 적절한 보안 조치를 해야 한다. 클라우드 기반 솔루션을 활용하면 더욱 유연하고 확장 가능한 통합이 가능하다.

2) 업무 프로세스 재설계 및 최적화

AI 도입에 맞춰 기존 업무 프로세스를 재검토하고 최적화해야 한다. 예를 들어, AI가 데이터 분석을 담당하게 되면 직원들은 더 전략적인 의사 결정에 집중할 수 있다. 이를 위해 업무 흐름을 분석하고, AI가 담당할 수 있는 부분과 인간의 판단이 필요한 부분을 명확히 구분해야 한다.

또한, 직원들이 새로운 프로세스에 적응할 수 있도록 교육 프로그램을 제공하고 변화 관리 전략을 수립해야 한다. 프로세스 재설계 시 직원들의 의견을 수렴하여 현장의 니즈를 반영하는 것도 중요하다.

3) 지속적인 모니터링과 피드백을 통한 시스템 개선

AI 시스템의 성능을 지속적으로 모니터링하고 개선하는 것이 필요하다. 이를 위해 주요 성과 지표(KPI)를 설정하고 정기적으로 측정해야 한다. 예를 들어, AI 챗봇의 경우 고객 만족도, 문제 해결률 등을 추적할 수 있다.

사용자와 직원들로부터 정기적으로 피드백을 수집하고, 이를 바탕으로 시스템을 개선해야 한다. AI 모델의 성능이 시간이 지남에 따라 저하될 수 있으므로 주기적으로 모델을 재학습시키는 것도 중요하다. 또한, 새로운 데이터와 변화하는 비즈니스 환경을 반영하여 시스템을 지속적으로 업데이트해야 한다.

5. 최적화

1) 최신 AI 기술 동향 반영 및 시스템 업그레이드

AI 기술은 빠르게 발전하고 있어 지속적인 업그레이드가 필요하다. 최신 AI 트렌드를 모니터링하고 기업에 적용 가능한 기술을 선별해야 한다. 예를 들어, 생성형 AI나 엣지 AI 등 새로운 기술을 도입해 시스템을 개선할 수 있다.

또한, 기존 AI 모델의 성능을 높이기 위해 새로운 학습 데이터를 지속적으로 제공하고, 모델을 재학습시켜야 한다. 시스템 업그레이드 시에는 보안과 안정성을 고려해야 하며, 사용자 경험에 미치는 영향을 최소화해야 한다.

2) 전사적 AI 활용 문화 정착

AI 활용이 일부 부서나 전문가에 국한되지 않고 전사적으로 이루어지도록 해야 한다. 이를 위해 모든 직원을 대상으로 AI 리터러시 교육을 시행하고, AI 활용 우수 사례를 공유하는 것이 좋다. AI 도구 사용을 장려하기 위한 인센티브 제도를 도입할 수도 있다. 또한, AI를 활용한 혁신적인 아이디어를 제안하고 실행할 수 있는 플랫폼을 만들어 직원들의 참여를 유도해야 한다. AI와 인간의 협업을 통해 더 나은 결과를 만들어 낼 수 있다는 인식을 심어 주는 것도 중요하다.

3) 성과 측정 및 지속적인 개선

AI 도입의 효과를 객관적으로 평가하기 위해 명확한 성과 지표를 설정하고 정기적으로 측정해야 한다. 생산성 향상, 비용 절감, 고객 만족도 개선 등 다양한 측면에서 AI의 영향을 분석할 수 있다. 성과 측정 결과를 바탕으로 AI 시스템의 개선점을 파악하고 지속적으로 보완해 나가야 한다.

사용자 피드백을 적극적으로 수집하고 반영하는 것도 중요하다. AI 모델의 성능뿐만 아니라 윤리적 측면에서의 평가도 병행해야 하며, 필요한 경우 외부 전문가의 검토를 받는 것도 좋다.

6. 혁신

1) AI 기술을 활용한 새로운 비즈니스 모델 개발

AI 기술을 활용해 기존 비즈니스 모델을 혁신하거나 완전히 새로운 모델을 개발할 수 있다. 예를 들어, 제조업체가 AI를 활용해 예측 유지 보수 서비스를 제공하거나, 소매업체가 AI 기반 개인화 쇼핑 경험을 제공하는 것이다.

피티코리아의 사례처럼 AI를 활용해 기존의 광고, 영상 제작에서 공간 디자인, 제품 디자인 등 새로운 영역으로 사업을 확장할 수 있다. 또한, 내부 AI 시스템을 외부에 플랫폼 형태로 제공하는 새로운 사업 모델도 가능하다. 중요한 것은 AI를 단순한 도구가 아닌 비즈니스의 핵심 엔진으로 활용하는 것이다.

2) 글로벌 시장 경쟁력 확보를 위한 AI 전략 수립 및 실행

글로벌 시장에서 경쟁력을 확보하기 위해서는 체계적인 AI 전략이 필요하다. 먼저 글로벌 AI 기술 동향을 지속적으로 모니터링하고, 자사의 강점과 결합할 수 있는 기술을 선별해야 한다. 글로벌 AI 기업들과의 전략적 제휴나 협업도 고려할 만하다. 또한, AI 인재 확보를 위한 글로벌 네트워크를 구축하고, 해외 AI 연구소 설립 등을 통해 기술력을 높여야 한다.

데이터의 글로벌 표준화와 AI 윤리 준수도 중요하다. 특히 각국의 AI 관련 규제에 대응할 수 있는 전략을 수립해야 한다. 마지막으로 AI를 활용한 글로벌 마케팅 전략을 수립하고, 다국어 지원 AI 서비스를 개발하는 등 글로벌 고객 확보를 위한 노력이 필요하다.

이러한 단계적 접근을 통해 중소기업은 AI 도입의 위험을 최소화하고 효과를 극대화할 수 있을 것이다.

4-4. AI 경영 성공을 위한 10계명

1. 목표를 명확히 설정하라

AI 경영의 첫걸음은 분명한 목표 설정에서 출발해야 한다. 조직이 AI를 도입하는 이유와 목적이 불분명하면, 도입 과정에서 혼란이 생기고 결과도 흐지부지 끝나기 쉽다. 단순히 '트렌드에 뒤처지지 않기 위해' 또는 '경쟁사가 하니까'라는 모호한 이유로 추진된 AI 프로젝트는 예산만 낭비되고 성과는 기대하기 어렵다.

AI는 문제를 해결하기 위한 도구이자, 기회를 확대하기 위한 수단이다. 따라서 조직이 안고 있는 구체적인 문제를 먼저 진단하고, 그것을 해결하는 데 AI가 어떤 역할을 할 수 있는지를 명확히 해야 한다. 예를 들어, 반복적인 업무를 줄이고 싶은가, 고객 민원을 줄이고 싶은가, 아니면 판매 데이터를 분석해 예측력을 높이고 싶은가에 따라 AI의 역할이 달라진다. 목표가 명확하면 그에 맞는 AI 도구를 선택하고, 필요한 데이터를 준비하며, 담당 인력을 지정하는 일련의 실행 계획이 훨씬 수월해진다. 구성원들도 방향성과 필요성을 이해하게 되어 협력이 원활해지고, 조직 내 AI 도입에 대한 저항도 줄어든다.

또한, 목표는 기술이 아니라 '업무 성과' 중심으로 설정해야 한다. 기술 그 자체가 중요한 것이 아니라, 그것이 어떤 비즈니스 가치를 창출할 수 있는지가 핵심이다. 목표가 구체적일수록 측정 가능성이 높아지고, 도입 이후의 효과도 객관적으로 검증할 수 있다.

AI는 마법이 아니라 전략이다. 전략에는 명확한 목적과 실행 계획이 필요하다. 목표 없는 AI 도입은 망망대해에서 나침반 없이 항해하는 것과 같다. 경영자는 AI가 해결하고자 하는 문제와 그로 인해 얻고자 하는 결과를 명확히 정의함으로써, 성공적인 AI 경영의 출발점을 확보해야 한다.

2. 데이터는 AI 성공의 핵심 자산이다

AI는 데이터를 기반으로 학습하고 작동하는 기술이므로, 양질의 데이터를 확보하는 것이 AI 경영 성공의 필수 조건이다. 아무리 우수한 AI 모델을 도입하더라도, 그 안에 투입되는 데이터가 부족하거나 부정확하다면 기대하는 결과를 얻을 수 없다.

중소기업이 AI를 도입할 때 흔히 간과하는 부분이 바로 데이터 관리이다. 많은 기업이 데이터를 수집하고 있음에도 불구하고, 체계적으로 정리되어 있지 않거나 표준화되어 있지 않아 실제 AI 분석에 활용하지 못하는 경우가 많다. 데이터가 흩어져 있고, 정확하지 않으며, 형식이 제각각이라면 AI가 의미 있는 인사이트를 도출하기 어렵다. AI에 있어 데이터는 연료와 같다. 충분하고, 깨끗하고, 적절하게 정제된 데이터가 있어야 AI는 조직의 문제를 정확히 분석하고 예측할 수 있다. 특히 고객 정보, 판매 내역, 품질 데이터, 생산 실적 등은 기업 고유의 자산이며, 이것이 바로 경쟁력을 결정짓는 핵심 요소이다.

따라서 AI 도입에 앞서 기업은 먼저 내부 데이터를 점검하고, 정제하고, 일관되게 관리할 체계를 갖추어야 한다. 데이터 수집만으로는 부족하며, 그 데이터를 어떻게 구조화하고 관리하며, 안전하게 보관하느냐가 중요하다. 데이터의 품질은 곧 AI의 품질이며, 데이터의 신뢰성은 곧 의사 결정의 신뢰성으로 이어진다. 또한, 데이터를 단순히 보관하는 자산이 아니라, 전략적 자산으로 인식해야 한다. 데이터는 '기록'이 아닌 '기회'이다. 데이터를 어떻게 활용하느냐에 따라 기업의 미래 경쟁력이 결정된다.

AI 경영에서 데이터는 기술보다 앞선다. 데이터를 먼저 준비하는 기업만이 AI 시대의 진정한 승자가 될 수 있다.

AI 경영 성공을 위한 10계명

1. 목표를 명확히 설정하라

2. 데이터는 AI 성공의 핵심자산이다

3. AI는 단계적으로 도입하라

4. 적합한 AI 솔루션을 선택하라

5. AI 조직 문화 분위기를 조성하라

6. 경영층의 관심과 지원이 성패를 좌우한다

7. 직원 AI 역량을 강화시켜라

8. 윤리적 책임과 규제를 준수하라

9. 측정 및 개선을 통해 성과를 창출하라

10. 지속적인 변화를 적극적으로 수용하라

[그림 13] AI 경영 성공 10계명

3. AI는 단계적으로 도입하라

AI는 한 번에 전사적으로 도입해야 할 기술이 아니라, 조직의 여건에 맞춰 단계적으로 도입하고 확산해야 하는 전략적 도구이다. 처음부터 모든 업무에 적용하려는 시도는 기술적, 재정적, 조직 문화적 충격을 초래하며, 실패 확률을 높인다.

AI는 익숙하지 않은 기술이기 때문에, 직원들의 이해와 수용성도 시간이 필요하다. 따라서 조직의 특성과 역량을 고려하여 작은 성공 경험부터 쌓아가는 것이 효과적이다. 예를 들어, 먼저 업무량이 많고 반복성이 강한 부서부터 시작하거나, 데이터가 잘 축적되어 있는 영역을 우선 도입 대상으로 삼는 방식이 바람직하다.

초기에는 파일럿 프로젝트를 수행하면서 AI 기술이 조직에 어떤 영향을 미치는지 실증하고, 개선할 점을 찾는 것이 중요하다. 그 과정에서 현업 담당자들의 참여를 유도하고, 실제 업무에 도움이 되었는지 피드백을 받으며 점진적으로 확산시켜야 한다.

또한, 단계적 도입은 예산과 리스크를 분산시키는 데도 효과적이다. 중소기업 입장에서는 한번에 큰 비용을 투자하는 것이 부담이 될 수 있는데, 단계적으로 적용하면 비용은 줄이고 실패 가능성도 낮출 수 있다. 도입 초기에는 단순한 자동화부터 시작해도 좋다. 이후 자연어 처리, 예측 분석, 생성형 AI 등의 기술로 확장하면서 조직 전체가 AI에 적응하고, 성숙도를 높여갈 수 있다. 이처럼 단계적 접근은 학습과 성장의 시간도 함께 제공한다.

AI는 단기 프로젝트가 아니라 조직 전환 전략이다. 단계를 나누고, 경험을 축적하며, 조직 전체가 함께 적응해 가는 과정이 필요하다. 급하게 서두르기보다, 작지만 확실한 성공을 반복하는 것이 AI 도입의 올바른 길이다.

4. 적합한 AI 솔루션을 선택하라

AI 도입에서 가장 흔하게 발생하는 실수 중 하나는 조직에 맞지 않는 솔루션을 선택하는 것이다. 화려한 기능이나 최신 기술만을 보고 무작정 도입하는 경우, 실제 업무에는 적용되지 못하고 끝내 외면당하는 사례가 많다.

중요한 것은 '좋은' 솔루션이 아니라, '적합한' 솔루션이다. 기업의 규모, 인력 수준, 예산, 데이터 보유량, 업무 특성을 종합적으로 고려하여 조직에 현실적으로 적용 가능한 솔루션을 선택해야 한다.

중소기업의 경우 복잡한 커스터마이징이 필요한 대형 솔루션보다, 사용이 간편하고 즉시 활용 가능한 SaaS 기반 솔루션이 효율적일 수 있다. 또한, 무료 또는 저비용의 오픈소스 툴도 충분히 유용하며, 시작 단계에서는 과도한 투자보다 '빠른 시도와 학습'이 더 중요하다. AI 솔루션을 선택할 때는 기술적 성능뿐 아니라 사용자 인터페이스(UI), 학습 곡선, 기존 시스템과의 연계성, 보안 기준 등을 함께 고려해야 한다. 사용자가 불편하거나 이해하지 못하는 시스템은 도입 후 활용되지 않고 방치될 가능성이 높다. 또한, 외부 벤더나 기술 파트너를 신중하게 선택하는 것이 중요하다. 단순한 납품이 아니라, 조직의 목표와 상황을 이해하고 함께 고민하며 조정해 줄 수 있는 협력자가 필요하다.

AI 솔루션은 '기술'이 아니라 '도구'이다. 도구는 사용자에게 편리함과 성과를 가져다줄 때 비로소 가치가 있다. 따라서 최첨단이냐보다 '우리 조직이 잘 쓸 수 있느냐'가 핵심 기준이 되어야 한다.

결국 AI 경영의 성공은 적절한 솔루션 선택에서 출발한다. 우리 조직의 문제를 정확히 진단하고, 그것을 해결할 수 있는 솔루션을 신중히 선택하는 것이 성공을 가르는 중요한 열쇠이다.

5. AI 조직 문화 분위기를 조성하라

AI 기술의 도입은 단순히 시스템을 설치하는 것이 아니라, 조직의 일하는 방식과 태도를 근본적으로 바꾸는 변화이다. 아무리 훌륭한 AI 솔루션을 도입하더라도, 구성원이 그것을 두려워하거나 거부한다면 실질적인 성과는 기대하기 어렵다.

따라서 AI를 성공적으로 경영에 접목시키기 위해서는 기술보다 먼저 사람 중심의 조직 문화 변화가 필요하다. 구성원들이 AI를 자신의 일과 조직 성장에 도움이 되는 도구로 인식하도록 유도해야 한다. 많은 직원은 AI가 자신의 일자리를 위협하거나 복잡하고 어려운 기술로 느낄 수 있다. 이때 조직은 AI에 대한 정확한 이해를 돕고, 반복적이고 비효율적인 업무를 AI가 대신함으로써 직원이 더 창의적이고 의미 있는 업무에 집중할 수 있다는 메시지를 일관되게 전달해야 한다. 또한, 교육과 실습을 통해 AI를 체험하게 하고, 작은 성공 경험을 쌓게 함으로써 구성원들이 AI를 '자신의 도구'로 받아들이도록 해야 한다. 팀 단위의 실험적 AI 프로젝트를 진행하고, 그 성과를 공유하면서 AI에 대한 긍정적인 인식을 확산시킬 수 있다.

AI는 일부 전문가만의 영역이 아니라, 전 직원이 함께 활용하고 성장해야 하는 조직 전체의 도구이다. 이를 위해서는 '실패를 용인하는 학습 분위기', '새로운 기술을 환영하는 태도', 'AI 아이디어를 자유롭게 제안할 수 있는 환경'이 조성되어야 한다. 조직 문화는 하루아침에 바뀌지 않는다. 그러나 경영진의 리더십과 꾸준한 커뮤니케이션, 실질적인 교육 프로그램을 통해 AI 친화적인 분위기를 형성할 수 있다.

결국 AI 경영은 기술 혁신이 아니라 사람의 인식과 행동을 바꾸는 문화 혁신에서 출발한다. AI를 잘 활용하는 조직은 기술이 아닌, 사람을 먼저 변화시키는 조직이다.

6. 경영층의 관심과 지원이 성패를 좌우한다

AI 경영의 성공 여부는 경영층이 얼마나 깊이 이해하고, 적극적으로 지원하느냐에 달려 있다. 단순히 "우리도 AI 한번 해 보자"는 수준의 관심으로는 지속적인 변화와 성과를 이끌어내기 어렵다.

AI는 조직의 전략, 업무 방식, 성과 측정 기준까지 전반적인 변화를 수반하기 때문에, 경영자의 주도적인 리더십이 필수적이다. AI 프로젝트가 현장에서 단발성 시도로 끝나지 않고, 전사적 혁신으로 이어지려면 명확한 비전 제시와 자원 투입이 병행되어야 한다.

경영층은 먼저 AI에 대한 올바른 이해를 갖고, 기술적 가능성과 조직의 현실 사이의 균형을 맞추어야 한다. 무엇보다도 '왜 AI를 도입해야 하는가', '우리 조직에 어떤 가치를 줄 수 있는가'에 대한 분명한 관점을 갖고 있어야 한다. AI 도입에는 투자 비용, 시간, 인력 배치 등 다양한 의사 결정이 필요하며, 이러한 자원을 뒷받침할 수 있는 것은 경영진뿐이다. 경영자가 실질적인 관심을 갖고 의지를 보일 때, 실무자들도 안정감을 느끼며 적극적으로 참여하게 된다. 또한, AI를 단순히 IT 부서나 외부 파트너에게만 맡길 것이 아니라, 전 부서가 함께 협업하고 실천할 수 있도록 조직 구조와 소통 체계를 재정비해야 한다. 이 역시 경영자의 의지가 뒷받침되어야 가능한 일이다.

경영자의 무관심은 AI를 '남의 일'로 만들고, 직원들의 동기와 참여를 떨어뜨린다. 반면 경영층이 AI를 경영의 핵심 아젠다로 인식하고 지속적으로 챙긴다면, 조직 전체가 자연스럽게 변화의 흐름을 따라가게 된다.

결국 AI 경영의 핵심은 기술이 아니라 리더십이다. CEO와 경영진이 앞장서서 AI 혁신을 이끌고, 현장을 지지하며 방향을 제시할 때, 비로소 AI는 조직의 힘이 된다.

7. 직원 AI 역량을 강화시켜라

AI 도입의 성공은 기술 자체보다 그것을 실제로 사용하는 사람의 역량에 달려 있다. 아무리 훌륭한 AI 시스템을 갖추어도, 이를 활용할 수 있는 인재가 없다면 그 기술은 조직 내에서 무용지물이 된다. 따라서 조직은 AI 도입과 함께 직원들의 디지털 이해도와 활용 능력을 함께 끌어올려야 한다.

AI 역량이란 단순히 프로그래밍이나 머신러닝 기술을 배우는 것을 의미하지 않는다. 오히려 중요한 것은 각자의 업무에서 AI를 어떤 방식으로 적용하고, 어떤 문제를 해결할 수 있을지 이해하고 실천하는 '업무 기반의 활용력'이다.

예를 들어, 마케팅 부서는 고객 데이터를 분석하여 타겟 전략을 세우고, 인사 부서는 AI를 활용한 채용 및 평가 자동화를 실험할 수 있다. 이를 위해서는 직무에 적합한 수준의 교육과 실습이 필요하며, 전 직원 대상의 AI 기본 교육과 부서별 특화 교육이 병행되어야 한다. 또한, 직원들이 두려움 없이 AI를 접하고 실험할 수 있는 환경도 조성해야 한다. '실수해도 괜찮다', '시도하는 것이 성과다'라는 문화를 통해 구성원 스스로가 AI 학습자이자 실천자가 될 수 있도록 해야 한다.

조직은 교육을 일회성으로 그칠 것이 아니라, 지속 가능한 AI 학습 시스템을 갖추어야 한다. 내부 멘토링, AI 활용 워크숍, 사내 사례 공유 등을 통해 직원들이 함께 배우고 성장할 수 있는 구조를 만들어야 한다.

결국 AI는 사람이 다루는 도구이고, 조직의 경쟁력은 직원의 역량에서 비롯된다. 직원이 AI를 이해하고 실천할 수 있는 수준까지 끌어올리는 것이야말로, AI 경영의 지속성과 성과를 담보하는 핵심 조건이다.

8. 윤리적 책임과 규제를 준수하라

AI는 강력한 기술인 동시에, 잘못 사용될 경우 조직과 사회에 심각한 피해를 줄 수 있는 위험 요소이기도 하다. 따라서 AI를 경영에 도입하는 모든 조직은 반드시 윤리적 책임과 법적 규제를 함께 고려해야 한다. 기술보다 먼저 생각해야 할 것이 바로 신뢰와 책임이다. AI가 자동으로 판단하고 실행하는 기능이 많아질수록, 그 결정의 투명성과 공정성에 대한 사회적 요구도 높아지고 있다. 만약 AI가 고객을 차별하거나 잘못된 정보를 생성한다면, 이는 기업 이미지 실추는 물론 법적 분쟁으로 이어질 수 있다. 특히 중소기업은 이런 이슈에 한 번 휘말리면 회복이 매우 어렵다.

AI 경영에서 윤리란 선택이 아니라 필수이다. 예를 들어, 고객 데이터를 기반으로 서비스를 추천하는 과정에서, 사생활을 침해하거나 동의 없이 데이터를 수집·활용하는 행위는 명백한 윤리 위반이다. 이를 방지하기 위해선 개인정보보호법, AI 윤리 가이드라인 등 관련 규정을 철저히 숙지하고 지켜야 한다. 또한, AI가 내린 결정의 '근거'를 설명할 수 있는 시스템, 이른바 설명 가능한 AI(XAI)에 대한 이해도 필요하다. 사용자와 고객이 그 결과를 납득할 수 있도록 하는 것이 신뢰의 기반이기 때문이다.

조직은 AI 개발자와 사용자, 경영진 모두가 AI 윤리에 대한 공감대를 형성하고, 이를 실천할 수 있도록 교육과 내부 지침을 마련해야 한다. 기술이 아닌 '사람 중심'의 AI 문화를 정착시키는 것이 무엇보다 중요하다.

결국 AI 경영은 기술과 윤리가 균형을 이루는 방향으로 나아가야 한다. 기업이 법적 기준을 넘어, 윤리적 기준까지 스스로 세우고 지켜 나갈 때, AI는 비로소 조직에 긍정적인 가치를 창출할 수 있다.

9. 측정 및 개선을 통해 성과를 창출하라

AI 경영은 단지 기술을 도입하는 데서 끝나지 않고, 그것이 실질적인 성과로 이어지도록 관리하고 개선하는 과정이 반드시 뒤따라야 한다. 초기 도입 이후 AI 시스템이 조직에 어떤 변화를 가져왔는지 객관적으로 측정하지 않으면, '도입만 한 상태'에 머무르게 된다.

AI를 통한 업무 혁신은 결국 경영 성과로 이어져야 한다. 이를 위해 조직은 KPI(핵심 성과 지표)나 OKR(목표 및 핵심결과지표)와 같은 구체적인 성과 기준을 설정하고, AI 프로젝트 결과를 정기적으로 검토해야 한다. 예를 들어, 업무 시간 단축, 오류율 감소, 매출 증가 등과 같이 수치로 확인 가능한 결과를 중심으로 평가하는 것이 효과적이다.

중소기업의 경우 특히 자원과 시간이 제한적이기 때문에, 잘못된 방향으로 AI를 운영하면 기회비용이 매우 커진다. 따라서 AI 적용 이후의 결과를 빠르게 분석하고, 필요하다면 방향을 조정할 수 있는 민첩한 피드백 시스템이 필요하다. 성과가 낮은 경우에는 단순히 기술 문제로 보기보다, 데이터 품질, 사용자 교육, 업무 프로세스 적합성 등 다양한 원인을 점검해야 한다. 이를 통해 조직은 AI의 단기적 성과뿐 아니라, 장기적 경쟁력까지 확보할 수 있다.

또한, 개선 과정은 내부 구성원의 의견을 반영해 함께 만들어가는 것이 바람직하다. 현장의 피드백을 토대로 기능을 조정하고, 사용성을 높여가는 과정을 반복해야 한다. 그렇게 할 때 AI는 살아 있는 시스템이 되며, 조직의 전략적 자산으로 자리 잡게 된다.

AI 도입은 출발일 뿐이고, 진짜 가치는 지속적인 측정과 개선을 통해 만들어진다. 변화는 반복 속에서 정교해지고, 성과는 관리 속에서 현실이 된다.

10. 지속적인 변화를 적극적으로 수용하라

AI 시대의 경영은 '한 번의 혁신'으로 끝나지 않는다. 기술은 끊임없이 진화하고, 고객의 기대와 시장의 흐름도 빠르게 변화하기 때문에, 조직은 이에 유연하게 대응할 수 있는 지속적인 변화 수용력을 갖추어야 한다.

특히 AI는 도입 이후에도 기술이 계속 발전하고, 새로운 기능과 도구가 등장하기 때문에, 정기적으로 시스템을 점검하고 개선하는 문화가 필요하다. 초기에 구축한 AI 시스템이 시간이 지나면 더 이상 경쟁력이 없을 수 있으며, 이때 변화를 두려워하거나 외면하면 조직은 뒤처지게 된다. 조직 구성원과 리더 모두가 '지금 방식이 완벽하지 않다'는 전제를 받아들이고, 항상 더 나은 방법을 찾고 시도하는 자세가 중요하다. 변화는 위험이 아니라 기회이며, AI 시대의 성공은 얼마나 빨리 변화에 적응하느냐에 달려 있다.

지속적인 변화 수용은 기술적인 부분뿐 아니라, 조직 문화와 사고방식에도 적용되어야 한다. 새로운 기술을 배우고, 실패를 실험으로 받아들이며, 현장의 소리를 반영해 유연하게 구조를 조정하는 태도가 필요하다. 또한, AI 기술뿐 아니라, 이를 둘러싼 법률, 윤리, 사회적 환경도 변화하고 있기 때문에, 경영자는 지속적으로 외부 환경을 살피고 전략을 조정할 준비가 되어 있어야 한다. 변화에 대한 민감도와 실행력은 곧 조직의 생존력이다.

결국 AI 경영은 정적인 도입이 아니라, 끊임없는 적응과 진화의 과정이다. 기존의 틀에 안주하지 않고, 항상 열린 태도로 변화를 수용하고 주도하는 조직만이 미래를 선도할 수 있다.

기업 핵심 직무별 생성형 AI 활용법

2025년	5월 27일	1판	1쇄	인 쇄		
2025년	6월 5일	1판	1쇄	발 행		

지 은 이 : 신 철·이한희·윤형기·남상위·권영우·정기섭
　　　　　 김영희·최재원·정행로·박진순·김대원 공저

펴 낸 이 : 박　　　　　정　　　　　태

펴 낸 곳 : **주식회사 광문각출판미디어**

10881
파주시 파주출판문화도시 광인사길 161
광문각 B/D 3층
등　　　록 : 2022. 9. 2 제2022-000102호
전 화(代): 031-955-8787
팩　　　스 : 031-955-3730
E - mail : kwangmk7@hanmail.net
홈페이지 : www.kwangmoonkag.co.kr

ISBN : 979-11-93205-62-4　　　13000

값 : 19,000원